普通高等教育"十四五"规划教材

涉农林高校教科基地劳动教育实践指导

肖 杰　陈礼柱　黄 伟　主编

中国农业大学出版社
·北京·

内容简介

本书是针对涉农林高校实验基地开展实践教学工作而编写的指导书，具有内容翔实丰富及针对性和操作性强等特点。书中介绍了各种农事认知和实践体验的知识准备和操作过程，涵盖了农、林、果、蔬、花、草等作物，同时兼顾了南北方种植作物和栽培技术的差异。

本书是一本适合全国农林院校本科生开展田间认知、农事操作和劳动教育等使用的实用教材。

图书在版编目(CIP)数据

涉农林高校教科基地劳动教育实践指导 / 肖杰，陈礼柱，黄伟主编. -- 北京：中国农业大学出版社，2022.1

ISBN 978-7-5655-2656-5

Ⅰ. ①涉… Ⅱ. ①肖… ②陈… ③黄… Ⅲ. ①劳动教育－农业院校－教材 Ⅳ. ①G40-015

中国版本图书馆 CIP 数据核字(2021)第 236270 号

书　名　涉农林高校教科基地劳动教育实践指导

作　者　肖　杰　陈礼柱　黄　伟　主编

策划编辑　何美文　　**责任编辑**　何美文

封面设计　郑　川

出版发行　中国农业大学出版社

社　址　北京市海淀区圆明园西路 2 号　　**邮政编码**　100193

电　话　发行部 010-62733489,1190　　读者服务部 010-62732336

编辑部 010-62732617,2618　　出　版　部 010-62733440

网　址　http://www.caupress.cn　　**E-mail**　cbsszs @ cau.edu.cn

经　销　新华书店

印　刷　北京溢漾印刷有限公司

版　次　2022 年 1 月第 1 版　　2022 年 1 月第 1 次印刷

规　格　185 mm×260 mm　　16 开本　　10.25 印张　　255 千字

定　价　32.00 元

编写人员

主　编　肖　杰　陈礼柱　黄　伟

副主编　李彦明　孙丰军　文颖强
傅洪勋　金大伟　刘　斌

参　编　（按姓氏拼音排序）

班丽萍　陈光辉　陈军营　陈清西　陈蕊红　董学会
杜万里　杜颖军　樊永惠　高元科　金　蓉　孔祥斌
库夭梅　李淑琴　李永才　李永裕　廖　丽　刘思敏
刘亚佳　马尚宇　穆　波　乔　永　乔富强　秦俊豪
邱　娟　沈金亮　史宇亮　王　悦　王宏伟　王建军
王全玉　王占森　王志勇　魏　春　许　茜　薛　澄
严吉明　尤明山　詹克慧　张翼飞　赵　波　赵　越
赵龙刚　赵雄伟　朱荣科　朱银飞

前　言

劳动教育和实践教学是实现人才培养目标的重要环节，对培养学生的动手能力和创新意识有着非常重要的作用。进一步加强劳动实践育人工作，是全面落实党的教育方针，把社会主义核心价值观体系贯穿于国民教育全过程，深入实施素质教育，大力提高教育教学质量的必然要求。2018 年 9 月，习近平总书记在全国教育大会上明确指出，要努力构建德智体美劳全面培养的教育体系。2020 年 3 月，中共中央、国务院印发了《关于全面加强新时代大中小学劳动教育的意见》，2020 年 7 月，教育部印发了《大中小学劳动教育指导纲要(试行)》，这些教育方针为涉农林高校教科基地开展劳动实践教学工作提出了新的目标和发展契机。

2019 年 10 月 19 日，涉农林高校教科基地发展协作会成立大会在中国农业大学上庄实验站召开，各参会单位就共同打造农业科研、实践教学、技术推广、科普展示的交流平台进行了深入探讨。其中一个议题是，共同编写一部适合全国涉农林高校教科基地劳动教育实践的指导教材。在编写过程中，我们反复深入学习领会习近平总书记重要讲话及上述《意见》和《指导纲要》的相关精神，并进行了广泛的调研，逐步确立编写的指导思想和内容提纲。经过近两年的筹备、编写、修改，现在这本教材终于与读者见面了。该书针对涉农林高校教科基地开展劳动教育所需的知识准备和操作过程，涵盖了农、林、果、蔬、花、草等作物，同时兼顾了南北方种植作物和栽培技术的差异，并融入了传统农耕文化、劳动价值观等知识理念，是一本适合全国范围使用的，具有涉农林高校教科基地特色的实用教材。

在编写过程中我们尽量突出内容翔实丰富及针对性和操作性强等特点，并区别于一般的室内实验、田间观察、课程实习、毕业实习等用书，但由于受教材编写条件和实习区土地面积的限制，本书内容不可能面面俱到，难免以偏概全，有所疏漏。同时，参编单位地域性差异较大，加之编写水平有限，时间仓促，行文中不可避免地存在不足，恳请广大师生在使用过程中发现错误，不吝赐教，以期再版时修改完善，使这本书成为真正能指导涉农林高校教科基地劳动教育教学的、理论和实践相结合的好教材。

编　者

2021 年 9 月

目　录

实习一　玉米植株形态观察与亚种识别

一、实习目的

植物是自然界的主要生命形态之一，与人们的生活密切相关。植物的形态形形色色、千差万别，构成了绚丽多彩的自然景色。通过学习植物形态结构的有关术语，从根、茎、叶、花和果实等器官角度来认识不同植物的形态特征，以及了解植物营养器官(根、茎、叶)的变态等；通过观察玉米植株和不同类型的果穗，对植物的形态特征有一个初步的认识。

二、实习内容

(一)材料与用具

玉米植株、不同亚种玉米果穗、解剖刀、镊子、放大镜等。

(二)内容与步骤

1. 玉米植株形态特征观察

取玉米植株，按根、茎、叶、雄花序、雌花序、果实的顺序，仔细观察各部位的形态特征。

(1)根　玉米的根为发达的须根系。根据根的发生时期和部位不同，可分为 3 种。①初生根：种子发芽时，从种胚长出的一条幼根，称为初生胚根；2～3 d 后在下胚轴处又长出 3～7 条幼根，称为次生胚根，两者合称初生根。这些根系是玉米幼苗期的吸收器官。②次生根：三叶期后至拔节期间，从地下茎节上长出的 4～7 层轮生的根系。次生根是玉米一生中最重要的吸收器官。③支持根：拔节后从靠近地表的茎节上环生的 2～3 层根系。支持根在物质吸收、合成及支撑防倒方面具有重要的作用。

(2)茎　玉米的茎直立，较粗，呈圆柱形，一般高 1～3 m，因品种、土壤、气候和栽培条件不同而异。茎秆由若干节组成，一般为 15～22 节，其中地下 4～6 节密生。每节生一片叶子，节与节之间为节间。玉米主茎各节均有一个腋芽。茎基部上的腋芽称为分蘖，能长成侧枝，并形成自己的根系。生长良好的大多数品种，各节间的长度由下而上向顶式增加，而直径逐渐减小。一般情况下，穗颈节最长，其次是穗位的上下两节间较长。

(3)叶　玉米叶片数与茎节数相同，一般穗位叶及其上下两叶最大。叶由叶鞘、叶片、叶舌三部分构成：叶鞘有皱纹(其他作物无)；叶片主脉明显，叫中肋，叶缘呈波浪状；叶舌膜质，着生于鞘与叶片交接处。

(4)雄花序　玉米的雄花序俗称天花，为圆锥花序。有主轴和分枝，分枝多少随条件不同而变化。主轴着生 4～11 行成对小穗，分枝仅有 2 行成对小穗。成对的小穗，一为有柄位于上方，一为无柄位于下方。每一小穗颖片中包有两朵雄花。每一朵雄花由内颖、外颖、浆片和 3 枚雄蕊等构成。花成熟，内外颖张开，雄蕊的花丝伸长，将花药送出而散粉。

(5)雌花序　玉米的雌花序由茎秆中间叶腋间的腋芽发育而成，俗称果穗，为肉穗花序。果穗是变态的茎，具有缩短的节间(果穗柄)及变态的叶(苞叶)。果穗的中央为穗轴，红色或白色。穗轴上着生纵行成对排列的无柄小穗花，每一小穗的颖花内有两朵小花，上位花结实，下位花退化。穗上籽粒行数为偶数。

(6)果实　玉米果实为颖果，由果皮(与种皮连在一起)、胚和胚乳组成。果皮色多为黄、白两种，也有其他颜色。籽粒外形有近圆形或扁平形。胚乳是贮藏营养物质的地方，有角质胚乳和粉质胚乳之分。玉米的胚较大，位于籽粒一侧。

2. 不同亚种玉米果穗的形态特征

根据玉米果穗颖壳的长短、籽粒形状、表面特征、籽粒内部胚乳结构等性状，将玉米划分为9个亚种。取玉米各亚种的果穗，仔细观察果穗和籽粒特征，并将籽粒纵向剖开，观察剖面的角质淀粉和粉质淀粉的分布情况。

(1)硬粒型　又称普通种或燧石种。果穗呈圆锥形，籽粒饱满，呈圆形，顶部和周围为角质淀粉，中间为粉质淀粉，外壳呈半透明状，坚硬有光泽。品质较好，适应性强，成熟早，产量稳定，是生产上的主栽类型之一。

(2)马齿型　又称马牙种。果穗呈圆筒形，较大，籽粒扁长，两侧为角质淀粉，顶部、中部为粉质淀粉，成熟时顶部凹陷呈现马齿状。食用品质不如硬粒型，不耐低温，成熟晚，产量高但不稳定，是生产上的主栽类型之一。

(3)半马齿型　又叫中间种，是由硬粒型和马齿型杂交而成的杂交种。籽粒顶部粉质胚乳少，齿形陷度浅。生态习性和品质产量介于前两者之间。目前生产上推广的玉米杂交种均属于半马齿型。

(4)蜡质型　又叫糯质型。籽粒胚乳中全为角质淀粉，由支链淀粉组成，遇碘液呈红褐色。籽粒不透明，无光泽，如蜡状。此种原产于我国，是玉米被引入我国后在西南山地特殊自然条件下形成的一种生态型。

(5)粉质型　又叫软粒种。果穗和籽粒与硬粒种的相似，但籽粒胚乳全由粉质淀粉构成，质地较软，外观不透明，表面光滑。这种类型的玉米是制造淀粉和酿造业的优良原料，我国很少栽培。

(6)甜质型　又叫甜味种。籽粒中含有大量可溶性糖分(乳熟期含糖量为15%～18%)，角质胚乳呈半透明状，粉质部分占比极小。籽粒成熟干燥后表面皱缩，且坚硬、透明、有光泽，以黑色或黄色较多。这种类型的玉米植株小而多叶，且易分蘖，穗中等，苞叶长。

(7)甜粉型　籽粒上半部具有与甜质型相同的角质淀粉，下半部为粉质淀粉。该类型我国目前没有种植。

(8)爆裂型　又叫爆裂种。穗粒均小，籽粒胚乳绝大部分为角质淀粉，只有中心有少量粉质淀粉。籽粒受热后有爆裂性，比原来体积可增大2～5倍。由于籽粒形状不同，可分为米粒形和珍珠形两种。米粒形果穗和籽粒较大，籽粒两端尖，多为白色，呈现大米米粒形，又叫白爆裂。珍珠形籽粒小，圆形，果穗细长，籽粒颜色多为金黄色及褐色，又称黄爆裂。

(9)有稃型　果穗上每一个籽粒的外面均包被有颖壳，颖壳顶端有芒状延伸物，难以脱粒。籽粒内部多为角质淀粉。该类型属于最原始类型，无生产价值。

三、相关知识

(一)植物的形态特征

1. 根

(1)根的基本形态　植物地下部根的基本形态有两种，即直根系和须根系。

直根系：棉花等植物的植株有一条明显粗壮由胚根发育而来的主轴，即主根。在主根上形成了许多分枝，称为侧根。主根上产生的分枝称为一级侧根，一级分枝上再产生的分枝称为二级侧根，依此类推。由不同级的根组成了植物的根系，具有明显主根的根系称为直根系。

须根系：小麦等植株的根粗细均匀，无明显的主根之分，这类根系称为须根系。仔细观察，可以看到这些根是由胚轴产生的，为不定根。

(2)根的变态　植物的根和其他营养器官一样，也可以发生各种变态，主要有贮藏根、气生根和寄生根。

贮藏根：贮藏大量营养物质的根。①肉质直根：以萝卜、胡萝卜和甜菜为观察对象，这类植物都有一个肥大的肉质直根，富含淀粉和其他碳水化合物。这种变态类型主要由主根发育而来的。②块根：以甘薯为观察对象，一株植株上可以形成多个块根。这种变态类型主要由不定根或侧根经过增粗生长发育而来，其功能是贮藏养分和繁殖。

气生根：露出地面生长在空气中的根。①支持根：以玉米和高粱为观察对象，这类大型草本植物由于根系比较浅，抗倒伏能力差，常在近地面的几个茎节上环生不定根，不定根扎入土壤中，对植株起到支持作用。②攀缘根：爬山虎、常春藤等藤本植物的茎细长柔软，不能直立。这类植物常从茎上长出许多短的、顶端扁平的不定根，且常可分泌黏液，易固着在树干、山石或墙壁上，使植物体攀缘上升。

寄生根：寄生植物通过其不定根发育出的吸器深入寄主植物的根和茎中，以获取营养物质的结构。例如，菟丝子、寄生在梭梭树根部的肉苁蓉等。

2. 茎

(1)茎的基本形态　茎是植物体地上部分联系根和叶的营养器官，少数植物的茎生于地下。

节与节间：茎上着生叶的部位称为节，两个节之间的部分称为节间。

顶芽与腋芽：着生于枝条顶端的芽称为顶芽，着生于叶腋处的芽称为腋芽。

叶痕与叶迹：叶脱落后在茎上留下的叶柄的痕迹称为叶痕，在叶痕内留下的维管束的痕迹称为叶迹。

芽鳞痕：顶芽展开时，外围的芽鳞片脱落后留下的痕迹称为芽鳞痕。通过观测芽鳞痕可以判断茎的生长量和生长年龄。

皮孔：茎上内外交换气体的结构。

长枝：节间显著伸长的枝条。

短枝：节间较短，紧密相接的枝条。

(2)茎的分枝类型

单轴分枝：杨树、白蜡的顶芽形成主干，侧芽形成侧枝，这种分枝方式称为单轴分枝。

合轴分枝：榆树、苹果树的顶芽形成的主枝不久枯死，而侧枝之一取而代之形成主干，主干反复由不同侧枝形成，使其主枝不笔直，这种分枝方式称为合轴分枝。

假二叉分枝：丁香、忍冬的顶芽形成的枝条不久死亡，侧芽所形成的侧枝生长旺盛，像二叉状分枝，所以称为假二叉分枝。这种分枝一定是由对生芽形成的。

分蘖：禾本科植物在地面以下或近地面处所发生的分枝，产生于比较膨大而贮藏有丰富养料的分蘖节上。直接从主茎基部分蘖节上发出的称为一级分蘖，在一级分蘖基部又可产生新的分蘖芽和不定根，形成次一级分蘖。在条件良好的情况下，可以形成第三级、第四级分蘖。

(3)茎的类型　依茎的生长习性分为直立茎、缠绕茎、攀缘茎、匍匐茎和平卧茎。依茎的质地又可分为以下 3 种类型。

木质茎(木本茎)：具木质茎的植物称为木本植物，根据其形态又可分为乔木、灌木和木质藤本。

草质茎(草本茎)：具草质茎的植物称为草本植物，根据其生长年限不同可分为一年生草本、二年生草本、多年生草本、草质藤本。

肉质茎：肥厚多汁，呈扁圆形、柱形或球形等多种形态，如芦荟和仙人掌等。

(4)茎的变态　类型很多，按照其生长位置，可将其分为地下茎的变态和地上茎的变态两大类。常见的地下茎的变态有根茎、球茎、块茎、鳞茎。地上茎的变态有茎卷须、肉质茎、叶状茎和茎刺。

根茎(根状茎)：外形似根，延长横卧，有明显的节和节间，节上有退化的鳞片，前有顶芽，旁有侧芽，向下常生不定根，如白茅根、薄荷根、玉竹、黄精等。

球茎：膨大呈球形或扁球形的地下茎，有明显的节和缩短的节间，节上有较大的膜质鳞片，顶芽发达，腋芽常生在球茎的上半部，而基部常生有不定根，如荸荠、慈姑等。

块茎：某些植物的顶芽节间短缩，呈不规则、块状膨大，如马铃薯。

鳞茎：节间极度缩短的地下茎，其上所着生的叶通常肉质肥厚。鳞茎可分为无被鳞茎(百合、贝母)和有被鳞茎(洋葱、西红花)。

肉质茎：植物茎肥大多汁，既能贮藏水分和养料，又可以进行光合作用，如莴苣。

叶状茎：有些植物的叶完全退化或不发达，茎变为扁平、呈绿色的叶状体，可以进行光合作用，如仙人掌。

3. 叶

(1)叶的组成

完全叶：叶片、叶柄和托叶三部分都有的叶称为完全叶。大的片状体即叶片，下面细处为叶柄。叶柄连接枝条处的两侧有两个小叶片，称为托叶。

不完全叶：叶片、叶柄和托叶三部分缺其中任一部分或两部分的叶称为不完全叶。

(2)单叶和复叶　一个叶柄上只生一个叶片的叶称为单叶，如棉花叶、桃叶等。一个叶柄上生有两个以上小叶片的叶称为复叶，如大豆等。复叶有以下几种类型。

羽状复叶：小叶排列在叶轴两侧，呈羽毛状，如豌豆叶。

掌状复叶：在叶柄顶端着生有 3 片以上小叶、形如手掌的复叶，如爬山虎等。

三出复叶：在叶柄顶端着生 3 片小叶的复叶，如白车轴草、苜蓿等。

(3)叶序的类型　叶在茎枝上的排列方式称为叶序，常见的叶序类型有 5 种。

互生叶序：在茎上每一节只生有一个叶片叫互生叶序，如杨、榆等。

对生叶序：茎的每一节上有两片叶相互对生，如丁香。

轮生叶序：茎的每一节上着生3个或3个以上的叶，排成轮状，如茜草、夹竹桃。

簇生叶序：叶着生在节间极度缩短的短枝上，成簇而生，如银杏。

基生叶序：叶全部着生在茎基部，如蒲公英、车前等。

(4)叶脉　在叶片中形成的维管束称为叶脉。叶脉的类型有以下5种。

羽状脉：主脉居叶片中部，侧脉排列在主脉的两侧，排列似羽毛状。

平行脉：叶脉粗细相近，彼此大致平行。

三出脉：主脉两侧只有一对主脉。

掌状脉：几条等粗的叶脉从叶柄顶部发出，排列似掌状。

叉状脉：叶脉分枝呈二叉状。

(5)叶的变态　主要有鳞叶、叶卷须、叶刺、苞片(苞叶)等。

鳞叶：叶特化或退化成鳞片状叶，如洋葱等鳞茎上的鳞叶。

叶卷须：由叶、托叶或叶柄等变态特化而成的卷曲攀缘器官，如豌豆复叶顶端的二、三对小叶变成了卷须。

叶刺：由叶或托叶变态而成的刺状结构，如仙人掌茎上的刺。

苞片(苞叶)：被子植物的花序或花柄下的变态叶，如向日葵花序外边的总苞片。

4. 花

(1)花的组成　一朵花可分为6个部分，即花柄、花托、花萼、花冠、雄蕊群和雌蕊群。根据组成花的各部分的完整情况，可将花分为以下几种类型。

完全花：一朵花具备花柄、花托、花萼、花冠、雄蕊群和雌蕊群的，称为完全花。

不完全花：一朵花缺少花萼、花冠、雄蕊群和雌蕊群中任何一个部分的，称为不完全花。

单被花：花被只有一层为花萼或花冠，这类缺花萼与花冠中任一部分的花，称为单被花。

无被花：缺少花萼和花冠，这类花称为无被花。

(2)花冠的类型　根据花冠中花瓣的对称情况、联合程度以及花冠筒长短等特点，可以把花冠分为整齐花和不整齐花。

整齐花：又称辐射对称花，花瓣大小、形状基本一致，从顶面观可以找到若干个对称面。

不整齐花：花瓣大小、形状不同，只有一个对称面。

(3)雄蕊的类型

单体雄蕊：观察蜀葵、棉花的雄蕊。

二体雄蕊：分析大豆、豌豆的花，雄蕊共10枚，其中9枚花丝联合成一体，1枚单一，共2组。

多体雄蕊：观察蓖麻的花，看看它的花丝联合成几组。

聚药雄蕊：取盛开的向日葵或蒲公英的花，观察其雄蕊，可见其雄蕊的5枚花药聚合在一起，花丝分离。

四强雄蕊：观察油菜花的雄蕊，6枚雄蕊，4长2短。

二强雄蕊：观察薄荷花的雄蕊，4枚雄蕊，2长2短。

冠生雄蕊：观察糙草花的雄蕊，花丝全部着生在花冠上。

离生雄蕊：整个雄蕊分离，如百合花的雄蕊。

(4)雌蕊的类型

单雌蕊：观察桃花和杏花的雌蕊，一花一雌蕊，雌蕊是由1个心皮形成的，将子房横切，可见子房1室。

离生雌蕊：观察牡丹、八角，均有多枚雌蕊，且彼此不联合，每个雌蕊由1个心皮形成。

复雌蕊：观察棉花的雌蕊，只有1个雌蕊，将子房横切，可见子房5室，所以是由5个心皮构成的。观察一下苹果花，看看雌蕊类型。

(5)胎座的类型　胎座就是子房中胚珠着生的地方，也是果实中种子着生的地方。

中轴胎座：观察棉花的果实，横切后再从中央纵切，可见各心皮腹缝线在中央结合成一柱状的中轴，种子着生在上面。

侧膜胎座：观察黄瓜的果实，横切后可见种子着生在心皮与心皮结合的地方，即位于子房侧边。

中央特立胎座：取辣椒的果实，将果皮上半截剥掉，可见子房室中有1个与四周及顶部不接触的轴，种子着生在上面。

边缘胎座：观察大豆的果实，横切后可见沿一侧有一列种子。

顶生胎座：观察桑的果实，纵剖后可见种子着生在子房室顶部。

基生胎座：取向日葵的果实，纵剖后可见种子着生在子房室底部。

(6)花序的类型　花序指许多花按一定的方式排列于花序轴上，根据开花顺序可分为无限花序和有限花序两大类。根据花柄的有无、花序轴的长短以及分枝与否、花序轴形状等特征，又分为以下多种类型。

无限花序：又称向心花序。花序下部的花先开放，上部的花后开放；或花序边缘的花先开放，中央的花后开放。

总状花序：以油菜花序为观察对象，每朵花均具有花柄，且长短大致相等。多个总状花序聚集在一起，形成复总状花序(圆锥花序)，如水稻、玉米的雄花序。

穗状花序：观察紫穗槐的花序，花序类型与总状花序相似，只是花无柄。观察小麦的花序，可发现它是由许多穗状花序组成的，每个穗状花序均无柄，称为复穗状花序。

肉穗花序：观察玉米的雌花序，它的花序轴肉质化，上面着生许多无柄的花。

柔荑花序：以杨树花序为观察对象，它类似穗状花序，但是其花序轴柔软下垂，开花后整个花序一起脱落。

伞形花序：观察韭菜或大葱的花序，其花序轴短缩，顶端集生许多花柄近等长的花，如张开的伞。再观察芹菜或胡萝卜的花序，它们是由几个分枝长短相近的伞形花序集生于花序轴顶端形成的，称为复伞形花序。

伞房花序：观察山楂的花序，可见其花序与总状花序相似，但花序轴下部的花柄变长，上部的花柄依次变短，整个花序的花几乎排列在一个平面上。

头状花序：以向日葵或蒲公英的花序为对象进行观察，可见其花序轴顶端缩短膨大成头状或盘状，其上着生很多无柄的小花。

隐头花序：观察无花果的花序，它的花序轴顶端肉质膨大而内陷，内陷的花序轴壁上着生许多无柄的花。

有限花序：又称离心花序。花序上部的花先开放，下部的花后开放；或花序中央的花先开放，边缘的花后开放。

单歧聚伞花序：观察鹤虱或鸢尾的花序，其花序轴顶部的花开放时下部的花未开。在鹤虱中，后开放的花出自同侧，又称镰状聚伞花序；而在鸢尾中，后开放的花自两侧交互出现，又称为蝎尾状聚伞花序。

二歧聚伞花序：观察王不留行的花序，顶花之下的花序主轴向两侧同时各生一支，且多次重复。

多歧聚伞花序：以大戟花序为观察对象，花序轴顶发育出一朵花之后，紧接其下的主轴再分出3个以上分枝，且各个分枝又如此发育出顶花和分枝的花序。

轮伞花序：以益母草或薰衣草花序为观察对象，其聚伞花序着生于叶的叶腋部，呈轮状排列。

5. 果实

(1)单果　由一朵花的单雌蕊或复雌蕊的子房发育形成的果实。根据果实成熟时质地和结构的不同，可分为肉果和干果两类。

肉果的果皮或果实的其他部分肉质多汁。可分为以下5种类型。

浆果：由单雌蕊或复雌蕊发育而成，外果皮多为膜质，中果皮和内果皮均为肉质，多汁，如番茄、葡萄等。

核果：由单雌蕊或复雌蕊发育而成，外果皮薄，中果皮厚且多肉质化，内果皮坚硬，包在1粒种子的外面，如桃或杏等。

柑果：由复雌蕊具中轴胎座的上位子房发育而成，外果皮革质、有油囊，中果皮疏松、有维管束，内果皮膜质、有许多肉质多汁的毛囊，可食用，如柑橘类的果实。

瓠果：由下位子房发育而成的假果，花托和外果皮组成坚硬的果壁，中果皮和内果皮及胎座均肉质化，如葫芦科植物的果实。

梨果：由花托和具中轴胎座的子房共同参与发育而成的假果，花托形成的果壁肉质发达，占大部分，外果皮和中果皮肉质化，内果皮纸质或革质，如苹果、梨等。

干果成熟时果皮干燥，开裂的干果称裂果，不开裂的干果称闭果。

裂果主要有以下几种。

蓇葖果：由离生单雌蕊发育而成，成熟时沿背缝线或腹缝线一边开裂，如八角、梧桐等。

荚果：由单雌蕊的子房发育而成，成熟时沿背缝线和腹缝线两边开裂，如大豆、豆角等豆科植物。

角果：由2心皮联合发育而成，具假隔膜且为侧膜胎座的果实。成熟时，果皮沿腹缝线开裂，假隔膜留存，如油菜等十字花科植物。

蒴果：由复雌蕊子房发育而成，成熟时以各种方式开裂，如沿背缝线开裂的棉花、鸢尾等。

闭果主要有以下几种。

瘦果：果实细小，内含1粒种子，果皮与种皮易分离，如向日葵、荞麦等。

颖果：果实细小，内含1粒种子，果皮与种皮愈合不易分离，如小麦、玉米等禾本科植物果实。

翅果：果皮延伸成翅状，如复叶槭、榆树等的果实。

坚果：果皮坚硬，内含1粒种子，如板栗。

双悬果：由子房下位的2心皮复雌蕊发育而成，果实成熟后心皮之间彼此分离，由心皮柄将2个分离的果实悬挂于果柄上，如孜然等伞形科植物果实。

(2)聚合果　由一朵花的离生心皮雌蕊群发育而成，许多小果集中着生在膨大的花托上。根据小果的果皮质地不同而有不同的类型，例如：聚合蓇葖果（八角）、聚合核果（悬钩子）、聚合瘦果(草莓)和聚合坚果(莲)。

(3)聚花果　又称复果,由整个花序发育而成,如桑椹、菠萝和无花果。

(二)植物形态分类的基本方法

分类检索表为快速鉴定未知植物提供了帮助,一般是运用植物体之间相似特征和区别特征而编写的。常用的是科、属、种的检索表。

1. 植物检索表的编制原则

首先对要分类的植物有关习性和形态特征进行仔细观察和记录,然后按照各种特征的异同进行汇总比较,逐项排列,最后进行分门别类。分类使用的是二歧分类法,即将不同种类的植物形态特征中成对的相异特征用二歧排列的方法制成各等级的分类检索表。

2. 检索表的类型

常用的检索表有等距检索表和平行检索表两种。以棉花、黄瓜和豆角的分类检索为例,形态描述只列出简单的相对特征。

棉花:直立草本,离瓣花,蒴果。

黄瓜:草质藤本,合瓣花,漏斗状花冠,瓠果。

豆角:草质藤本,离瓣花,蝶形花冠,荚果。

等距检索表

1. 草质藤本
    2. 合瓣花,漏斗状花冠,瓠果 …………………………………… 黄瓜
    2. 离瓣花,蝶形花冠,荚果 ……………………………………… 豆角
1. 直立草本,离瓣花,蒴果 ………………………………………… 棉花

平行检索表

1. 草质藤本 …………………………………………………………… 2
1. 直立草本,离瓣花,蒴果 ………………………………………… 棉花
2. 合瓣花,漏斗状花冠,瓠果 ……………………………………… 黄瓜
2. 离瓣花,蝶形花冠,荚果 ………………………………………… 豆角

3. 植物检索表的编制要点

第一,确定是做分科、分属还是分种的检索表。认真观察和记录植物的形态特征,在掌握各种植物特征的基础上,列出相似特征和区别特征的比较表,同时找出各种植物之间的典型区别,尽可能采用质量性状。

第二,在选用区别特征时,最好选用相反的特征,如单叶或复叶、草本或木本等易于区别的稳定性状。

第三,采用的特征要明显,一定是植物的自然性状,不能使用植物的人为属性。

第四,检索表的编排号码只能用两个相同的号码,不能用多个相同号码并排。

4. 利用检索表鉴定植物的方法

鉴定植物的关键，是要懂得用科学的形态术语来描述植物特征。在使用检索表之前，要对被鉴定的植物各个部分特征做详细的观察和记录。先观察茎、叶等营养器官的特征，再观察生殖器官的特征，如被子植物的花或花序形状、颜色等。取一朵花，自上而下、由外而内进行详细解剖观察，最后观察果实和种子的特征。根据检索表沿着门、纲、目、科、属、种的顺序进行检索。

四、复习题

1. 植物主要由哪几部分构成？每一部分又各有哪些主要类型？
2. 简述植物形态分类的主要方法。
3. 观察玉米雌花序、雄花序、小穗和小花的结构，取果穗横断面，绘图并标明各部位名称。
4. 观察玉米主要亚种，绘制各亚种籽粒的剖面图，注明角质淀粉与粉质淀粉的分布。

实习二　土壤剖面挖掘与特性观察

一、实习目的

通过挖掘土壤剖面和描述土壤剖面特征，熟悉对土壤发生层的划分及对土壤颜色、质地、孔隙、结构等特性的描述，培养野外独立工作能力和初步科研能力，初步掌握土壤剖面挖掘与特性观察的基本技能和方法。

二、实习内容

(一)材料与用具

铁锹、平头铲、标尺、卷尺、相机、比色卡等。

(二)内容与步骤

1. 土壤剖面的挖掘与拍照

(1)挖掘规格要求　确定好土壤剖面的位置以后就可以进行剖面的挖掘工作。对土壤剖面规格的要求如下：研究自然土壤时，一般要求宽 1 m，长 2 m，深 2 m；对于一般的耕地土壤，要求宽 1 m，长 1.5 m，深 1.2 m(如果采取整段标本，要求土坑大一些)；对于盐渍土，要求挖到地下水层；对于石质土和母质，要求挖到基岩层。

(2)挖掘注意事项　挖掘土壤剖面时，应注意以下 5 点：①观察面应向阳，以便观察；②底土和表土层应分开堆放，以便填坑时恢复原状，在农业耕作区更应如此；③观察面上方不应堆土或任意走动、踩踏，以免破坏表层结构，影响剖面形态的描述及取样；④挖好剖面后要进行修整，一边修成光面，以便观察颜色、新生体等，一边修成粗糙面，以便观察结构；⑤所有工具必须放到剖面后方，以免跌落伤人。

(3)土壤剖面照片的拍摄　剖面照片拍摄要求如下：①剖面整体上一定要用平头铲修平；②标尺统一放置在剖面左边，一定要放垂直；③上端露出部分空间，使剖面不至于顶格整个画面，同时方便放置田间号；④底部要到基岩层或者至少深 1.2 m；⑤剖面挑出部分毛面，但只占剖面整体宽度的 1/3 左右，要避免明显刀痕；⑥照相时镜头要基本上垂直于剖面中心，避免各部分比例失真。

2. 土壤发生层的划分

(1)划分土层　土壤发生层次是指在土壤形成过程中在垂直地面的方向上出现的性状上有差异的层次。划分土层，首先可根据剖面的形态特征，如颜色、结构、松紧度、质地、植物根系分布等的差异，粗略划分土层界线，然后再以物理作用、化学作用、生物作用、耕作利用所表现的特征(如物质的淋溶、淀积和新生体的情况等)确定。同时应注意各土层的变化和它们之间的相互关系，划分的各个土层应具鲜明的特点。

(2)记录厚度　划分土层后，应从上到下连续记录各层厚度，这对了解土壤的发育、确定土类、制订土壤的合理利用和改良措施都有重要的作用。

3. 土壤特性的观察与描述

(1)土壤颜色　可反映土壤的物质组成、发育程度和肥力等状况。影响土壤颜色的因素有土壤水分,有机质含量,矿物质、氧化物种类等。在野外首先可用目视观察判定颜色,但标准颜色必须以比色卡表示。除用比色卡外,必要时应加适当的文字描述,如"比上层略黄""暴露在空气中颜色很快变淡"等。两种土层的物质混杂,存在两种以上土壤颜色时,则对不同的底色分别加以描述。

(2)土壤质地　土壤团体部分由大小不同的土粒所组成,土壤中大小不同的土粒按不同比例组合的状况,称为土壤质地。在野外粗略地了解土壤质地,通常凭手指的感觉和土壤在一定湿度下的外形表现鉴别,这种方法称为指感法或手摸法。

(3)土壤斑纹　指与土壤基色不同的线状物或斑块状物,一般由氧化(干)还原(湿)交替形成。在野外一般描述斑纹的颜色、丰度、大小、位置、对比度等。

(4)土体内岩石和矿物碎屑　指土体中与土壤相区别的岩石和矿物碎屑。在野外一般描述其丰度、大小、形状、硬度、组成物质等。

(5)土壤结构　指土壤颗粒(包括团聚体)的排列与组合形式。在田间鉴别时,通常指那些不同形态和大小,且能彼此分开的结构体。一般有片状、棱柱状、块状、团粒状等形状。在野外一般描述结构体的形状、大小、发育程度等。

(6)干湿状况　土壤大致的干湿状况可通过手感确定,但较精确的干湿状况必须通过便携式土壤水分速测仪进行判定。在野外根据手感一般可定性为干、稍干、稍润、润、潮、湿等。

(7)土壤力学性质　一般包括黏结性、黏着性、可塑性,以及其他受外力作用而发生变形的性质,这些性质又称为土壤结持性。

黏结性:指土粒(<2 mm)间相互黏结在一起的性能,是通过土粒、水、土粒之间的引力而表现出来的。根据风干土壤在手中挤压时破碎的难易程度定性划分为松散、松软、稍硬、硬、很硬、极硬等级别,为干时黏结性;当土壤含水量介于风干土与田间持水量之间时,根据土壤物质在手中挤压时破碎的难易程度定性划分为松散、极疏松、疏松、坚实、很坚实、极坚实等级别,为润时黏结性。

黏着性:指土粒在一定含水情况下黏附外物的性能,由土粒、水、外物相互间的分子引力所产生。在野外以土壤物质在拇指和食指间的最大黏着程度表示。水分含量以满足土壤获得最大黏着性为准。一般定性划分为无黏着、稍黏着、黏着、极黏着等级别。

可塑性:指土壤在一定含水范围内可以塑造成任意形状,当外力消失干燥后,仍保持塑造形状的性能,与水分含量、土壤质地和黏粒含量有关。在野外通过加水将土壤物质适当湿润后,在手中搓成直径为 3 mm 的圆条,然后持续搓细,直至断裂为止,根据是否能成条或条的强度划分为无塑、稍塑、中塑、强塑等级别。

(8)土壤孔隙　土粒与土粒、土团与土团、土团与土粒之间相互支撑,构成大小不等、弯弯曲曲、形状各异的各种孔洞,通常把这些孔洞称为土壤孔隙。在野外一般描述孔隙的孔隙度、丰度、大小、类型、分布位置等。

(9)胶膜　指土壤孔隙壁、土壤结构体或矿质颗粒表面,由于土壤某种成分的凝聚或"细土物质"就地改变排列所形成的膜状物。在野外一般描述其丰度、位置、性质、对比度等。

(10)土壤紧实度　又叫土壤坚实度,指外物楔入或挤入时与垂直应力相当的土壤阻力,可用穿入阻力表示。在野外可用土壤紧实度仪来测定。

(11)土壤动物　指一生或生命过程中有一段时间定期在土壤中度过，而且对土壤产生一定影响的动物(不含微生物)。在野外一般要观察和描述土壤动物的种类和丰度。

三、相关知识

(一)土壤发生层及其修饰字母

1. 土壤的主要发生层

土壤发生层简称土层，为土壤剖面上表现出的水平层状构造，反映了土壤形成过程中物质的迁移、转化和累积的特点。土壤发生层及其组合是土壤分类的主要依据，也是决定土壤肥力的重要因素。土壤学上用英文大写字母表示土壤发生层，主要发生层如下。

(1)O层　残落物层。在通气良好而又较干燥的条件下，植物残落物堆积，有机物不能完全分解并在地表累积而形成。

(2)H层　泥炭层。在长期水分饱和的条件下，湿生性植物残体在表面累积，是泥炭形成过程中形成的发生层。

(3)A层　淋溶层。在表土层中，有机质已腐殖质化，生物活动强烈，主要进行淋溶过程，故称为淋溶层。物质的淋溶程度随水、热条件不同而异。

(4)E层　灰化漂白层。在淋溶和机械淋洗的条件下，硅酸盐黏粒和铁、铝化合物淋失，使抗风化力强的石英砂粒与粉粒相对富积，以较浅淡的颜色或灰白色而区别于A层。通常与灰化过程有关。

(5)B层　淀积层。是淀积过程的产物，与母质层有明显的区别。黏粒、铁、铝或腐殖质在此层淀积或累积。次生黏土矿物形成，具块状或棱柱状结构，颜色变棕或棕红、红等。

(6)C层　母质层。指风化产物没有受到成土过程影响的层次，较上面土层紧实。

(7)R层　母岩层。指最下部坚硬的岩石层。

此外，还有一些过渡土层，它们兼有两种主要发生层的性状，在观测中可以用两个大写字母表示。如AB层表示该层性状更接近A层，BA则表示该层发育更接近B层。

2. 土壤发生层的修饰字母

在描述土壤发生层的发育特征时，常用下标字母来表示该发生层的主要性状。如B_t表示该淀积层有明显的黏化现象，是一个黏化层。B_{tg}表示该层不仅有黏化现象，还进行氧化还原过程。用来修饰主要土壤发生层的小写字母及其含义如下。

b：埋藏或重叠土层。

c：结核状物质积累。常与表明结核化学成分的字母连用，如B_{ck}表示碳酸钙结核淀积层。

g：氧化还原过程所形成的土层，有锈纹、锈斑或铁、锰结核。

h：矿质土层中有机质的自然累积层，如A_h是在自然状态下未被人为耕作扰动的土层。

k：碳酸盐的累积，与钙积过程有关。

m：指被胶结、固结硬化的土层，常与表示胶结物化学性质的字母连用，如C_{mk}表示C层已被碳酸盐胶结起来，形成了石灰结磐层。

n：钠的累积，B_{tn}表示碱化层。

p：经耕作或其他措施扰动的土层，如A_p表示耕作层。

q：次生硅酸盐的聚积层，如B_{mq}表示B层为硅酸盐胶结成硅化层。

r:地下水引起的强还原作用产生蓝灰色的潜育层。

s:指铁、铝氧化物的累积层。

t:黏粒聚积的土层。

w:指B层中就地发生了结构、颜色、黏粒含量变化,而非淀积性土层。

x:脆磐层。土体呈中、弱结持性,结构体或土块受压时会脆裂,干时呈硬性或极硬结持性。通常为斑纹杂色,不易透水,呈粗糙的多面体或棱柱体。

y:在干旱条件下发生的石膏淋溶淀积产生的石膏聚积层。

z:盐分聚积层。

(二)我国主要的土壤类型及分布

1. 主要地带性土壤

(1)棕色针叶林土　是在寒温带针叶林下,冻融回流淋溶型(夏季表层解冻时铁、铝随下行水流淋溶淀积;秋季表层上冻时夏季淋溶淀积物随上行水流表聚)的棕色土壤。剖面形态为:土层较浅薄,一般在40 cm左右,土层内多砾质岩屑;质地较轻,无论坡上坡下多以壤质为主,全层呈棕色或暗棕色,分层不明显;表层腐殖质处于半分解状态。棕色针叶林土主要分布在东北地区,在北纬46°30′～53°30′之间,集中分布在大兴安岭北段以及长白山、小兴安岭的垂直地带谱中。据全国第二次土壤普查结果,我国棕色针叶林土总面积为1 165万hm^2,其中内蒙古占48.52%,黑龙江占37.86%。

(2)暗棕壤　是在温带湿润季风气候和针阔混交林植被条件下发育形成的,剖面构型为O-A_h-AB-B_t-C型,表层腐殖质积聚,全剖面呈中性至微酸性反应,盐基饱和度在60%～80%之间,剖面中部黏粒和铁、锰含量均高于其上下两层的淋溶性土壤。暗棕壤有机质含量较高,表层有机质含量一般在10～50 g/kg,随土层向下而锐减,土壤质地大多为壤质,从表层向下石砾含量逐渐增多。土体中铁和黏粒有明显的淋溶淀积,而铝的移动不明显。土壤终年处于湿润状态,季节变化不明显。主要分布在东北地区,北起黑龙江,南至辽宁铁岭、清原一线,西起大兴安岭东坡,东至乌苏里江。其次分布在青藏高原边缘的高山地带,亚热带山地的垂直带谱中也有少量分布。暗棕壤在全国范围分布较广,据全国第二次土壤普查结果,我国暗棕壤总面积为4 019万hm^2。

(3)棕壤　是在暖温带湿润和半湿润大陆性季风气候及落叶阔叶林下,发生较强的淋溶作用和黏化作用,土壤剖面通体无石灰反应,呈微酸性反应,具有明显黏化特征的淋溶性土壤。棕壤的质地因母质类型不同而变化较大,但总的来说,发育良好的棕壤质地细、保水性能好、抗旱能力强。但是,淀积层质地较黏、透水性较差,尤其是在长期耕作后形成较紧的犁底层,透水性更差。棕壤在国内主要以辽东半岛和山东半岛丘陵地区分布最为集中,另外在江苏境内的徐州、淮阴、连云港一线以北的低山丘陵和一些山地垂直带上也有分布。我国棕壤总面积为2 015万hm^2。

(4)褐土　是在暖温带半湿润季风气候、干旱森林与灌木草原植被下,经过黏化过程和钙积过程发育而形成的,具有黏化B层、剖面中某部位有$CaCO_3$积聚(假菌丝)的中性或微酸性的半淋溶性土壤。褐土的土壤颗粒组成除粗骨性母质外,一般以壤质土居多。主要特征是在一定的深度内具有明显的黏粒积聚,形成淀积黏化层,颜色多为棕色,通常有石灰质假菌丝新生体,可沿根系聚集并下移至更深的土层。褐土主要分布于北起燕山、太行山山前地带,东抵泰山、沂山山地的西北部和西南部的山前低丘，西至晋东南和陕西关中盆地，南抵秦岭北麓及黄河一线。我国褐土总面积约为 2 515.85 万 hm^2。

(5)黄棕壤与黄褐土　黄棕壤是在北亚热带湿润气候、常绿阔叶与落叶阔叶林下的淋溶土壤，具有色暗但有机质含量不高的腐殖质表层和亮棕色黏化 B 层，通体无石灰反应，pH 为微酸性。质地一般为壤土至粉沙壤土。我国黄棕壤总面积为 1 803 万 hm^2，主要分布于苏、皖长江两侧及浙北地区。地貌类型主要是丘陵、阶地等排水条件好的类型。

黄褐土是在北亚热带半湿润常绿阔叶与落叶阔叶混交林或针阔混交林下，发育于更新世黄土母质上，母质中常有石灰结核，但 B 层无石灰性，pH 为 6.8～7.5 的淋溶土。黄褐土主要分布在北亚热带、中亚热带北缘以及暖温带南缘的低山丘陵或岗地。地域范围大致在秦岭—淮河以南至长江中下游沿岸。我国黄褐土总面积为 380.97 万 hm^2，以河南和安徽所占面积最大。

(6)红壤、黄壤和砖红壤　三者统称为铁铝性土壤，它们广泛分布于我国亚热带与热带地区。铁铝土的形成特点是在高温与高湿的气候条件下，母岩发生强烈化学风化，土壤中进行脱硅富铝化过程，黏土矿物以高岭石和铁铝氧化物为主，土体中原生矿物和可蚀变矿物已经很少，土壤酸性强。

红壤是在中亚热带湿热气候、常绿阔叶林植被条件下，发生脱硅富铁铝化过程和生物富集作用发育而成的铁铝土。红壤富铁铝化作用显著，风化程度深，质地较黏重。土壤呈酸性—强酸性反应。剖面以均匀的红色为主要特征，有铁铝淀积层，紧实黏重，呈核块状结构，常有铁锰胶膜和胶结层出现，B 层之下有淡红色与灰白色相互交织的网纹层。红壤是中国铁铝土纲中位居最北、分布面积最广的土类，总面积达 5 690.16 万 hm^2，多分布于北纬 25°～31°之间的广大低山丘陵地区，包括江西、福建、浙江的大部分，广东、广西、云南等的北部，以及江苏、安徽、湖北、贵州、四川、西藏的南部。

黄壤是在亚热带常绿阔叶林和常绿落叶阔叶混交林下，氧化铁高度水化，黄化过程明显，富铁铝化过程较弱，具有枯枝落叶层、暗色腐殖质层和鲜黄色富铁铝层的湿暖铁铝土。黄壤广泛分布于我国北纬 30°附近的亚热带和热带山地、高原，总面积为 2 324.73 万 hm^2，以贵州分布最多，占 30.27%，四川占 19.45%，云南占 9.87%，湖南占 9.06%。

砖红壤是我国最南端热带雨林或季雨林地区的地带性土壤，水平分布在北纬 22°以南的热带北缘，包括海南岛、雷州半岛以及台湾南部、广西、云南的部分地区。砖红壤质地黏重，土层深厚，红色风化层可达数米乃至十几米，呈强酸性反应。严格来讲，剖面中无淀积层，因为能溶可悬移物已淋出土体，此后 A、B 层均属高岭石及部分铁铝氧化物残体，紧实厚重，呈核块状结构，结构面上有暗色胶膜，有些有聚铁网纹层或铁磐层。

(7)黑土、黑钙土、栗钙土　分布在温带和暖温带自东向西由半湿润向半干旱过渡的狭长地带，景观上由草原化草甸向灌木草原过渡。广义来讲，这些土壤基本属于草原土壤系列，反映出草原土壤的基本特征，即有机质含量自表层向下逐渐减少，土体一般有碳酸盐积聚。

黑土是在温带湿润或半湿润气候、草甸植被下形成的，具有深厚腐殖质层、黏化 B 层或风化 B 层，通体无石灰反应，呈中性反应的土壤。我国黑土总面积为 734.65 万 hm^2，集中分布在北纬 44°～49°、东经 125°～127°之间，以黑龙江、吉林两省的中部最多。大约有 65.67%的黑土分布在黑龙江省，14.99%的黑土分布在吉林省，14.63%的黑土分布在内蒙古。

黑钙土是在温带半干润气候条件下，草甸草原草本植被经腐殖质积累过程和碳酸钙淋溶淀积过程所形成的，具有黑色腐殖质表层，下部有钙积层或石灰反应的土壤。我国黑钙土面积为 1 321.06 万 hm^2，主要分布于黑龙江、吉林两省和内蒙古自治区的东部，即松嫩平原、大兴安岭东西两侧和松辽分水岭地区。

栗钙土是在温带半干旱大陆气候下，草原植被经历腐殖质积累过程和钙积过程所形成的具有明显栗色腐殖质层和碳酸钙淀积层的钙积土壤。我国栗钙土总面积为 3 748.64 万 hm^2，主要分布在内蒙古东部—中南部，呼伦贝尔高原西部、鄂尔多斯高原东部、大兴安岭东南麓平原、大同盆地以及阴山、贺兰山、祁连山、阿尔泰山、天山、准噶尔界山、昆仑山的垂直带与山间盆地均有分布。

(8)棕钙土和灰钙土　棕钙土是中温带半干旱草原地带的栗钙土向荒漠地带的灰漠土过渡的一种干旱土壤。它具有薄的腐殖质表层，地表普遍沙化和砾质化；在非覆沙砾地段，地表有微弱的裂缝和薄的假结皮，其下为棕色弱黏化、铁质化的过渡层，在 50 cm 深度内出现钙积层，底部有石膏(有时还有易溶盐)的聚集。这些与栗钙土有显著的差异，而灰漠土则没有明显的腐殖质层，地表有明显的多孔结皮，结皮下有鳞片层，从表层起就有石灰反应，没有明显的碳酸钙聚集。棕钙土主要分布在内蒙古高原中西部、鄂尔多斯高原西部、新疆准噶尔盆地北部、塔城盆地的外缘以及中部天山北麓山前洪积扇的上部。

灰钙土是在暖温带干旱大陆性季风气候、荒漠草原下，弱腐殖质累积，腐殖质含量低，土壤剖面分化不明显，但有弱结皮层的干旱土。它的钙积层没有棕钙土明显，没有明显的腐殖质层而具有荒漠土层，有机质含量较低。灰钙土的分布是不连续的，分东、西两个区，其间为荒漠土壤所间断。东区主要分布在银川平原、青海东部湟水河中下游平原、河西走廊武威以东地区。在毛乌素西南部起伏丘陵、宁夏中北部一些低丘和甘肃屈吴山垂直带也有分布。西区仅限于伊犁谷地。

(9)荒漠土壤　是极端干旱的荒漠地区的土壤，主要包括灰漠土、灰棕漠土及棕漠土。我国的荒漠区主要分布在内蒙古、宁夏西部、青海西北部、甘肃河西走廊以及新疆全境的平原地区。目前该地区降水稀少，年降水量为 50～200 mm，南疆的降水量不足 50 mm，气候十分干燥，气温高，温差大，风力强，风蚀作用强烈。漠土的共同特征是：土壤砾质化明显，有明显的砾幂层；碳酸钙表聚明显，砾幂底部常有白色的碳酸钙聚积；地表常见黑色的漆皮与表层结壳，结壳有龟裂现象，厚约 2 cm，其下连接大量的孔洞气泡；发育层浅薄，在表层以下为紧实的过渡层；心土层有一定的易溶性盐和石膏聚积，可见斑点状、晶体状或簇状石膏盐类结晶，有时可见残积盐化层、石膏磐层或石膏和盐类磐层。

2. 主要非地带性土壤

(1)潮土　是河流沉积物受地下水影响，并经长期旱耕而形成的一类半水成土。20 世纪 30 年代曾称作冲积土，50 年代又称为浅色草甸土，现命名为潮土。由于土壤地下水位较浅，毛管水前锋能到达地表而具有“夜潮现象”，故称为潮土。潮土的耕作层一般为 10～25 cm，呈碎屑状或碎块状结构，耕性较好。潮土的有机质含量并不高，但土壤矿质养分含量丰富，加之土体深厚，结构良好，易耕作管理，适种性强，是一类生产性能良好的耕种土壤。我国潮土总面积达 2 565.89 万 hm^2，广泛分布于黄淮海平原以及河谷平原、滨湖低地与山间谷地等，主要在冲积物上发育。

(2)草甸土　是在冷湿条件下，直接受地下水浸润并在草甸植被下发育的土壤。草甸土在我国北方广泛分布，所处地势平坦，水源丰富，土质肥沃，人口集中，是发展农牧业，生产粮棉油及畜产品的重要基地。全国草甸土的面积约为 2 507.05 万 hm^2，在我国分布较广，主要分布于东北地区的三江平原、松嫩平原、辽河平原以及内蒙古及西北地区的河谷平原或湖盆地区。其中黑龙江省的草甸土面积最大，约占全国草甸土面积的 1/3。

(3)沼泽土　是地面积水或土层中长期处于水分饱和状态，生长湿生植被所形成的土壤。沼泽土是具有小于 50 cm 厚的泥炭或腐泥层的土壤，其下为潜育层。在气候较暖热、气温较高的地方，有机质累积层较薄的为矿质潜育土；但在高寒和高纬度下，腐殖质累积明显，只要表层有机质层厚度小于 50 cm 且具有潜育层就归入沼泽土类。沼泽土主要分布在东北地区的大小兴安岭和长白山等山区的沟谷及平原中的河边湖滨低洼地，青藏高原也是重要的分布区之一。此外，天山南北麓、华北平原、长江中下游平原、珠江中下游和东南滨海地区也有分布。全国共有沼泽土 1 261 万 hm^2。

(4)盐土和碱土　是指土壤含有可溶性盐类，而且盐分浓度较高，抑制或危害植物生长的土壤。盐(碱)土纲被分为盐土和碱土 2 个亚纲，其中盐土又被分为盐土、漠境盐土、酸性硫酸盐土、寒原盐土和滨海盐土等土类。盐(碱)土一般又称为盐渍土，是盐土和碱土的总称。

我国盐土的分布地域广泛，主要分布在北方干旱、半干旱地带和沿海地区。盐渍发生的气候条件是蒸发量大于降水量。除滨海地区外，盐土其他分布区的土壤蒸发量和降水量的比值均大于 1，土壤及地下水中的可溶性盐随上升水流到达地表，经蒸发、浓缩而积累于地表，形成盐斑、盐壳及积盐层。在西北内陆地区盐土呈大面积分布。

碱土是指土壤中含有较多的交换性钠离子而使土壤呈碱性反应的盐渍土。碱土在我国的分布从最北的内蒙古呼伦贝尔高原栗钙土区一直到长江以北的黄淮海平原潮土区，从东北松嫩平原草甸土到山西大同阳高盆地、内蒙古河套平原到新疆的准噶尔盆地，地跨几个自然生物气候带。我国碱土的总面积不大，且呈零星分布，碱土常与盐土或其他土壤组合分布。

(5)初育土　是成土物质不断更新，土壤无明显的物质移动或聚积，土壤发育微弱，保留明显的母质状态的土壤。根据母质特征的差异，初育土可划分为土质初育土和石质初育土 2 个亚纲。土质初育土起源于疏松母质，包括冲积土、风沙土和黄绵土 3 个土类；石质初育土起源于坚硬的母岩，包括紫色土、石灰岩土、火山灰土、磷质石灰土、石质土、粗骨土等。初育土所处的地貌类型多样，有强烈水土流失的山丘坡地，也有坡积、洪积作用盛行的坡麓地带或山前平原，或为泛滥频繁的冲积平原、风沙活动强烈的流沙地带等。

(6)人为土　是指在长期人为生产活动下，通过耕作、施肥、灌溉、排水等，改变原来土壤在自然状态下的物质循环与迁移累积，促使土壤性状发生明显的改变，具备可用于鉴别的新的发生层段与属性，从而成为一种新的土壤类型。最典型的例子就是水稻土。旱地或自然土壤开垦后改为水田，长期表层淹水、水下耕作，不断地干湿交替，使土壤剖面上出现了氧化还原层，随地理位置和地下水位高低不同可形成不同的水稻土。在旱地耕作下，经过长期的施用土杂肥、有机肥，或引水灌溉，表层土壤不断加厚，而原来的表层被掩埋，这样也会形成人为土，如灌淤土、菜园土等。人为土是改造土壤资源的结果，大多数人为土经过人类长期的改良，其肥力逐渐提高，成为粮食生产的重要基地。水稻土生产的水稻占我国粮食产量的一半左右，而菜园土是城市菜篮子的基础。

(7)高山土　主要指在青藏高原及其外围山地森林带与高山冰雪带之间广阔无林带形成的土壤类型。高山土是在高山生物气候下形成的土壤，具有明显的垂直分布规律。紧靠雪线的冰缘地带最高寒，所形成的寒冻土是垂直分布的最上层土壤类型；第二层是高原寒带的草甸土、寒钙土和寒漠土；底层是高原亚寒带的黑毡土、冷钙土和冷漠土；最下层是高原温带的冷棕钙土。在青藏高原上，随着气候干湿度从东南向西北变化，其分布也呈规律性地更替，即从东南湿润、半湿润气候区的草毡土和黑毡土，向西北方向逐渐过渡到半干旱气候区的寒钙土和冷钙土，最后过渡到北部干旱气候区的寒漠土和冷漠土。

四、复习题

1. 土壤剖面的观察面为什么要向阳？在实地剖面挖掘过程中如何确保观察面向阳？
2. 开展土壤调查工作一般要携带哪些材料和工具？请列出材料和工具，并说明用途。
3. 土壤的主要发生层有哪些类型？土壤发生层的修饰字母有哪些？
4. 简述我国主要的土壤类型及其分布。

实习三　植物群落生物多样性调查

一、实习目的

生物多样性具有很高的开发利用价值，生物资源保护逐渐受到人们的高度重视。本实习通过实地操作，使学生初步了解植物群落生物多样性的调查方法，加深对生物多样性的认识，懂得保护生物多样性的重要意义。

二、实习内容

（一）材料与用具

指南针、经纬仪、气压高度表、测绳、计步器、钢卷尺、剪刀、采集杖、各种表格、记录本、标签、铁铲、枝剪、土壤袋、标本夹、标本纸、放大镜、昆虫采集箱等。

（二）内容与步骤

1. 样地的设置

如果群落内部植物分布和结构都比较均一，则采用少数样地；如果群落结构复杂且变化较大、植物分布不规则，则应增加取样数目。取样技术有无样地取样技术（指不规定面积的取样，如四分法）和有样地取样技术（指规定面积的取样，如样方法、样线法）两种。

（1）样方法　在一块样地上选定样点，将仪器放在样点的中心，水平向正北 0°、东北 45°、正东 90°引方向线，量取相应的长度，则 4 点可构成所需大小的样方。选择具有代表性的小面积统计植物种类及数目，并逐步向外围扩大，同时登记新发现的植物种类，直到基本不再增加新种类为止。面积扩大的方法有以下 3 种。①从中心向外逐步扩大法：通过中心点作两条互相垂直的直线，在两条线上依次定出距离中心点的位置，将等距的 4 个点相连后即可得到不同面积的小样方，在这些小样地中统计植物种数。②从一点向一侧逐步扩大法：通过原点作两条直角线，以它们作为坐标轴，在线上依次取离原点不同距离的位置，各自作坐标轴的垂线，分别连成一定面积的小样地，统计植物种数。③成倍扩大样地面积法：逐步扩大样地，每一级面积均为前一级面积的 2 倍。以面积大小为 x 轴，以种数为 y 轴，填入每次扩大面积后所调查的数值，并连成平滑曲线，则曲线上由陡变缓之处相对应的面积就是群落的最小面积。

植物群落调查所用的最适样方大小：乔木层（10×10）～（40×50）m^2；灌木层（4×4）～（10×10）m^2；草本层（1×1）～（3×3.3）m^2。样方数目一般为：乔木 2 个；灌木 3 个；草本 5 个。

（2）样线法　主观选定一块代表地段，并在该地段的一侧设一条线（基线），然后沿基线用随机或系统取样选出待测点（起点），沿起点分别布线进行调查。样线的长度和取样数目为：草本 6 条 10 m 样线；灌木 10 条 30 m 样线；乔木 10 条 50 m 样线。在样线两侧 0.5 m 范围内记录每种植物的个体数。

（3）四分法　选定调查地块后，在调查地块内随机布点（样点），理论上每个调查地段的取样点数至少为 20 个。将事先准备好的“十字架”中心点与任一样点重合，在地面上构成 4 个象限，在每一象限内找到最靠近中心点的个体。

2. 植物群落调查指标的测定方法

(1)测定盖度　盖度＝一个种的密度/所有种的密度×100%

(2)测定频度　频度＝出现该种的样方数/样方总数×100%

(3)测定生物量　采用直接收割法，直接将植物体地上枝叶及繁殖器官全部割下来，测定鲜重和干重(烘干或晒干)。

(4)测定蓄积量　木本植物蓄积量的测定较为困难，一般须应用航空相片进行抽样调查，再采用比估计法和回归估测来完成。草本植物蓄积量的计算公式：$w=d\cdot F\cdot S$。其中，w 为总蓄积量；d 为单位面积上植物可利用部位的生物量；F 为植物的频度；S 为草本植物种群分布面积。

(5)测定多度　多度是指单位面积(样方)上某个种的全部个体数。通常采用多度等级制表示，习惯用的符号有以下几个。

背景化(Soc)：植物地上部分的郁闭形成背景。

多(Cop)：植物生长很好，个体数目很多，但未达到背景化。

稀疏(Sp)：植物数量不多，稀疏散生。

零落(Sol)：植物的个体很稀少。

计算公式：$m=1/d=R/q$。其中，m 为多度；d 为密度；R 为统计样方总数；q 为在样地内所调查到的某种特定种的平均个体数。

3. 观察步骤

(1)全况了解　首先应该熟悉典型地段的植物群落概况，包括组成特征及其所属分类系统，然后根据植物群落调查的要求，确定相宜的调查范围。

(2)确定调查范围　依据小范围差异，确定具有代表性的群落界限，然后进行观察。例如：在木本植物群落中，可以有针叶林、针阔混交林或阔叶林等；在草本植物群落中，可以有干草地、草地、高山草地等。

(3)环境条件调查　包括①地理位置。②地形条件：海拔高度、坡向、坡度位置、地形起伏、侵蚀状况等。③土壤条件：土壤类型、各层厚度、颜色、质地、干湿状况等。④人类影响：砍伐、栽培、开垦、放牧、火灾等方面的强度、持续时间和频度(可通过访问调查获取)。⑤其他：群落内外风速、气温、相对湿度、光照强度等。

(4)群落类型调查　一般情况下，群落可分为以下4类。①木本群落门：又分为常绿木本群落、阔叶常绿木本群落、针叶常绿木本群落等。②草本群落门：又分为陆生草本群落、水生草本群落。③荒漠群落门：又分为干荒漠群落、寒荒漠群落、海滨荒漠群落等。④悬浮植物群落门：又分为水生悬浮植物群落、土壤悬浮植物群落、空中悬浮植物群落等。

4. 注意事项

第一，必须选择具有该群落代表特征(如科属外貌和生态结构等)的典型群落。在草地植物群落中，一般总覆盖度应在70%左右，不宜选择过疏或过密的地方。进行野生果林群落调查时，所选择的标准地必须成片；如果是零星小块者，即使优势植物显著也不宜选用。地形特殊的，如溪边、河边、局部低洼地，均不宜作为标准地。

第二，调查木本植物群落，应记载组成群落的种类及其密度、各层平均高度、总郁闭度、分层郁闭度、生长情况及优势种的主要生长指标等。调查草本植物群落，应记载总盖度、纯盖度、分层高度及各层的优势种类。如果可以划出个别的群聚，最好能够记明群聚和不同环境的关系。调查荒漠植物群落，应记载灌木及其他旱生植物的优势种类。由于这类群落的生态因素比较特殊，在观察中应特别注意生活力的反应；同时，对于苔藓和地被的生长情况，也应该进行厚度和季相的观察。

第三，在农场中进行植物多样性调查，可从农田及其周边植物种类、形态特征、生长习性和营养价值等方面着手，通过实地考察、文字记录和拍摄照片，对植物信息进行整理，以此加深对生物多样性的理解。

三、相关知识

(一)生物多样性的类型与评价指标体系

1. 生物多样性的类型

生物多样性是生物及其环境形成的生态复合体以及与此相关的各自生态过程的综合，包括动物、植物、微生物和它们所拥有的基因以及它们与其生存环境形成的复杂的生态系统。生物多样性一般分为以下几种类型。

(1)遗传多样性　是生物多样性的重要组成部分。广义的遗传多样性是指地球上生物所携带的各种遗传信息的总和。这些遗传信息储存在生物个体的基因之中，因此，遗传多样性也就是生物的遗传基因的多样性。一个物种所包含的基因越丰富，它对环境的适应能力越强。基因的多样性是生命进化和物种分化的基础。狭义的遗传多样性主要是指生物种内基因的变化，包括种内显著不同的种群之间以及同一种群内的遗传变异。此外，遗传多样性可以表现在多个层次上，如分子、细胞、个体等。在自然界中，对于绝大多数有性生殖的物种而言，种群内的个体之间往往没有完全一致的基因型，而种群就是由这些具有不同遗传结构的多个个体组成的。

(2)物种多样性　是生物多样性的核心。物种多样性是指地球上动物、植物、微生物等生物种类的丰富程度。物种多样性包括两个方面：其一是指一定区域内的物种丰富程度，可称为区域物种多样性；其二是指生态学方面的物种分布的均匀程度，可称为生态多样性或群落物种多样性。物种多样性是衡量一定地区生物资源丰富程度的一个客观指标。在阐述一个国家或地区生物多样性丰富程度时，最常用的指标是区域物种多样性。区域物种多样性的测量有3个指标：①物种总数，即特定区域内所拥有的特定类群的物种数目；②物种密度，指单位面积内的特定类群的物种数目；③特有种比例，指在一定区域内某个特定类群特有种占该地区物种总数的比例。

(3)生态系统多样性　生态系统是各种生物与其周围环境所构成的自然综合体。所有的物种都是生态系统的组成部分。在生态系统之中，不仅各个物种之间相互依赖、彼此制约，而且生物与其周围的各种环境因子也是相互作用的。从结构上看，生态系统主要由生产者、消费者、分解者构成。生态系统的功能是对地球上的各种化学元素进行循环和维持能量在各组分之间的正常流动。生态系统的多样性主要是指地球上生态系统组成、功能的多样性以及各种生态过程的多样性，包括生态环境的多样性及生物群落的多样化等多个方面。其中，生态环境的多样性是生态系统多样性形成的基础，生物群落的多样化可以反映生态系统类型的多样性。

(4)景观多样性　近年来,有些学者还提出了景观多样性,作为生物多样性的第 4 个层次。景观是一种大尺度的空间,是由一些相互作用的景观要素组成的具有高度空间异质性的区域。景观要素是组成景观的基本单元,相当于一个生态系统。景观多样性是指由不同类型的景观要素或生态系统构成的景观在空间结构、功能机制和时间动态方面的多样化程度。

2. 生物多样性的评价指标体系

(1)遗传多样性的评价指标　遗传多样性是指蕴藏在生物体基因中的遗传信息的总和,因此对其测度是比较复杂的,在对其进行评价时只好借助数量遗传学方法依据表现型性状进行分析。因为表现型就是基因型的表现,表现型丰富多样,就能反映基因型具有多样性。在遗传基因的特征表现方面,考虑了种型情况、特有情况和古老残遗情况 3 个方面。种型情况又分单型科种(所在科仅 1 属 1 种)、少型科种(所在科含 2～3 种)、多型科种(所在科含 4 种以上)、单型属种(所在属仅含 1 种)、少型属种(所在属含 2～3 种)、多型属种(所在属含 4 种以上)6 种类型。特有情况分为 1 省特有、区域特有(2～4 省连续分布)、中国特有和非中国特有 4 种类型。古老残遗情况分为冰期残遗和非冰期残遗 2 种类型。在评价遗传多样性时结合这 3 个方面进行综合评价。

(2)物种多样性的评价指标　物种多样性是指地球上现有生物有机体的复杂多样性,属于群落组织水平的特征,包括群落中的物种数、总个体数、物种的多度和均匀度等。因此,对物种多样性进行评价时,涉及物种多度、物种相对丰度、物种濒危程度、生物种群稳定性、人类威助等指标。

(3)生态系统多样性的评价指标　生态系统多样性是指生物圈内生境、生物群落和生态学过程的多样化,以及生态系统内生境差异和生态学过程变化的多样性。生境多样性是生物群落多样性甚至整个生物多样性形成的基本条件,包括群落的组成、结构和动态。在认真领会其概念的基础上,对生态系统多样性进行评价时,涉及生境类型多样性,生境稀有性、自然性、面积适宜性,生态系统稳定性,人类威胁等指标。

(二)我国生物多样性的特点与面临的威胁

1. 我国生物多样性的特点

(1)高等物种极其丰富　我国有高等植物 3 万余种,仅次于世界植物最丰富的马来西亚和巴西。

(2)特有种属品种繁多　我国高等植物中特有种最多,约 17 300 种,占全国高等植物的 57%以上。在 581 种哺乳动物中,特有种约 110 种,约占 19%。

(3)区系进化起源古老　中生代末我国大部分地区已上升为陆地,在第四纪冰期又未遭受大陆冰川的影响,所以各地都不同程度地保存有白垩纪、第三纪的古老残遗成分,如松杉类植物。动物中的大熊猫、白鳍豚、羚羊、扬子鳄、大鲵等都是古老孑遗物种。

(4)种质资源异常丰富　我国有数千年的农业开垦历史,很早就对自然环境中所蕴藏的丰富多彩的遗传资源进行开发利用、培植繁育,因而我国栽培植物和家养动物的丰富度在全世界是独一无二、无与伦比的。例如,我国有经济树种 1 000 种以上;我国是水稻的原产地之一,有地方品种 50 000 个;我国还是大豆的故乡,有地方品种 20 000 个;有药用植物 11 000 多种,等等。

(5)生态系统类型丰富　我国具有陆生生态系统的各种类型,包括森林、灌丛、草原和稀树草原、草甸、荒漠、高山冻原等。由于气候、土壤等条件不同，又进一步分为各种亚类型。如我国的森林有针叶林、针阔混交林和阔叶林；草甸有典型草甸、盐生草甸、沼泽化草甸和高寒草甸等。除此之外，我国海洋和淡水生态系统类型也很齐全。

(6)空间格局复杂多样　我国地域辽阔，地势起伏多山，气候复杂多变。从北到南，气候跨寒温带、温带、暖温带、亚热带和热带，生物群落包括寒温带针叶林、温带针阔叶混交林、暖温带落叶阔叶林、亚热带常绿阔叶林、热带季雨林。从东到西，随着降水量的减少，在北方，针阔叶混交林和落叶阔叶林向西依次更替为草甸草原、典型草原、荒漠化草原、草原化荒漠、典型荒漠和极旱荒漠；在南方，东部亚热带常绿阔叶林(分布于江南丘陵)和西部亚热带常绿阔叶林(分布于云贵高原)在性质上有明显的不同，发生不少同属不同种的物种替代。

2. 我国生物多样性面临的威胁

我国生物多样性面临的威胁是多方面的。主要压力是，人口的快速增长和工业化、城市化进程的加快，引起野生生物生境的退化或丧失、自然资源的过度利用、严重的环境污染、单一品种的大规模种植、外来物种入侵和气候变化等。

(1)野生生物生境的退化或丧失　野生生物濒危的主要原因是生境的丧失或退化。20 世纪 50 年代至 90 年代的湿地开垦造成湿地面积大幅度减少。近年来，虽然内陆水域面积有所增加，但滩涂围垦面积仍在扩大。由于滩涂围垦，我国的红树林资源减少了约 2/3，使部分重要保护物种栖息和繁殖场所遭到破坏。铁路和公路建设使野生动植物栖息环境破碎化，种群繁衍面临直接威胁。兴修水利和建闸筑坝造成湖泊、江河的隔断，改变了河道的自然状态，对鱼类繁殖造成严重的影响。

(2)自然资源的过度利用　野生生物资源的过度开发和利用，造成生物种群数量急剧下降，导致生物资源的枯竭和衰退。我国草原过度放牧现象严重，长期过度放牧破坏了草原植被，造成草原退化、沙化。目前，全国 90%的草原存在不同程度的退化和沙化。高强度捕捞加剧了海洋渔业资源的衰退，小型鱼、低龄鱼、低值鱼比例增加，渔业资源营养级降低。野生动植物由于具有药用、食用、观赏等多方面的经济价值，往往成为非法贸易的对象。虽然我国采取了一系列执法行动，但是无法遏制非法贸易现象。

(3)严重的环境污染　环境污染物能产生多种毒性，阻碍生物的正常生长发育，使生物丧失生存或繁衍的能力。化肥、杀虫剂、除草剂的使用，也造成日趋严重的面源污染。自 20 世纪 50 年代以来，昆明滇池由于水体污染而富营养化，高等水生植物种类丧失了 36%，鱼类种类丧失了 25%。我国管辖海域水环境状况总体较好，但近岸海域海水污染依然严重。海洋环境污染对海洋生物多样性造成严重损害，引起赤潮等多种海洋生态灾害。

(4)单一品种的大规模种植　随着新品种的开发和广泛利用，栽培的作物集中在少数几个品种，单一品种的推广面积大幅度增加，而许多拥有重要基因资源的传统品种被淘汰，甚至永远消失。

(5)外来物种入侵　这是导致生物多样性丧失的主要原因之一。我国幅员辽阔，纬度跨越近 50°，跨越 5 个气候带，多样化的生态系统使我国更易遭受外来入侵物种的侵害，来自世界各地的大多数外来物种都可能在我国找到合适的生境。我国是世界上遭受外来入侵物种危害最严重的国家之一，目前有外来入侵物种 500 余种，松材线虫、松突圆蚧、美国白蛾、松干蚧、稻水象甲、美洲斑潜蝇、非洲大蜗牛等外来入侵物种对农林业生产、环境和生物多样性造成严重的不利影响。

(6)气候变化　第一,气候变化使生物物候、分布和迁移发生改变,使一些物种在原栖息地消失。青海湖地区气候呈现暖干化趋势,与20世纪中期相比,豆雁等26种鸟从湖区消失。第二,气候变化使有害生物的分布范围改变,危害加剧。例如,气候变暖使加拿大一枝黄花的分布范围扩大。第三,气候变化使海洋生物的群落结构发生改变。我国黄海主要冷水动物种数和种群密度随水温的升高正在下降,黄海冷水底栖生物区系多样性较半个世纪前显著降低。

3. 我国生物多样性的保护措施

(1)就地保护　这是生物多样性保护中最为有效的一项措施,是拯救生物多样性的必要手段。就地保护是指为了保护生物多样性,把包含保护对象在内的一定面积的陆地或水体划分出来,进行保护和管理。就地保护的对象,主要包括有代表性的自然生态系统和珍稀濒危动植物的天然集中分布区等。建立自然保护区和各种类型的风景名胜区是实现这种保护目标的重要措施。

(2)迁地保护　又叫作易地保护。迁地保护指为了保护生物多样性,把因生存条件不复存在,物种数量极少或难以找到配偶等原因,生存和繁衍受到严重威胁的物种迁出原地,移入动物园、植物园、水族馆和濒危动物繁殖中心,进行特殊的保护和管理。迁地保护是对就地保护的补充,是生物多样性保护的重要部分。

(3)建立基因库　人们已经开始建立基因库,来实现保存物种的愿望。比如,为了保护作物的栽培种及其濒危野生亲缘种而建立全球性的基因库网。大多数基因库贮藏着谷类、薯类和豆类等主要农作物的种子。

(4)构建法律体系　必须完善相关法律制度,运用法律手段来保护生物多样性。比如,加强对外来物种引入的评估和审批,实现统一监督管理。建立基金制度,保证国家专门拨款,争取个人、社会和国际组织的捐款和援助,为保护生物多样性实践工作的开展提供强有力的经济支持等。

四、复习题

1. 简述植物群落多样性调查的内容、步骤和注意事项。
2. 生物多样性分为哪几类?有哪些评价指标体系?
3. 生物多样性的特点有哪些?结合实际,谈谈生物多样性面临的威胁。
4. 我们应采取什么措施保护生物多样性?

实习四　苹果的贮藏与加工技术

一、实习目的

农产品的贮藏与加工是农业生产中的一个重要环节，在贮藏期中进行物理性状的测定，可了解贮藏保鲜的状态，也可作为评价加工适应性与拟定加工技术条件的依据。本实习通过苹果物理性状的测定和果酱加工的实践操作，使学生了解农产品贮藏加工的相关知识和技术。

二、实习内容

(一)材料与用具

苹果、砂糖、淀粉糖浆、柠檬酸、食盐、抗坏血酸、卡尺、托盘台秤、果实硬度计、榨汁器、比色卡片、排水筒、量筒、不锈钢刀具、勺、打浆机、夹层锅或不锈钢锅、温度计、玻璃罐、杀菌用铝锅等。

(二)内容与步骤

1．苹果贮藏期物理性状的测定

(1)单果重(g/个)　取10个果实，放在托盘台秤上称重。记录质量，求出其平均果重。

(2)果形指数(纵径/横径)　取10个果实，用卡尺测量果实的纵径(cm)和横径(cm)，求出果形指数，以了解果实的形状和大小。

(3)果面特征　取10个果实进行总体观察，记录果皮的粗细以及底色和面色的状况。果实底色可分深绿、绿、浅绿、绿黄、黄、乳白等。也可用特制的比色卡进行比较，分成若干级。果实因种类和品种不同，显出的面色有所差别，应根据实际观察到的情况，记录颜色的种类和深浅、占果实表面积的百分比。

(4)果肉比率(%)　取10个果实，除去果皮、果心、果核和种子，分别称各部分的质量，以求果肉(或可食部分)的百分率。汁液多的果实，可将果汁榨出，称果汁的质量，求果实的出汁率。

(5)果实硬度　该指标是果实成熟度的重要指标之一。取10个果实，在对应两面薄薄地削去一小块果皮，用硬度计测定果肉的硬度，以每平方厘米面积上承受的压力表示。在用Mangness-Tylor型硬度计测定时，注明测头直径(以英寸表示)和压力(以磅表示)，例如，测头直径为7/16英寸，压力为16磅。果实的硬度越大，表明其质地越致密。硬度与果实的贮藏性往往呈现一定的正相关性。

(6)果实密度(g/cm^3)　取10个果实，在托盘台秤上称果实质量m。将排水筒装满水，多余的水由溢水孔流出，至不滴水为止。置一量筒于溢水孔下面，将果实轻轻放入排水筒中，此时溢水孔流出的水盛于量筒内，再用细铁丝将果实全部没入水中，待溢水孔水滴滴尽为止。用量筒量出果实的排水量，即果实体积V，用下式计算果实的密度：

$$果实密度=\frac{质量(m)}{体积(V)}$$

(7)果实容重(kg/m^3)　指 1 m^3 容积果实的质量，它与果实的包装、运输和贮藏关系十分密切。可选用的包装容器有竹筐、纸箱、木桶，或特制一个 1 m^3 的容器，装满某种水果，取出并称其质量(kg)，计算容器的容积(m^3)，即可求出该种水果的容重。

2. 苹果果酱的加工技术

(1)工艺流程

原料选择→清洗→去皮、去心、切分→护色→预煮→打浆→烫煮→配料→浓缩→装罐、封口→杀菌→冷却→成品。

(2)工艺要点

①原料选择。宜选择成熟度适宜，含果胶及酸多，芳香味浓的苹果。

②原料处理。用清水将果面洗净后去皮、去心，将苹果切成小块，并及时地利用 1%～2% 的食盐水或 0.2% 的抗坏血酸溶液进行护色。

③预煮。将小果块倒入不锈钢锅内，加果重 20% 左右的水，煮沸 15～20 min，要求把果肉煮透，使之软化兼防变色。

④打浆。用打浆机打浆或用破碎机来破碎。

⑤配料。按果肉 100 kg 加糖 70～80 kg(其中砂糖的 20% 宜用淀粉糖浆代替，砂糖需预先配成体积分数为 75% 的糖液)和适量的柠檬酸。

⑥浓缩。先将果浆倒入锅中，分 2～3 次加入糖液，在可溶性固形物达到 60% 时加入柠檬酸，调节果酱的 pH 为 2.5～3.0，待加热浓缩至 105～106 ℃、可溶性固形物达 65% 以上时出锅。

⑦装罐、封口。出锅后立即趁热装罐，封罐时酱体的温度不低于 85 ℃。

⑧杀菌、冷却。封罐后立即投入沸水中，保持 5～15 min，杀菌后分段冷却到 38～40 ℃。

(3)产品质量标准　酱体为红褐色或琥珀色；黏胶状，不流散，不流汁，无糖结晶，无果皮、种子及果梗；具有苹果酱应有的良好风味，无焦煳和其他异味；高糖苹果酱可溶性固形物含量(按折光计)不低于 65%，若为低糖苹果酱，可溶性固形物含量不低于 45%。

三、相关知识

(一)苹果的贮藏技术

1. 常温简易贮藏

(1)堆藏　是将采收的产品堆放在室内或室外平地或浅坑中的贮藏方式，产品温度主要受气温的影响，同时也受土温的影响，所以秋季容易降温而冬季保温困难。一般只适于温暖地区的晚秋贮藏和越冬贮藏，在寒冷地区只作秋冬之际的短期贮藏。

(2)沟藏　又称埋藏，是一种地下封闭式贮藏方式，在地势高燥、背风面阴、土质坚实、不积水、运输管理方便的地段，将经过挑选的果实适当降温后入沟贮藏。从沟的一端开始一层层摆果，高度为 60～70 cm。入沟后在上方搭好屋脊状支架，盖上稻草、玉米秸秆或苇席等遮阴、防寒、保温。产品堆放在地面以下，所以秋季降温效果较差而冬季的保温效果较好。

(3)窖藏　在地面以下进行，窖内设有通风设施，因此受土温和气温的影响均很大。地窖可给苹果提供较理想的温湿度条件，窖内苹果可筐装、箱装堆码，也可散放。从苹果入库到封冻前的贮藏初期，要打开窖门和通风孔，充分利用夜间低温降低窖温和土温，至窖温降至 0 ℃。贮藏中期，窖温降到 0 ℃左右时的重点工作是防冻。第二年春季气温回升时，要严密封闭窖门和通气孔，避免外面热空气进入窖内。

2. 机械冷库贮藏

苹果冷藏的适宜温度以－1～0 ℃为宜，适宜空气相对湿度为 90%～95%。苹果采后应尽快冷却到 0 ℃，最好在 3 d 内入库，入库后 3～5 d 降温至贮藏要求的温度。苹果出库前几天应停止制冷，使果温逐渐上升至接近库外的温度，避免苹果在货架期变软和腐烂。

3. 气调贮藏

气调贮藏分为自发气调贮藏和人工气调贮藏。自发气调贮藏是利用果实自身的呼吸作用降低贮藏环境中的 O_2 浓度，同时提高 CO_2 浓度的一种气调贮藏方法。其方法简单多样，在我国多用塑料袋密封贮藏和硅橡胶窗贮藏。人工气调贮藏库是密闭条件很好的冷藏库，设有调控气体成分、温度、湿度的机械设备和仪表，容易达到贮藏要求的条件。对于大多数苹果品种而言，控制 O_2 体积分数在 2%～5%、CO_2 体积分数在 3%～5%比较适宜，苹果气调贮藏的温度可比一般冷藏温度高 0.5～1 ℃。这种方法效果虽好，但设备投资大，在生产上应用不多。

4. 冰温贮藏

冰温贮藏技术是指在 0 ℃以下、组织结冰点以上这个温度范围内贮藏保鲜果品。冰温贮藏是继冷藏和气调贮藏后的第三代保鲜技术，可长期有效地保持适熟水果的固有风味和新鲜度，提高商品价值，目前已在多种水果保鲜上取得了明显效果。冰温贮藏技术不仅可以明显抑制果实的新陈代谢从而延长贮藏期，而且能使果实的色、香、味、口感和营养物质得到最大限度的保存甚至提高。

(二)苹果的加工工艺

1. 苹果汁

(1)原料选择　苹果汁大多在果实成熟时采收加工，以获得最佳的品质和最高的出汁率。原料要求新鲜完好、无污染，糖、酸含量高，香味浓，出汁率高，不得使用落果、裂果、残次果。适宜加工果汁的苹果品种有旭、君袖、红魁、红玉、初笑、黄魁、亚历山大、元帅、富士等。

(2)原料洗涤　洗涤方法有冲洗法、喷洗法、浸洗法。对于农药残留量多的苹果，要采用 0.5%～1.0%稀盐酸或 0.1%～0.2%洗涤剂浸洗，后用清水冲洗。

(3)破碎　用苹果磨碎机或锤碎机将苹果粉碎，破碎要适度并大小一致，过大过小都会影响出汁率，一般果肉大小以 0.3～0.4 cm^3 为宜。在破碎的同时为了防止苹果汁变色，可喷入适量的氯化钠和维生素 C 配制的抗氧化剂。破碎的时间越短越好。

(4)酶处理　由于苹果含胶质多，汁液黏性较大，榨汁比较困难，为了使汁液易于流出，榨汁前可采用酶处理或热处理两种方法。酶处理是现在生产上制汁广泛应用的一种方法。破碎的果块在 37 ℃下经果胶酶作用 2～4 h，酶用量为 2.1%，其出汁率能增加 11%，而且不影响果汁质量。酶制剂有粉剂和液体，市场上有销售。热处理会影响果汁的风味和品质，所以应用较少。

(5)榨汁　苹果在榨汁时可以采用螺旋式压榨机及离心分离式榨汁机。在第一次压榨后，将果渣搅拌再进行第二次压榨，可提高出汁率。

(6)粗滤　又称为筛滤。在生产上，粗滤可以安排在榨汁过程中进行，也可在榨汁后安排为一独立操作单元。前一种情况，一般是用没有固定分离筛的榨汁机和离心分离式榨汁机等，榨汁与粗滤可以在同一台机器上完成。后一种情况，粗滤所用的设备为各种类型的筛滤机，如具有多孔金属筛和挡板回转筒筛，具有螺旋输送器的固定多孔金属筛以及振动平筛等。粗滤设备孔大小为 0.3～0.5 mm。

(7)澄清与精滤　苹果汁中胶体含量多，直接过滤不方便，要进行澄清处理。可以加热至 82～85 ℃，再迅速冷却，使胶体凝聚从而达到果汁澄清的目的。澄清处理后的苹果汁，采用需要添加助滤剂的过滤器进行过滤。如果以硅藻土作为滤层，可除去苹果中的土腥味；如果利用中空纤维过滤，不仅可以保证苹果汁的质量，而且能够保持其营养成分，这是目前最先进的一种过滤设备。

(8)混浊果汁的均质与脱气　均质是混浊果汁制造上的特殊操作，经粗滤的果汁再进行均质过筛，目的是使果汁中较大的颗粒变得更加微小而使果汁整体均匀，以免装瓶后发生沉淀现象，并能增强风味。均质机的筛孔是非常微小的，直径在 0.002～0.003 mm，使果汁在高压下通过微孔筛，其中的颗粒就会被分裂得更加微小而均匀悬浮。脱气的目的其一是除去果汁中的空气，以抑制色素、维生素 C、香气成分和其他物质的氧化，防止品质降低；其二是除去附着于果汁悬浮微粒上的气体，抑制微粒上浮，保持良好的外观。脱气包括真空脱气和酶法脱气两种。

2. 苹果酒

(1)原料选择　挑选糖酸含量高、香气浓、肉质紧密、出汁率高的品种比较合适。我国常采用的品种有国光、红玉、金帅等。也可采用罐头加工下脚料或残次果、落果。

(2)洗涤、破碎　将果实表面冲洗干净，若果实表面农药残留过多，可用 1%稀盐酸浸洗。果实破碎不宜太碎，否则榨汁困难，也不容易澄清。

(3)榨汁　将破碎的苹果放在木桶里，静置 8～12 h，使果皮内芳香物质溶解于果汁中，然后进行压榨取汁。压榨时压力为 25～28 kg/cm^2，避免破伤种子。果汁榨出后立即加入 75 mg/kg 的二氧化硫，起防腐作用。

(4)果汁调整　糖含量控制在 10%～14%，酸度控制在 0.38%～0.63%。

(5)发酵　果汁中加入 5%～10%的酵母液，发酵温度约为 20 ℃。主发酵结束时，酒度一般达到 10°，然后将清液输入贮桶中进行后发酵。后发酵持续 20～30 d，后发酵结束后加入 100 mg/kg 二氧化硫。

(6)陈酿　新酒入桶后 15 d 以内将酒度调到 18°～20°，含酸量调到 0.4%～0.5%。苹果酒一般陈酿半年时间就可成熟，新酒每年换桶 3 次，第二年换桶 1～2 次。陈酿期注意及时添满桶，防止杂菌侵染繁殖。陈酿期温度不超过 20 ℃。

3. 苹果脯

(1)原料选择　选用果形圆整、果心小、肉质疏松和成熟度适宜的原料，如倭锦、红玉、小国光。

(2)去皮、切分、去心　手工或用机械去皮后，挖去损伤部分，将苹果对半纵切，再用挖核器挖掉果心。

(3)硫处理和硬化　将果块放入0.1%氯化钙和0.2%～0.3%亚硫酸氢钠混合液中，浸泡4～8 h，进行硬化和硫处理。肉质较硬的品种只需进行硫处理。每100 kg混合液可浸泡120～130 kg原料。浸泡时上压重物，防止上浮。浸后捞出，用清水漂洗2～3次后备用。

(4)糖煮　在夹层锅内配制40%糖液25 kg，加热煮沸，倒入果块30 kg，以旺火煮沸后，再添加糖液5 kg，重新煮沸。如此反复3次，需要30～40 min，此时果肉软而不烂，并随糖液的沸腾而膨胀，表面出现细小裂纹。此后每隔5 min加一次糖。第一、第二次分别加糖液5 kg、5 kg，第三、第四次分别加糖液5.5 kg、5.5 kg，第五次加糖液6 kg，第六次加糖液7 kg，各煮制20 min。全部糖煮时间需1～1.5 h，待果块出现透明时，即可出锅。

(5)糖渍　趁热出锅，将果块连同糖液倒入缸中，浸渍24～48 h。

(6)烘干　将果块捞出，沥干糖液，摆放在烘盘上，送入烘房。在60～66 ℃下干燥至不粘手为止，大约需要烘烤24 h。

(7)整形与包装　烘干后用手捏成扁圆形，剔除黑点、斑疤等，装入食品袋、纸盒进行装箱。

(8)产品质量要求　浅黄色至金黄色，具有透明感。呈碗状或块状，有弹性、不返砂、不流糖。甜酸适度，具有原果风味。总糖含量为65%～70%，水分含量为18%～20%。

4. 苹果醋

(1)果品处理　先剔除虫果及腐烂部分，然后洗净，放入木制或不锈钢用具中捣碎。

(2)拌料　在捣碎的果料中掺入麸皮，加入量以手握原料能从指缝中挤出水为准。再在拌好的原料中加入3%的麸曲，搅拌均匀后堆成高1.0～1.5 m的馒头形。

(3)发酵　每日倒料1～2次，温度控制在35 ℃左右。温度低时，可用棚膜覆盖保温。经10～15 d原料散发出醋香味，同时温度下降时，装入陶瓷缸，加盖后熟。

(4)淋醋　后熟1周后，加入与料同重的水，浸泡4～5 h，然后淋醋。

(5)杀菌、贮藏　果醋淋出装瓶后，在60～70 ℃下杀菌10 min，即可贮藏。

四、复习题

1. 在苹果贮藏过程中，需要监测的物理性状主要有哪些？
2. 简述苹果酱的加工工艺。
3. 苹果主要有哪些贮藏方式？
4. 请列举你所知道的苹果加工产品。

实习五　农作物耕作制度调查分析

一、实习目的

农作物耕作制度是反映一个国家和地区农业生产全貌的重要指标，合理的耕作制度可以促进农业生产的发展。本实习通过相关知识讲解和实地调查，使学生初步了解耕作制度的基本内容，不同种植方式的内涵和技术要点，以及我国耕作制度的特点和区域分布，熟悉耕作制度及有关农业资源调查的内容与方法。

二、实验内容

(一)材料与用具

当地的土壤普查资料、农业生产统计及抽样调查资料、气象资料、水文资料、生物品种资源调查资料等，计算器、海拔仪、经纬仪、测高仪、钢卷尺、土壤铲、记录标准纸等。

(二)内容与步骤

1. 调查分析内容

(1)耕作制度调查

①作物种植制度的历史演变和现状。包括近年来当地的农作物布局，复种指数的变化，现行的作物种类及面积比例，主要复种方式，间混套作的类型及田间配置，轮作与连作的方式等。

②与种植制度相适应的养地制度的历史演变和现状。包括当地的土壤耕作、施肥、灌溉以及农田养护措施。

(2)与耕作制度有关的农业资源调查

①气候条件。包括一年内的温度变化及年均温，各农业界限的积温量。年极端温度及日期，年初、终霜日及年无霜期，年降水分布及降水量，空气温度及蒸降比，日照风力资料，冷冻、旱涝及干热风、冰雹等灾害性天气的发生规律。

②土壤条件。包括地形、地貌、土壤种类及土壤肥力，各种作物的生产性能等。

③水文资料。地上、地下水源，水质，水位，年地下水开采量及最大可开采量。

④生产条件。这里主要考虑农业生产条件对土壤肥力及环境的改善对作物的影响，包括每亩(1 亩合 666.7 m^2)耕地可灌水、施肥数量及农业机械的作用程度。

⑤生物资源。主要调查当地现有的农业生物类型，品种资源与品种。包括大田作物、林木、果树、蔬菜、花卉等，也包括适宜的家畜品种以及水生动植物等。

(3)与耕作制度有关的社会经济条件调查

①农业现代化水平。主要指农业装备、农业技术及管理水平。其中，农业装备包括农业机械化、水利化，农药的施用量，农用油、农用电的拥有量与时间分配等。

②农业生产的社会经济因素。包括效益、价格、市场、结构、劳动资金、乡镇企业、工农剪刀差等因素。本调查着重分析生产的效益、结构和市场 3 个方面。效益包括两个方面，某一作物

或种植方式的经济效益及不同作物或种植方式之间的比较效益。结构包括农、林、牧、副、渔五业产值构成及种植业内部不同类型作物的产值比例。

③科学技术因素。包括农业技术人员配备、农民科学文化素质、新品种应用、农艺水平等。

2. 步骤与方法

(1)调查前资料整理　室内整理有关基础性资料,对拟调查的对象有一个基本的认识。

(2)走访有关部门　到有关部门访问,补充基础性资料中缺少的数据与资料。主要走访农业生产管理部门、统计部门及生产负责人。

(3)实地调查　调查记载地形、地貌、水文、植被、耕地利用类型、作物分布、主要种植方式、农业现代化设备与装备情况,并对基础性资料进行验证,绘制作物分布与土地利用的示意图,填写调查表中所列的项目。

(4)典型调查　学生几人分为一组,每组选择 2～3 户,详细调查作物布局、轮作、连作、间作、套作类型与技术,土壤耕作、施肥、灌水等内容,并认真记录。

(5)调查资料整理与分析　在调查结束前,对调查记录的内容进行一次全面的核准与检查,对数据不准或缺漏的内容标明其原因及弥补方法,然后对调查资料进行计算与分析。

三、相关知识

(一)不同种植方式的技术要点

1. 复种与复种技术

复种是指在同一田地上一年内接连种植两季或两季以上作物的种植方式。复种指数是播种面积除以耕地面积的百分数。多熟种植是国际通用的概念,指时间和空间上的种植集约化。它包括复种、套种,也包括间作和混作。即凡在一年内于同一田地上前后或同时种植两种或两种以上作物都称为多熟种植。复种的中心目的是集约利用时间和土地,提高年光能利用率。复种技术主要包括以下内容:

①选择适宜的作物组合。利用短生育期作物代替长生育期作物,利用短间隙生长期进行填闲种植,利用休闲季节增种一季作物等。

②选择适宜的作物品种。在生长季节长的地区应选用生育期长的品种,在生长季节短的地方应选用早熟高产品种。

③采用套种和育苗移栽技术。套种是解决复种与生长季节矛盾的有效方法。如中稻、晚稻套种绿肥,麦田套种棉花、玉米、花生等。育苗移栽是克服复种后生长季节矛盾最简便的方法,在水稻、甘薯、油菜、烟草、蔬菜的复种栽培上应用广泛。

④抢时播种,采用早发早熟的措施。具体做法有:第一,后茬作物及时播种,以缩短少农耕期。黄淮海地区麦收后免耕播种玉米、棉花,南方板田播种小麦或栽油菜等。第二,前茬作物及时收获。第三,采用促早熟技术。在玉米中后期喷乙烯利,可提早成熟 7 d 左右。对棉花、烤烟施用乙烯利也有促进早熟作用。采用地膜覆盖,有利于作物早发早熟。

⑤作物晚播技术。在播种季节较紧张的地区,可以采用作物适当密植栽培来提早作物的成熟。例如,麦棉连作的迟播棉花采用高密度低打顶的做法,使晚播棉产量增加。

2. 间作与间作套种技术

在同一块地上种植一种作物叫单作,也有称纯种、清种、净种的。在同一田块上与同一生长期内,分行或分带相间种植两种或两种以上作物的种植方式叫间作。在同一田地上同期混合种植两种或两种以上作物的种植方式称为混作。在前季作物生长后期的株行间播种或移栽后季作物的种植方式称为套种,也叫套作、串种。在同一农田上,两种或两种以上作物(包括木本)从平面、时间上多层次地利用空间的种植方式称为立体种植。在同一田地上,作物与食用微生物、农业动物或鱼类分层利用空间种植或养殖的结构称为立体种养。间作套种是作物生产中重要的种植方式,在我国和世界作物生产中具有重要意义。间作套种技术主要包括以下两项内容:

①选择适宜的作物种类和品种。确定作物种类和品种的原则是"生态上大同小异、生物学上互补、生产管理上方便容易"。

②选择合理的田间配置。田间配置是间套种植方式中重要的技术环节。建立合理田间配置,能实现3个"有利于",即有利于保证生产目标的完成,有利于缓解作物争肥、争水、争季节的矛盾,有利于田间管理措施的实施。田间配置包括带宽、幅宽、间距、行比、行向、密度等。

不同种植方式的田间配置差别很大,确定合理田间配置总的要求是瞻前顾后、兼顾左右、便于管理、增加密度。共同的技术特征为:a. 高低畦种植和分畦种植。间套作物分别种在高低畦上或分畦种植,有利于解决作物在肥、水、光、管理上的矛盾。b. 窄行密植,增加密度。c. 保持适宜间距。保持一定间距是减少竞争和便于管理的有效措施。d. 调整作物种植时间。在间作条件下,要考虑间作作物的适宜播期,同时尽量使每一作物产量形成的主要时期处在比较适宜的季节。e. 增加投入,合理运筹肥水。f. 采用新技术,调节作物生长。保护地栽培技术、育大苗壮苗移栽技术和化控技术,是生产中调节作物生长,解决作物争光、争肥、争水、争季节矛盾的有效方法。g. 综合防治病虫害。

3. 轮作及连作

(1)轮作及其意义　在同一块耕地上,一种作物收获后换种另一种作物叫换茬或倒茬。轮作指的是在同一块耕地上,按既定顺序轮换种植不同作物的种植方式。在一年多熟条件下,轮作由不同的复种方式组成,称为复种轮作。

轮作合理利用了作物—土壤—作物之间的有利关系,可以经济有效地防治病虫害,减少农药和除草剂的用量;能充分发挥作物之间的营养异质互补效应,减少化肥的用量;不仅能减少生产成本,而且对提高农产品品质、减少农业生产的环境污染具有重要意义。

(2)连作及其应用　在同一块耕地上,前后茬为同一作物叫连茬,也称为重茬。连作指的是在同一块耕地上,连年种植相同的作物。有时由于社会对某些作物的依赖,或为了发挥资源优势,在某些地段只种植某些作物。不同作物对连作反应不同,虽然可以利用生产条件的改善和科学技术的进步在一定程度上缓解甚至消除连作障碍,但是连作在生产上仍然有广泛的应用。

根据作物对连作的反应,可将作物大致分为3类:

①忌连作的作物。如果树类作物、亚麻、红麻、甜菜、西瓜等。这类作物需要间隔五六年方可再种。

②耐短期连作的作物。如烟草、马铃薯、茄子、辣椒,豆科的大豆、豌豆、蚕豆、菜豆等。这类作物连作两三年受害较轻。

③耐连作的作物。主要有麦类作物、玉米、水稻、棉花、高粱、甘蔗、圆葱等。

(二)我国耕作制度的特点与区域分布

1. 我国耕作制度的特点

我国是一个农业历史悠久和以精耕细作著称的国家,汉代就有了轮作和复种,而西欧在中世纪仍以三圃制(一种典型的休闲制)为主。我国在耕作制度方面的历史文献也很丰富。自中华人民共和国成立以来,通过广泛的耕作制度改革,提高复种指数,有力地促进了各种农作物的增产,但由于不顾客观条件,硬性推广某种种植制度,也走过弯路。我国耕地资源不多,因地制宜地采用科学的耕作制度可有效地利用土地资源,保持良好的农业生态环境,并获得较高的经济效益,这也是种植业发展的重要途径。在发扬精耕细作传统的同时,注意与现代农业技术特别是农业机械化相结合,因地制宜地提高复种指数,实行复种轮作制,将是我国主要农业耕作制度发展的基本方向。

我国是世界上复种面积最多的国家,作物类型和种植方式的灵活多样性也十分突出。单作与间、混、套作因地制宜,轮作与连作交叉分布,轮作中尤以换茬轮作的比重较大。从作物构成看,粮食与经济作物占主导地位,而饲料作物与多年生木本作物所占比例较小。从地理分布上来看,除东北、西北、华北北部因热量条件不足实行一熟制外,大部分地区实行复种制。复种北界已越过长城一线,双季稻种植已北移到北纬 34°,在云贵高原已上升到海拔 2 420 m 处;三熟制界线由北纬 25°北移到北纬 32°。北方冬小麦、玉米等两熟制主要分布于黄淮海地区,东北、西北、内蒙古多为玉米、小麦、水稻等一年一熟制。休闲耕作制主要分布于降水量为 300～500 mm 的半干旱地区,种植 3～5 年后休闲 1～2 年可达到培肥地力和保蓄水分的目的。

2. 我国耕作制度的区域分布

(1)东北平原地区　东北平原是我国面积最大的平原。土地平坦、肥沃,气候温和湿润,无霜期 140～170 d,≥10 ℃积温 1 300～3 700 ℃,年降水量 500～800 mm。以种植玉米、大豆、水稻、高粱、粟和春小麦为主,实行玉米—大豆—小麦等形式的轮作,一年一熟。

(2)黄淮海平原地区　黄淮海平原有耕地 2.6 亿亩(1 733.3 万 hm^2),气候温暖,无霜期 177～220 d,≥10 ℃积温 3 400～4 700 ℃,年降水量 500～950 mm,盛行灌溉,有效灌溉面积约占耕地的 50%,是小麦、棉花、玉米、大豆的主要产地。黄河以北旱地因水分限制以一年一熟为主,水浇地上则普遍实行一年二熟制,并广泛采用麦田套种玉米的方式;黄河以南淮河以北无论是旱地还是水浇地均以一年二熟为主,棉花则以一熟制为主,麦棉套种多在南部地区发展。

(3)长江中下游平原及丘陵地区　长江中下游平原人多地少、土地肥沃,具有典型的亚热带季风气候,温暖湿润,无霜期 210～280 d,≥10 ℃积温 4 500～5 600 ℃,年降水量 800～1 600 mm。该区具有精耕细作的传统,并有广阔的水域,以种植水稻为主,兼产棉、麻、油菜、蚕丝、茶等。长江以北江淮之间多实行稻麦两熟制,长江以南则多双季稻,盛行绿肥—稻—稻、油菜—稻—稻、麦—稻—稻等三熟制,是世界上集约化种植水平最高的地区之一。

(4)华南地区　该区已进入南亚热带和热带范围,气候暖热,无霜期 330～360 d,≥10 ℃积温 6 500～9 300 ℃,年降水量 1 200～2 500 mm,水分和热量资源十分丰富。土壤多为砖红壤和红壤,沿海则多冲积土。该区以种植双季稻为主,冬季除种植小麦外,南部还可种水稻、甘薯或玉米,多一年三熟,还有种植甘蔗、橡胶树、油棕、咖啡、剑麻等热带经济作物和热带水果等的独特条件。

(5)西南高原盆地地区　该区海拔 200～3 000 m，大部分为山地和高原，其间穿插着丘陵盆地和平坝，具有“立体农业”的特点。气候属亚热带类型，无霜期 210～340 d，≥10 ℃积温 3 500～6 500 ℃，年降水量 800～1 600 mm。种植制度十分复杂，在同一局部地区位于底部的河川谷地或平坝主要是水田，以麦—稻、油菜—稻、蚕豆—稻等一年二熟制为主；而位于较高处的旱坡地则主要种植单季稻或甘薯、玉米等，实行一年一熟或麦—玉米(或甘薯)旱作二熟制。其中，成都盆地的水分和热量条件均较优越，得天独厚，水田以麦—稻二熟为主，旱丘地则多实行麦、玉米、甘薯套种的一年三熟或二熟制。

(6)西北高原地区　该区海拔 500～3 000 m，气候温凉干旱，无霜期 100～220 d，≥10 ℃积温 2 000～4 500 ℃，农区年降水量 250～600 mm，主要以种植春小麦、冬小麦、玉米以及喜凉的马铃薯、莜麦等为主，一般为一年一熟，并有少量的全年休闲地。新疆、河西走廊、银川平原以及河套灌区则以灌溉农业为主，种植小麦、玉米、水稻，还有少量棉花、甜菜；南疆气候温暖，多实行一年二熟制。

(7)青藏高原地区　该区的耕地主要分布在海拔 1 000～4 700 m 的河谷地带，无霜期 100～180 d，≥10 ℃积温 1 000～3 000 ℃，年降水量 300～800 mm，主要种植青稞、小麦、莜麦、马铃薯、豌豆、油菜等作物，一年一熟，多轮荒。

四、复习题

1. 根据调查结果，总结当地自然资源与社会经济条件的特点、存在的问题、发展潜力及改进措施和建议。

2. 总结当地耕作制度的特点、存在的问题、发展潜力及耕作改制的措施和建议。

3. 生产上有哪些主要的种植方式？各有什么特点？

4. 我国不同地区的种植制度有什么不同？形成这种差异的主要原因是什么？

实习六　喷灌系统的运行与维护

一、实习目的

喷灌系统的合理使用和正确维护，是发挥系统最大效益，延长系统使用寿命，保证及时灌溉的重要环节。本实习通过喷灌系统运行与维护的实际操作，使学生掌握喷灌的基本方法，并通过介绍相关知识，使学生了解灌水设备与方法以及节水灌溉技术。

二、实习内容

(一)场地与设备

空白地或低矮作物地块、动力机泵、管道、总阀和支管阀门、喷头、竖管、支架、各种零部件、水压表、雨量筒、润滑油等。

(二)内容与步骤

1. 喷灌系统运行前的准备

(1)熟悉喷灌系统的组成，喷头的结构、性能和使用注意事项等。

(2)检查各个组成部分如动力机泵、管道、喷头等的零部件是否齐全，技术状态是否正常，并进行试运转。

(3)检查喷头可调节部位松紧程度是否合适，转动是否灵活；检查喷嘴流道有无杂物(如草梗、小石子等)；检查喷头限位装置是否在规定使用位置等。

(4)检查竖管安装是否垂直，竖管安装不垂直，工作时喷头会产生忽快忽慢现象，会影响喷头旋转的可靠性和水量分布的均匀性。

(5)检查支架是否稳固，如果支架安装不稳固，在运行过程中可能会被喷头喷水的作用力所倾倒，损坏喷头或砸毁作物。

(6)检查连接部位是否牢靠，如果喷头与竖管、竖管与支管之间的连接不牢靠，会发生渗水现象。

2. 喷灌系统的运行

(1)启动前，要检查干支管道上的阀门是否都已关闭，然后启动水泵，以保证水泵在低负载下启动，避免超载，并可防止管道因水锤而引起震动。在水泵达到稳定转速后，再慢慢依次打开总阀和支管阀门。

(2)喷头开始工作后不应立即离开现场，应注意观察看其工作是否正常，有无异常现象。在运行过程中，要严格遵守操作规程，注意安全，特别要防止水喷到带电的线路上，以防止发生漏电事故。

(3)要随时注意监测喷灌系统各个部位的压力，支管的压力降低幅度不得超过支管最高压力的 20%。随时观测喷灌强度，确保土壤表面不得产生径流或积水。强度过大应及时降低工作压力，或换用辐射直径较小的喷头。

（4）随时监测灌水的均匀度，必要时应在喷洒面积上均匀分布雨量筒进行实际测算，其值应大于或等于0.8。如果实际测算的均匀度较差，可以利用改变喷点位置的方法来提高整个灌溉季节的喷灌均匀度。具体做法是，第二次喷灌时，把喷头布置在第一次喷灌的两个喷点之间，第三次喷灌时，喷头的位置与第一次相同。

（5）在多风地区，应尽可能在无风或风小时进行喷灌，如必须在有风时喷灌，则应缩短各个喷头间的距离，或采用顺风扇形喷洒，以尽量减弱风力对喷灌均匀性的影响。在风力达到三级时，则应停止喷灌。

3. 喷灌系统的维护和保养

（1）在运行期间要随时检查喷灌系统的各个部分，按时维护和保养，每次喷灌完毕要清除泥沙，转动部位应及时加油、除锈。管道内存水要放空，防锈层若脱离应修补，移动软管应冲洗干净后充分晾干，塑料管要防止暴晒。

（2）喷灌季节结束或长期不用，要对喷灌系统进行全面检查。喷头应拆卸分解，检查空心轴、轴套、垫圈等转动部件是否有异常磨损，磨坏的部件应及时修理或更换。全部设备整理完毕后，应放在通风干燥的仓库中妥善保存。

（3）要爱护设备，在移动和运输过程中要严格按照操作要求轻拿轻放，应避免沾上泥沙和碰撞，以免碰伤零件和连接部位产生松动。移动软管时要卷起来，不得在地上拖动。

三、相关知识

（一）主要的灌水方法与技术要求

1. 灌水方法

灌水方法是指灌溉水以什么形式湿润土壤，使灌溉水转化成为土壤水，以达到对作物供水的目的。目前，我国的灌水方法主要有地面灌溉、地下灌溉、喷灌、微灌等。

（1）地面灌溉　是使灌溉水通过田间沟渠或管道输入田间，水流呈连续薄水层或细小水流沿田面流动，主要借助重力作用和毛细管作用下渗湿润土壤的灌水方法。地面灌溉方法是普遍采用的灌水方法，全世界现有灌溉面积中约有90%的灌溉面积采用地面灌溉，我国地面灌溉面积占全国总灌溉面积的98%以上。根据灌溉水向田间输送的形式或湿润土壤的方式不同，地面灌水方法可分为畦灌法、沟灌法和淹灌法三类。

（2）地下灌溉　是利用埋设在地表下的管道系统，将灌溉水引入田间耕作层，并借土壤毛细管作用浸润土壤灌溉作物的灌水方法。

（3）喷灌　是利用一套专门的设备，将灌溉水加压或利用地形高差自压，并通过管道系统输送压力水至喷洒装置（喷头）喷射到空中分散成细小的水滴，像天然降雨一样降落到地面，随后主要借毛细管作用和重力作用渗入土壤灌溉作物的灌水方法。根据地面喷洒装置的固定与否分为固定式、移动式、半固定式。

（4）微灌　是通过一套专用设备，将灌溉水加低压或利用地形高差自压、过滤，并通过管道系统输水至末级管道上的特殊灌水器，使水和溶于水中的化肥以较小的流量均匀而缓慢地湿润作物根系区附近的土壤表面或地下土壤的灌水方法。微灌法主要借助毛细管作用，部分借助重力作用湿润根系区附近局部范围的土体，所以又称局部灌溉法。微灌法依据细小水流由灌水器流出的方式不同，可分为滴灌、地下滴灌、微喷和涌泉灌水法等多种类型。

其中,喷灌、微喷、滴灌是典型的节水灌溉方法。

2. 技术要求

灌水技术是指在一定的灌溉方法下,为使供给作物的水分能适时适量到达和均匀一致而拟定的系统的田间工程和所采取的一系列技术措施。

各种灌水方法都应以节水、省工、增产和取得最大经济效益为总目标。合理的灌水方法应满足下述基本要求:①保证实现定额灌水;②田间水的有效利用率高;③田间灌水均匀度高、质量高;④高效低耗,灌水成本低;⑤方便与农业技术措施密切配合;⑥简单经济,便于推广;⑦能有效促进田间农业生产环境改善和土地可持续利用。

评估灌水质量的指标包括:①田间水有效利用率;②田间灌溉水储存率;③田间灌水均匀度;④田间灌水质量综合有效利用率。

(二)灌溉系统与设备

1. 喷灌系统组成与设备

喷灌一般由水源、增压供水设备(动力、水泵)、管道系统(总管、干管、支管、竖管)、喷洒设备(喷头)等组成。水源与地面灌溉水源无区别,但要求水量足,含沙量少。增压供水设备,作用是给水增加压力,可固定也可移动。管道系统要能够承受压力,能通过一定流量,有调节和控制水流的能力,包括总管、干管、支管和竖管。竖管支撑喷头,要求喷头喷水不受作物阻挡,竖管长度由作物高度决定。喷洒设备,作用是分散水滴均匀洒入田间。

2. 微灌系统组成与设备

微灌系统通常由水源、首部枢纽、输配水管网和灌水器等部分组成。水源可以是井水,也可以是地表水,要求水量足,含沙量小。首部枢纽一般包括过滤和施肥装置、压力表、流量计、排气阀、控制阀等仪器仪表。输配水管网主要包括各种管材和管道附件。我国微灌管材多用掺炭黑的高压低密度聚乙烯半柔性管,也可用聚氯乙烯管等其他管材。管道附件是指用于连接组装管网的部件,主要有接头、弯头、堵头等。国内常用的灌水器有管式滴头、孔口式滴头、微管滴头、滴灌带、折射式微喷头、射流旋转式微喷头等。

3. 自动化灌溉系统组成与设备

自动化灌溉系统包括物联网环境监测系统、水肥一体智能化灌溉系统、田间视频监测系统、监控中心系统等 4 个子系统,需要根据具体情况进行专门的设计。根据土壤、水分、作物的特点,结合现代计算机技术、传感器技术、变频技术、通信技术,利用气象、土壤等数据信息,依靠专家预测系统与模糊控制理论,科学准确地计算出作物的最佳灌溉时间与灌水量。自动化灌溉系统能够优化灌溉调度管理,提高用水系数;整合测控系统的数据存储,形成相关查询数据源,实现灌溉数据信息共享。该系统还可以涵盖灌区灌溉的全部业务,能够实现灌区灌溉信息、业务数据资料实时调用,达到科学灌溉决策、水力优化调配、合理有效灌溉的目的。通过预先编制好的控制程序,根据反映作物需水的某些参数,可以长时间地自动启闭水泵和自动按一定的灌溉顺序进行灌溉,而人们只需调整控制程序和检修控制设备。

自动化灌溉系统是一种自动化控制系统,一般为无线控制系统,主要由计算机、控制器、中继器、阀控终端、电磁阀等组成。其主要部件控制器是一款功能强大的、专业的灌溉控制设备,具有以下 9 个优点。

①系统控制方式多样。控制器可以有 2 W(2 线)或者无线控制等方式,可以根据情况选择最为经济节约的控制方式。

②控制范围大。控制器组成的系统最多可以控制 480 个田间电磁阀门,控制范围为 2 W 控制方式下半径 5 km,无线控制方式下半径 2.5 km。

③功能强大。控制器可以接入气象站或多种仪器,用以收集数据或者指导生产。接入气象站可以根据气象信息调整用户设定的灌溉量,接入土壤湿度传感器可以实现全自动灌溉,接入水表用以指导灌溉生产和施肥。

④灌溉模式多样。用户可以根据实际情况或者个人习惯选择“时间”或者“方式”为灌溉控制模式。

⑤可接入施肥机。接入施肥机后,可以控制施肥。

⑥自动控制方式多样。可以有远程控制阀门开关,设定好程序后进行灌溉施肥,根据田间传感器的信息自动开始或停止灌溉程序。

⑦扩展功能强大。可以连接计算机,实现和计算机数据同步,用户可以在计算机界面上进行程序设定等操作。

⑧数据收集功能强。设定好后,系统将用户的灌溉和施肥信息自动保存在计算机或者控制器中,方便用户查看,用以指导来年生产。

⑨具备保护功能。控制器有低压、高压、EC、pH 超限报警并且可以做出相应动作,用户可以根据实际情况选择中止或停止灌溉、施肥系统,以保护整个灌溉和施肥系统,使田间作物不受损坏。

(三)节水灌溉技术

1. 节水灌溉的概念

节水灌溉就是通过采取最有效的技术措施,用有限的灌溉水量创造出最佳的生产效益和经济效益,广泛应用于温室大棚及无土栽培、园林、绿化废水再利用等领域。需要根据植物的需水特性和生育阶段以及气候、土壤条件等做合理设计,制定相应的灌溉制度,适时、适量、合理灌溉。节水灌溉方式包括滴灌、微喷、渗灌、喷灌等现代化的灌溉方式。该类方式可以做到局部精确灌溉,除了用于补充土壤水分以满足植物生长需要外,还可将肥料、农药溶解在水中,结合注肥泵等现代化的施肥装置进行施肥打药作业。同时,还可避免土壤盐碱化,对已经出现盐碱化的土壤,可利用灌溉冲洗土壤中的可溶盐分,以改良土壤。此外,科学灌溉方式还可起到预防霜冻和干热风危害,以及防止土壤风蚀等作用。大力普及节水灌溉技术,要十分重视农业节水措施的推广,如采用水稻旱育稀植、抛秧、地膜覆盖、秸秆还田、深耕松土、中耕除草、耙耢、增施有机肥等措施,以提高土壤对天然降水的蓄积能力和保墒能力。施用化学保水制剂,引进和优选抗旱品种,调整作物种植结构等,都是行之有效的节水措施,在干旱缺水地区应大力推广普及。

2. 节水灌溉的主要技术

(1)渠道防渗　渠道输水是我国农田灌溉的主要输水方式。渠道渗漏是农田灌溉用水损失的主要方面。采用渠道防渗技术后,一般可使渠系水利用率比原来的土渠提高 50%～70%。渠道防渗还具有输水快、有利于农业生产抢季节、节省土地等优点,是当前我国节水灌溉的主要措施之一。根据所使用的材料,渠道防渗可分为三合土护面防渗、砌石(卵石、块石、片石)防渗、混凝土防渗、塑料薄膜防渗(内衬薄膜后再用土料、混凝土或石料护面)等。

(2)管道输水　管道输水是指利用管道将水直接送到田间灌溉,以减少水在明渠输送过程中的渗漏和蒸发损失。发达国家的灌溉输水已大量采用管道,我国北方井灌区的管道输水推广应用也较快。常用的管材有混凝土管、塑料硬(软)管及金属管等。管道输水与渠道输水相比,具有输水迅速、节水、省地、增产等优点。如采用低压塑料管道输水,不计水源工程建设投资,每亩投资成本为100～150元。在有条件的地方,应结合实际积极发展管道输水。

(3)喷灌　作为一种先进的机械化或半机械化灌水方式,喷灌已被很多发达国家广泛采用。喷灌的主要优点如下。

①节水效果显著,水的利用率可达90%。一般情况下,喷灌与地面灌溉相比,1 m^3 水可以当2 m^3 水用。

②作物增产幅度大,一般可达20%～40%。其原因是:取消了农渠、毛渠、田间灌水沟及畦埂,增加了15%～20%的播种面积;灌水均匀,土壤不板结,有利于抢季节、保全苗;改善了田间小气候和农业生态环境。

③可以大大地减少田间渠系建设及管理维护和平整土地等方面的工作量。

④可以有效地减少农民用于灌水的费用,从而增加了农民的收入。

⑤有利于加快实现农业机械化、产业化、现代化。

⑥可以避免过量灌溉造成的土壤次生盐碱化。

常用的喷灌方式有管道式、平移式、中心支轴式、卷盘式和轻小型机组式。

(4)微喷　是新发展起来的一种喷灌形式,分为吊挂微喷和地插微喷。特别适合在温室大棚内投入使用,它比一般喷灌更省水,更能均匀地把水分喷洒在作物上。微喷通过PE塑料管道输水,通过微喷头喷洒进行局部灌溉,可以扩充成自动控制系统,结合施用化肥,可同时提高肥效。一个标准大棚的微喷系统设备投资一般在800元左右。

(5)滴灌　利用塑料管道输水,水通过直径约16 mm毛管上的孔口或滴头"流"到作物根部进行局部灌溉。它是干旱缺水地区最有效的一种节水灌溉方式,其水的利用率可达95%。滴灌较喷灌具有更高的节水、增产效果,同时可以结合施肥,提高肥效一倍以上。可适用于果树、蔬菜、经济作物以及温室大棚灌溉,在干旱缺水的地方也可用于大田作物灌溉。其不足之处是滴头易结垢和堵塞,因此应对水源进行严格的过滤处理。国产设备已基本过关,有条件的地区应积极发展滴灌。

(6)坐水种　在一些水源短缺的地方,春播时常因春旱出不了苗或出苗不齐。为保全苗,采用机械或畜力用水箱、水袋拉水,在播种时进行点灌,以解春旱,俗称"坐水种"。这种方法投资少、简单易行,是有效的节水、增产方式。播种时每亩用水量仅为5～10 m^3,丰水年可增产10%～15%,干旱年可增产60%～70%。坐水种在黑龙江、吉林等地得到广泛应用,凡条件适合的地方应积极推广。

(7)平整改造　通过平整土地及改进灌水沟畦规格(如大畦改小畦,长沟改短沟)等综合措施,使灌水均匀,以达到节水的目的。

(8)科学灌溉　根据作物需水要求,适时、适量地灌水。用先进的科学技术手段对土壤墒情和灌区输配水系统的水情进行监测,采集数据并分析处理,有效地控制土壤水分含量,进行合理调度,做到计划用水、优化配水,以达到既节水又增产的目的。科学灌溉可有效保持土壤中水、肥、气、热等各相的良好状态,具有省水、省工、节能、节肥、增产、增收等诸多优点,正逐步被大家认可和使用。

四、复习题

1. 灌水方法有哪些？比较各种灌水方法的优缺点。
2. 各种灌水方法的要求是什么？评估灌水质量的指标有哪些？
3. 喷灌、微灌的适用条件是什么？灌水技术要素有哪些？
4. 喷灌系统的组成是什么？有哪些灌溉设备？
5. 微灌系统的组成是什么？微灌所需灌溉设备与喷灌所需灌溉设备有哪些不同？

实习七　农作物的营养诊断与施肥技术

一、实习目的

肥料是供给作物生长发育所需养分，改善土壤性状，提高作物产量和品质的一种重要生产资料。本实习主要介绍作物需肥量的计算方法和田间作物缺肥症状的诊断，使学生了解常见的施肥方式，以及常见作物在不同生长发育阶段的需肥特点和施肥技术。

二、实习内容

(一)材料与用具

空白待耕地，玉米、水稻、棉花的种植田块，有机肥、复合肥、尿素、磷酸二氢钾、钙镁磷肥、硫酸钾、氯化钾，撒肥车、施肥器、锄头、水桶、电子秤等。

(二)内容与步骤

1. 作物需肥量的计算

根据种植作物的种类、产量水平、土壤供肥量、肥料利用率等因素，确定作物的总需肥量。在实践中，确定作物的需肥量一般用养分平衡法，即作物的养分吸收量等于土壤与肥料二者养分供应量之和，其数学表达式为：

作物养分吸收量＝土壤养分供应量＋肥料养分供应量

(1)作物养分吸收量的估算　作物养分吸收量主要取决于产量水平，而确定施肥量要在产前设定一个目标产量，一般情况下比上一年度的实际产量增加10%。作物养分吸收量可通过下式估算：

作物养分吸收量(kg)＝目标产量(t)×每吨经济产量养分吸收量(kg)

(2)土壤供肥量的估算　土壤供肥量一般通过土壤取样化验来估算。在没有化验条件的情况下，也可通过不施肥时的产量(空白产量)来估算。估算公式分别为：

土壤供肥量(kg)＝土壤养分测试值(mg/kg)×土壤养分利用系数×0.15

土壤供肥量(kg)＝空白产量(t)×每吨经济产量养分吸收量(kg)

(3)作物施肥量的计算　肥料为作物提供的部分养分要通过施肥来实现。但作物施肥量与肥料养分供应量并不完全相同，因为投入农田的养分仅有一部分被当季作物吸收利用，考虑到肥料利用率因素，施肥量可通过下式推算：

作物施肥量＝(作物养分吸收量－土壤供肥量)÷肥料利用率(%)

上式中，作物施肥量是指施用某一养分元素的量。具体到化肥品种，实物化肥用量则要通过下式推算：

实物化肥用量(kg)=作物施肥量(kg)÷化肥有效成分含量(%)

上述公式中涉及的每吨经济产量养分吸收量、土壤养分利用系数、肥料利用率、化肥有效成分含量统称为施肥参数。已通过大量研究总结得出一些经验数据，例如，一般情况下，化肥的当季利用率为：氮肥 30%～35%，磷肥 20%～25%，钾肥 25%～35%。

(4)施肥量的简易算法　由上可见，推算施肥量涉及诸多因素和环节，十分烦琐，一般人员不易掌握。下面介绍一种确定施肥量的简易估算公式，即

实物化肥用量(kg)=[作物养分吸收量(kg)×校正系数]÷化肥有效成分含量(%)

根据经验推算，氮、磷、钾肥的校正系数分别为：氮肥 1.3～1.7，磷肥 1.8～2.4，钾肥 1.7～2.1。当产量水平较高时，校正系数要取大一些，反之可取小一些；当土壤养分含量较高时，校正系数要取小一些，反之可取大一些。

(5)有机肥与化肥同时施用时的计算　有机肥和化肥配合施用时，有机肥养分可以抵扣部分施肥量。对于新垦土地，考虑到土壤需要快速培肥，一般不做抵扣；对于连续种植多年的田地，一般每吨腐熟的有机肥可抵扣纯氮 1.0 kg，五氧化二磷 0.5 kg，氧化钾 1.0 kg。相应地，可将抵扣后的作物施肥量代入(3)中公式来计算实物化肥用量。

至于微量元素肥料，由于其用量小，投资少，一般不对用量进行严格计算。对于微量元素相对缺乏的土壤，缺什么补什么，通常每亩施用量为：锌肥 2～3 kg，硼肥 1.5～2.0 kg，锰肥 2～3 kg，铁肥 3～5 kg。

2. 基肥的施用

根据作物的总施肥量推算基肥施用量。基肥一般占总施肥量的 60%～70%，包括有机肥、复合肥、磷钾肥等。基肥的施用方法是将各种肥料混合均匀后，用撒肥车在空白地上撒施。

3. 作物的营养诊断与施肥

在玉米、水稻、棉花的种植地块，根据作物不同时期所需肥料的种类和数量进行追肥，或根据作物的形态进行缺肥症状的诊断，针对缺少的营养元素进行补充施肥。根据植株大小、土壤湿度、天气情况，选择合适的施肥方式。

三、相关知识

(一)常见的施肥方式

植物的根部和叶片是吸收外界营养物质的主要器官，将作物所需的营养物质注入土壤中或直接喷洒至叶面，是提高肥料利用率、确保肥效的主要方式。作物常见的施肥方式有土壤施肥、配水施肥和叶面施肥。

1. 土壤施肥

土壤施肥一般包括撒施、穴施、条施、环施等方式。撒施是将肥料均匀撒于地表，结合耕耙作业使其与土壤混合。穴施是按株或在两株间开穴施肥，通常适用于穴播或稀植作物。条施是开沟将肥料成条地施用于作物行间或行内土壤的方式，条施可以作为基肥、种肥或追肥的施用方式，通常适用于条播作物。环施是以作物主茎为中心，将肥料按环状或放射状施用，一般用于多年生木本植物，尤其是果树。土壤施肥方式方便，施肥效果长久，但肥料养分易流失，利用率低。

2. 配水施肥

配水施肥一般包括冲施和滴灌。冲施是将肥料加清水溶解，搅拌均匀后冲到作物根部，促使养分利用水的渗透性被根系快速吸收。滴灌施肥方式常见于水肥一体化的灌溉施肥设施中，通常按照作物的需水需肥要求，将水和养分均匀、缓慢地滴入作物根区。配水施肥可将肥料施于作物根部，减少养分流失，但只适用于水溶性肥料的施用，对肥料类型要求高，所需滴灌设备成本也较高。

3. 叶面施肥

叶面施肥是将肥料加清水溶解，搅拌均匀后，直接施于叶片表面，使叶片通过呼吸吸收其中的营养物质。叶面施肥的肥料利用率最高，肥效转化最快，适用于中微量元素的补充，但对肥料的纯度、水溶性和安全性都有极高的要求，且需要严格把握喷施的浓度和时间。

(二)作物缺肥的形态营养诊断

1. 玉米

(1)缺氮　植株矮小细弱、生长缓慢、抽穗推迟，开始下部老叶呈“V”形黄化，由叶尖端沿着中脉向叶片基部枯黄，叶缘略卷曲，最后呈焦灼状而死亡，症状由下往上逐步向嫩叶发展。

(2)缺磷　叶片呈紫红色，叶尖紫色，叶缘卷曲。根系短、数量少。抽穗开花推迟，果穗弯曲，穗行不齐，籽粒不饱满，成熟延迟。

(3)缺钾　植株矮小细弱、生长缓慢。苗期叶片呈淡绿色、波浪形，并带黄色条纹；成株期老叶首先表现出症状，叶尖端和边缘发黄，随后变褐，但靠近中脉两侧仍保持绿色，严重时呈灼烧状焦枯。根系不发达，节间短小，果穗发育不良，穗尖缺粒多。

2. 水稻

(1)缺氮　叶色发黄，叶片小，茎秆短，根系长而细，分蘖少或不分蘖，穗短但谷粒颜色表现较好。严重缺氮时，从老叶开始向上均匀黄化，逐渐由基叶延至心叶，最后全株落黄至整株死亡。

(2)缺磷　生长缓慢，矮小细弱，分蘖延迟或不分蘖，或返青后出现僵苗。叶片细长呈暗绿色，沿中脉呈卷曲折合状，叶尖带蓝紫色。根系短、数量少，尤其是新根少。穗少，籽粒不饱满，成熟延迟。严重缺磷时，上部叶片发生褐色斑块，禾苗不分蘖，叶尖呈烧焦状，出现未老先衰的现象。

(3)缺钾　叶片展开角度大，叶色发黄呈褐色斑点，老叶尖端、叶缘发生红褐色小斑点，最后叶片自尖端向下逐渐变赤褐色并枯死。穗短，空壳率高，半粒谷多，谷粒表面无光泽，呈现棕褐色。整个根系呈黄褐色至暗褐色，新根很少。

3. 棉花

(1)缺氮　棉株矮小，发育迟缓，叶枝少，蕾铃少。幼苗叶片呈淡黄绿色，随着生长变为黄色，以后呈不同色度的红色，最终变为褐色并干枯，下部老叶在成熟前就枯萎而过早地脱落。

(2)缺磷　棉株明显矮小细弱，叶片较小，叶片呈暗绿色，根系生长量降低，开花、现蕾、结桃和成熟都延迟，成铃少、产量低、品质差。

(3)缺钾　棉叶上先发生黄白色斑块，后来变为淡黄绿色。在叶脉间呈现黄色斑点，并在斑点中心部分枯死。在叶的尖端、边缘和叶脉间也发生较多的污斑，先从叶尖和叶缘溃烂，再向下卷曲，最后整个叶成为红棕色进而干枯掉落。结的铃小，不能成熟。

（三）作物的需肥特点与施肥技术

1. 作物的需肥特点

（1）玉米　苗期生长缓慢，植株小，吸收养分不多；拔节到开花期，玉米生长急剧加快，营养生长与生殖生长同时并进，吸收养分速度快、数量多，是玉米需肥的关键时期；开花以后吸收渐慢，数量也日渐减少。

（2）水稻　移栽返青后需肥逐渐增多，至抽穗前达最高，以后逐渐减少。对氮、磷、钾的吸收以氮素较早，分蘖期吸收较多，到穗分化前已达需氮量的 80%；磷肥的吸收开始和结束都较晚，生育中后期吸收较多；钾素从穗分化至抽穗开花期吸收最多，分蘖至穗分化期次之，抽穗开花后即停止吸收。

（3）棉花　整个生长发育期的需肥总趋势呈"少—多—少"的动态变化规律。棉花苗期生长缓慢，需肥较少，现蕾以后需肥显著增加。到开花结铃期，营养生长和生殖生长均旺，需肥最多，达到高峰。进入吐絮期衰退，根系吸收能力下降，需肥量也逐渐减少。

2. 作物的施肥技术

（1）玉米　基肥占总施肥量的 60%～70%。追肥可分为苗肥、拔节肥、穗肥和粒肥 4 个时期。春玉米轻施或不施苗肥，夏玉米多实行套种或抢茬播种，往往基肥不足，则应早施、重施苗肥。拔节肥应稳施，一般占总追肥量的 20%～30%。穗肥的作用在于促使小穗小花分化发育良好，达到穗大粒多的增产效果。

（2）水稻　南方双季早稻，生育期短，吸肥高峰出现早，基肥比例高，一般达 80%，并早施重施分蘖肥，一般不施穗肥。北方与南方的一季中稻，前期土温较低，肥料分解慢，基肥比例一般是 70%，追肥也应早施重施分蘖肥，促使分裂早生快发。

（3）棉花　施肥原则是：施足基肥，轻施苗肥，稳施蕾肥，重施花铃肥，补施盖顶肥。棉花的基肥一般占总施肥量的 60%～70%，而基肥中有机肥应占 80% 以上，再配合少量速效氮、磷肥。苗期通常施适量速效氮肥。蕾期应根据苗情及原有肥力灵活掌握，可施少量化肥，如果是套种夏绿肥的，在蕾期开沟深埋，做到"蕾肥花用"。

四、复习题

1. 如何计算作物的需肥量？
2. 常见的施肥方式有哪几种？分别在什么情况下适用？
3. 举出农业生产中作物营养诊断与施肥的应用实例。

实习八　农作物病害的田间诊断

一、实习目的

农作物病害是我国的主要农业灾害之一，它具有种类多、影响大、时常暴发成灾的特点。本实习通过对当地农作物群体和局部发病情况的观察和诊断，使学生了解各类农作物病害的发生情况及诊断要点，熟悉病害诊断的一般程序，认识病害诊断的复杂性和必要性，为农作物病害的防治提供依据。

二、实习内容

（一）材料与用具

手持放大镜、标本夹、小手铲、小手锯、枝剪、图书、挂图、记录本等。

（二）内容及步骤

1. 非侵染性病害的田间诊断

对当地已发病的农作物进行观察，注意病害的分布、植株的发病部位、病害是成片发生还是有发病中心、发病植物所处的小环境等。如果所观察到的植物病害症状是叶片变色、枯死、落花、落果、生长不良等现象，在病部又找不到病原物，且病害在田间的分布比较均匀而成片，可判断为是非侵染性病害。诊断时还应结合地形、土质、施肥、耕作、灌溉和其他特殊环境条件，进行认真分析。如果是营养缺乏，除了症状识别外，还应该进行施肥试验。

2. 真菌性病害的田间诊断

对已发病的农作物进行观察时，若发现其病状为：①坏死型，有猝倒、立枯、疮痂、溃疡、穿孔和叶斑病等；②腐烂型，有苗腐、根腐、茎腐、秆腐、花腐和果腐病等；③畸形型，有癌肿、根肿、缩叶病等；④萎蔫型，有枯萎和黄萎病等。除此之外，病害发病部位多数具有以下病征：霜霉、白粉、煤污、白绢、菌核、紫纹羽、黑粉和锈粉等，则可诊断为真菌病害。对病部不容易产生病征的真菌性病害，可以采用保湿培养，以缩短诊断过程。即取下植物的受病部位，如叶片、茎秆、果实等，用清水洗净，置于保湿器皿内，在20～23 ℃培养1～2昼夜，往往可以促使真菌孢子的产生，然后再做出鉴定。对还不能确诊的病害，可进行室内镜检，对照病原物确定病害的种类。

3. 细菌性病害的田间诊断

进行田间诊断时，若发现发病症状是坏死、萎蔫、腐烂或畸形等，但其共同特点是在植物受病部位能产生大量的细菌，以致当气候潮湿时有大量黏稠状物（菌脓）从病部气孔、水孔、伤口等处溢出，则可以判断为细菌性病害，这是诊断细菌病害的主要依据。若菌脓不明显，可切取小块病健交界部位组织，放在载玻片上的水滴中，盖上盖玻片，用手指压盖玻片，将病组织中的菌脓压出组织外。然后将载玻片对光检查，看病组织的切口处有无大量的细菌呈云雾状溢出，这是区别细菌性病害与其他病害的简单方法。如果云雾状不是太清楚，也可以带回实验室内镜检。

4. 病毒性病害的田间诊断

植物病毒性病害没有病征，常具有花叶、黄化、条纹、坏死斑纹和环斑、畸形等特异性病状，在田间比较容易识别。但有时常与一些非侵染性病害相混淆，因此，诊断时应注意病害在田间的分布，发病与地势、土壤、施肥等的关系，发病与传毒昆虫的关系，症状特征及其变化，是否有由点到面的传染现象等。

当不能确诊时，要进行传染性试验。如对一种病毒病的自然传染方式不清楚时，可采用汁液摩擦的方法进行接种试验。如果不成功，可再用嫁接的方法来证明其传染性。注意嫁接必须以病株为接穗而以健康株为砧木，嫁接后观察症状是否扩展到健康砧木的其他部位。

5. 线虫病的田间诊断

线虫病主要诱发植物生长迟缓、植株矮小、色泽失常等现象，并常伴有茎叶扭曲、枯死斑点，以及虫瘿、叶瘿和根结瘿瘤等的形成。一般来讲，通过对有病组织的观察、解剖镜检或用漏斗分离等方法均能查到线虫，从而进行正确的诊断。

三、相关知识

(一)农作物病害的发生规律

1. 影响农作物病害发生的因素

(1)气候及土壤环境

①温度。每种农作物病害都有其发育的最低温、最适温和最高温。温度除影响侵染外，还影响病原物的存活。如小麦条锈病只能在日均温 2～22 ℃的温域内发生，而以 15 ℃左右为最适，日均温超过 22 ℃便停止发展，条锈病菌只能在高寒麦区越夏。

②湿度。大多数病原真菌都需要农作物体表有水膜，其孢子才能萌发侵入从而引发病害。降雨、结露或结雾都能满足这个条件。因此，潮湿多雨有利于发病，而持续干燥不利于这类病害的发生。

③光照。与温度及湿度相比，光照对农作物病害的影响较为次要，从大气候的角度看尤其如此。但从小气候看，光照强弱能影响寄主植物对某些病害的抗病性，从而影响发病。如稻瘟病在日照不足或荫蔽的条件下，常因光合作用缓慢、表皮硅质化程度减弱、植株柔弱及抗病性降低而发病增加。

④土壤。土壤的组成、含水量、通气性、无机盐和有机物含量，以及土壤中的生物群落等，都影响土壤中病原物的存活和侵染，或通过对植物抗病性的影响而间接影响土传病害和气传病害的发病程度。

(2)生物环境　包括昆虫、线虫和微生物 3 个因素。不少病害可由多种昆虫传播，有些病害则只能由某一种或由几种昆虫传播。土壤中线虫种类颇多，有些能传播农作物病害，有些在植物根部造成伤口，促使细菌性病害和真菌性病害发生，有些能破坏植物的某些抗病性，从而促使发病。土壤和植物体表的微生物群落对农作物病害也有重要影响。

(3)农业措施

①耕作制度。耕作制度的改变会改变农作物的生态环境。如稻棉水旱轮作能减轻某些病害；但有的也可能使某些病害加重，如禾谷类间套作往往导致禾谷类某些病毒病的流行。

②种植密度。多数病害都会因植株密度的增加而趋于严重，如水稻、小麦、玉米等作物的纹枯病等。

③施肥。氮、磷、钾的数量和配合比例对农作物病害影响很大，一般是氮肥过多可促使稻瘟病、稻白叶枯病、小麦白粉病等许多病害发病加重；但也有些病害在氮肥不足时发病，如水稻胡麻斑病、玉米大斑病等。钾肥一般能减轻病害。此外，缺乏微量元素也是某些病害加重的原因。

④田间管理。灌溉和排水影响田间湿度从而常影响发病。灌溉和雨后地表径流还利于病害的传播。喷灌会促使某些叶部病害加重。此外，多种田间操作如修剪整枝、施用农药，以及大气、土壤和水质的污染等人为因素，都可影响田间病害的发生和流行。

2. 农作物病害的作用机制与主导因素

(1)作用机制　在农作物病害的发生、流行过程中，寄主、病原菌与环境之间的相互作用错综复杂，表现出以下特性。

①过程累加性。作物侵染性病害的流行，需要在其发生发展全过程的各个阶段依次都遇到适宜的或较适宜的环境条件。如我国华北的冬小麦锈病在越夏菌源(孢子)自西北吹来期间，必须有适时的雨露才能使秋苗发病；冬季必须温暖或有长期积雪覆盖地面，病菌才能大量越冬；麦苗返青后还需春雨较多，才能引致流行。

②间接影响性。有些环境因素是通过改变寄主的生理状况和抗病性而影响病害的，如氮肥过多对稻株抗稻瘟病能力的削弱。有些则通过影响病原物而影响病害，如湿凉多雨有利于小麦条锈病菌的萌发侵入。

③同向异向性。同一因素对寄主和病原的影响，有的是同向的，如高湿既利于马铃薯晚疫病菌孢子的萌发，又可使马铃薯的细胞膨压增高而易于感病；有的是反向的，如水稻穗期遇 20 ℃以下的低温时，虽不利于稻瘟病菌孢子的萌发侵入，却因削弱了水稻的抗瘟性而引发穗瘟。

④制约补偿性。在病害发生的某个阶段，常是若干个有关的环境因素综合地发生作用，各个因素之间常相互制约，也可相互补偿。如当温度超过 20 ℃时，即使湿度条件适宜，小麦条锈病菌也不能发生侵染，因 20 ℃已超过了条锈病菌侵入的最高温限，成为限制因素。

⑤当时后效性。有些环境因素对病害可即时发生作用，产生明显的当时效应；有些则当时效应不显著，而后效深远。如水稻在遭受连续数日的低温后(低于 20 ℃)，再进入正常温度，3～6 d 后抗瘟性显著降低。

(2)主导因素　当作物品种和耕作栽培技术均无重大变化时，造成病害流行程度年间变动的主导因素往往是气象因素。如果在较长时间(几十年间)中病害流行情况发生阶段性变化，则主导因素多半在于品种更替或耕作制度的变革。

3. 农作物病害的流行动态

(1)时间动态　是病害数量由少到多或病原物数量不断积累的过程。病害种类可分为单年流行病害和积年流行病害。

①单年流行病害。如小麦锈病、稻瘟病、马铃薯晚疫病等气传的叶部病害，一年中可发生多代再侵染，繁殖速率快，菌量积累也快。环境条件适合时，一个生长季中的菌量积累可高达百万倍、千万倍。但病菌对环境很敏感，如条件不适也会大量死亡，越冬率低。

②积年流行病害。如玉米丝黑穗病、棉花黄萎病等，多是土传、全株性病害，一年只发生1代，菌量积累慢，年增长量只有几倍、几十倍，但存活力强，越冬率高。

(2)空间动态　从空间看，病害流行过程呈现由点及面、由局部到全田的逐步传播的特点。传播距离取决于病原的生物学特性、传播体数量和有关传播的环境条件。在流行过程中，随着菌量的近似等比级数的累积，传播距离迅速加大。有些气传病害如小麦锈病，其病原菌孢子适于高空远程传播，在适合的天气条件下，大量孢子可被风远传至数十万米以外。

(二)农作物病虫害的综合防控技术

人类与病虫害的斗争是持续的、动态的斗争，从简单的物理防治到化学防治和目前的生物防治，在不断地进步和发展。病虫害的防治是一个综合治理的过程，目的就是达到生态平衡和自然环境的和谐，而不是彻底地消灭病虫害。目前，世界各国都把有害生物综合治理作为病虫害防治的前沿研究课题。

1. 生物防治

(1)利用天敌防治　利用天敌对害虫的杀伤，能有效地抑制害虫的大量繁殖。害虫天敌可分为三类：

①捕食性生物，包括草蛉、瓢虫、捕食螨、蜘蛛、蛙类以及许多食虫益鸟等；

②寄生性生物，包括寄生蜂、寄生蝇等；

③病原微生物，包括苏云金杆菌、白僵菌等。

目前，害虫生物防治的主要途径是保护本地自然生态系统中天敌、引用外地天敌、采取人工繁殖和释放来增加某种天敌数量。

(2)利用转基因技术防治　转基因育种可以突破物种的界限，使不同物种的基因结合在一起，使物种达到优质、高产或突出物种的其他特征。目前，已经有部分转基因植物作为商品化品种投放市场，如转基因抗虫棉、转基因抗虫玉米、转基因抗除草剂大豆等。

(3)植物免疫诱抗剂应用技术　植物在长期的进化过程中，为适应自然环境和抵抗病原微生物的侵害，逐渐形成了能分泌多种免疫功能物质的免疫系统。通过人工合成诱导剂并作用于农作物，可激活与抗病性相关的代谢途径而产生抗菌性物质。

2. 物理防治

(1)灯光诱杀　主要是利用害虫的趋光性进行诱杀，是重要的物理防治方法。目前应用较广的频振式杀虫灯可以诱杀大田作物如水稻、玉米、小麦、棉花，以及蔬菜、果树等作物上的150多种害虫。

(2)色板诱杀　利用昆虫的趋色(光)性，使用各类有色粘板诱杀害虫。目前在蔬菜大棚、果园、高新农业产业园，色板诱杀得到广泛的应用。

(3)银灰膜避害　利用蚜虫、烟粉虱对银灰色有较强的忌讳性，可在田间挂银灰塑料条或用银灰地膜覆盖蔬菜来趋避害虫，预防病虫害。

3. 农业防治

(1)轮作　对寄主范围狭窄、食性单一的有害生物，轮作可恶化其营养条件和生存环境，或切断其生命活动过程的某一环节。如大豆食心虫仅为害大豆，采用禾谷类作物与大豆轮作，就能防止其危害。对一些土传病害和专性寄主或腐生性不强的病原物，轮作也是有效的防治方法之一。

(2)间作、套作　合理选择不同作物实行间作或套作,辅以良好的栽培管理措施,也是防治病虫害的途径。如麦棉间作可使棉蚜的天敌如瓢虫等顺利转移到棉田,从而抑制棉蚜的发展,小麦的屏障作用还能阻碍有翅棉蚜的迁飞扩展。高矮秆作物的配合不利于喜温湿气候和郁闭条件的有害生物发育繁殖,但如果间作、套作不合理或田间管理不好,反会促进病、虫、杂草等有害生物的为害。

(3)作物布局　合理的作物布局,如有计划地集中种植某些品种,使其易于受害的生育阶段与病虫害发生的盛期相配合,可诱集歼灭有害生物,减轻大面积为害。在一定范围内采用一熟或多熟种植,调整春播、夏播面积的比例,均可控制有害生物的发生和消长。如适当压缩春播玉米面积,可使玉米螟的食料和栖息条件恶化,从而降低早期虫源基数等。

4. 病虫害预防体系及设施建设

(1)建立病虫害预警与防治体系　在植物保护领域,在对昆虫生态、病害流行规律以及病虫害治理的相关问题的研究中人们开始使用地理信息系统。也有把地理信息系统与遥感、全球定位系统相结合,用于病虫害发生动态的实时监测的研究,利用互联网或者其他媒体及时发布病虫害预报预警,做到提前预防。

(2)配置先进的农药喷洒设施　由于稻田环境条件特殊,地面装备行走困难。此外,湿地、丘陵、林地等特殊地形也不适合地面装备作业。因此,要想在丘陵、山区通过地面喷洒装备实现植保机械化很困难,而利用无人机技术结合先进的喷洒设备,可以完成特殊地理条件下的农药喷洒。

四、复习题

1. 农作物病害主要有哪几种?它们的表现症状有什么明显的区别?
2. 影响农作物病害发生的因素有哪些?它们是如何相互作用的?
3. 如何对农作物病虫害进行综合防治?

实习九　昆虫标本的制作与鉴定

一、实习目的

人们通常把为害各种农作物的昆虫和螨类等称为害虫，把由它们引起的各种农作物伤害称为虫害。本实习通过昆虫标本制作与鉴定，使学生了解农作物害虫的主要种类及其形态特征。

二、实习内容

(一)材料与用具

捕虫网、毒瓶、指形管或玻管(存放捕捉的活昆虫，可用药棉隔层存放)、纸袋(用于临时存放鳞翅目昆虫成虫、蜻蜓类等昆虫及其他被毒死的昆虫)、诱虫灯、昆虫针、大头针、展翅板等。

(二)内容与步骤

1. 昆虫标本的采集

(1)网捕　用捕虫网或扫网进行。

(2)振落　一些昆虫具有假死性，如鞘翅目昆虫象甲、叶甲、金龟子等，一经突然振动就会从寄主上掉下来，再进行人工捕捉。

(3)搜捕　对于很多隐蔽不动的昆虫，要善于搜索才能找到，例如枝条、叶背、灌木丛、树皮下、落叶内等处都会藏有大量昆虫，一定要仔细搜索才能发现。另外，可以根据各种昆虫的危害状来判断及采集。

(4)灯诱　利用诱虫灯采集。

2. 昆虫针插标本的制作

(1)插针　按照一定的要求将昆虫针插入虫体，但首先要明确各类昆虫插针位置。各类昆虫插针位置如下。

半翅目昆虫：插在中胸小盾片中央。

鳞翅目、双翅目、膜翅目昆虫：插在中胸背板的中央。

鞘翅目昆虫：插在右鞘翅基部靠近中缝处。

直翅目昆虫：插在前胸背板近后缘处中脊线的右边。

(2)展翅　在展翅板上进行，现以鳞翅目为例，介绍展翅的方法和步骤。

①根据虫体大小选择合适的昆虫针。

②将昆虫针按规定的位置插入虫体，昆虫针露出虫体背部部分一律为 0.8 mm。

③将虫体固定在中缝处，虫体背面与展翅板板面水平。

④将蛾蝶类双翅左右展开在板上，用光滑的纸条压住翅面，再用大头针固定，使翅不会改变位置。

⑤整理虫体各个部分，尽可能用针固定其姿态，如使腹部平直、触角前伸分开等。

(3)整理姿态　鞘翅目昆虫和大多数半翅目、同翅目昆虫不需要展翅，用针固定后，整理身体的附肢，使标本整齐、美观、便于观察、利于保存。

(4)整肢　整肢后的昆虫就像活虫在植物上停歇一样，要求前足向前，中、后足向后，触角在自然的位置。

3. 昆虫的鉴定

鉴定昆虫可用的方法有如下几种，可多种方法结合使用。

①与国内外出版社出版的相关图鉴、图册、图谱等相对照。

②查对已经出版的相关专著、丛书。

③应用昆虫分类检索表。

④与已经鉴定的标本对照。

⑤请有关专家鉴定。

4. 注意事项

采集标本时要注意人身安全。采集的标本要求完好无损，要及时编号存放，同时在记录簿上详细记录昆虫的名称、寄主，采集日期、地点及采集人等。

三、相关知识

(一)危害农作物的主要害虫

1. 不同取食方式的害虫

(1)食叶类害虫　大多取食作物、树木和草坪叶片，猖獗时能将叶片吃光，为天牛、小蠹虫等蛀干害虫侵入提供适宜条件，严重影响农作物的正常生长，降低观赏植物的观赏价值。此类害虫主要有鳞翅目的袋蛾、刺蛾、大蚕蛾、尺蛾、螟蛾、枯叶蛾、舟蛾、美国白蛾、国槐尺蛾、凤蝶类，鞘翅目的叶甲，膜翅目的叶蜂等。

(2)刺吸式害虫　是农作物害虫中较大的一个类群。它们个体小，发生初期往往受害状不明显，易被人们忽视，但数量极多，常群居于茎、叶、芽、花、蕾、果上，汲取植物汁液，掠夺其营养，造成枝叶及花卷曲，甚至整株枯萎或死亡。同时诱发植物病害，有时害虫本身就是病毒病的传播媒介。此类害虫主要有蚜虫类、介壳虫类、粉虱类、木虱类、叶蝉类、蝽象类、蓟马类、叶螨类等。

(3)蛀食性害虫　生活隐蔽，天敌种类少，个体适应性强，是园林植物的一类毁灭性害虫。它们以幼虫蛀食树木枝干，不仅使输导组织受到破坏而引起植物死亡，而且在木质部内形成纵横交错的虫道，降低了木材的经济价值。此类害虫主要有鳞翅目的木蠹蛾科、透翅蛾科、鞘翅目的天牛科、小蠹科、吉丁甲科、象甲科、膜翅目的树蜂科、等翅目的白蚁等。

(4)地下害虫　主要栖息于土壤中，取食刚发芽的种子、苗木的幼根、嫩茎及叶部幼芽，给苗木带来很大危害，严重时造成缺苗、断垄等。此类害虫种类繁多，主要有直翅目的蝼蛄、蟋蟀，鳞翅目的地老虎，鞘翅目的蛴螬、金针虫，双翅目的种蝇等。

2. 几种农作物的常见害虫

(1)小麦害虫　麦蚜是麦田常发性的严重害虫，在我国危害小麦的蚜虫有多种，均属半翅目蚜科。常见的4种麦蚜为麦长管蚜、麦二叉蚜、禾谷缢管蚜和麦无网长管蚜。麦蚜分布极广，遍及世界各产麦国。在国内除麦无网长管蚜分布范围较狭窄外，其余3种麦蚜在各麦区均普遍发生，但常以麦长管蚜和麦二叉蚜发生数量最多，危害最重。麦蚜在寄主茎、叶及嫩穗上刺吸为害，吸取汁液使叶片出现黄斑或全部枯黄，生长停滞，分蘖减少，籽粒饥瘦或不能结实，对产量影响较大。麦蚜还能传播大麦黄矮病毒和甘蔗花叶病毒病害，尤以传播大麦黄矮病毒所造成的麦类黄矮病为最甚，致使小麦叶色变黄，植株矮化，分蘖减少，粒数减少，粒重降低，减产40%以上。麦蚜在适宜的环境条件下，都以孤雌胎生无翅型蚜生活。在营养不足、环境恶化或虫群密度大时，则产生有翅型迁飞扩散，但仍行孤雌胎生，只是在寒冷地区秋季才产生有性雌雄蚜交尾产卵。卵翌年春天孵化，产生无翅型或有翅型蚜虫。卵为长卵形，长约1 mm，刚产出的卵呈淡黄色，后逐渐加深，5 d左右即呈黑色。

(2)玉米害虫　玉米螟俗称玉米钻心虫、箭杆虫，属于鳞翅目螟蛾科，是玉米田最常见的害虫之一。我国以亚洲玉米螟分布最广、危害最为严重，除青藏高原外我国各地均有分布。初孵幼虫大多爬入心叶，群集取食心叶叶肉，造成花叶状；2～3龄幼虫在心叶内潜藏为害，心叶展开后，出现整齐的排孔；4龄后陆续蛀入茎秆或穗柄中继续为害。蛀孔口常堆有大量粪屑，茎秆遇风易从蛀孔处倒折。主要通过破坏茎秆组织，影响养分输送，使植株受损，在玉米灌浆期蛀食雌穗、嫩粒，造成玉米减产。

成虫：雄蛾体长10～14 mm，翅展20～30 mm，体褐黄色。腹末较瘦尖，触角丝状，灰褐色，前翅黄褐色。前翅内外横线分别为暗褐色波状纹和锯齿状纹，两线之间淡褐色；后翅淡褐色，也有褐色横线，当翅展开时，与前翅内外横线正好相接。雌蛾形态与雄蛾相似，雌蛾体长13～15 mm，色较浅，前翅鲜黄，线纹浅褐色，后翅淡黄褐色，腹部较肥胖。

卵：扁平椭圆形，长1 mm，宽0.8 mm，初产时为乳白色，逐渐变成淡黄色，常有30～40粒排成鱼鳞状卵块，边缘不整齐。

幼虫：共5龄，老熟幼虫体长20～30 mm，头和前胸背板深褐色，体色变化较大，有淡褐色、深灰褐色、灰黄色等，背线明显，两侧有较模糊的暗褐色亚背线。中胸和后胸背面各有毛瘤4个，排成一横列。体黄白至淡红褐色，体背有3条褐色纵线。腹部1～8节，背面各有两列横排的毛瘤，前排的4个较大，后排的2个较小，其上各生1根细毛。

蛹：纺锤形，红褐色或黄褐色，长15～18 mm。1～7腹节腹面具刺毛两列，臀棘显著，有5～8根，向上弯曲。

(3)棉花害虫　棉铃虫又名钻桃虫、钻心虫等，属鳞翅目夜蛾科，是危害棉花的主要害虫，在我国各棉区均有分布和为害。在棉花上，棉铃虫除直接取食营养器官外，主要为害蕾、花和铃，1头幼虫一生可为害5～22个蕾铃，对棉花产量影响极大。

成虫：体长15～20 mm，翅展31～40 mm，雌虫黄褐色，雄虫灰绿色。前翅具褐色环纹及肾形纹，内横线为双线，褐色，锯齿形；外横线外有深灰色宽带，带上有7个小白点，肾纹、环纹暗褐色，端区各脉间生有黑点。后翅淡褐色至黄白色，前缘有1个月牙形褐色斑，沿外缘有黑褐色宽带，宽带中央有2个相连的白斑，有褐色宽横带，后翅中部的横脉纹呈新月状，褐色或黑色。

卵：直径约0.5 mm，半球形，表面布满纵横纹，纵纹从顶部看有12条，初产时为乳白色，孵化前为深紫色。

幼虫：共6龄，老熟幼虫体长40～50 mm，体色因食物或环境不同变化很大，由淡绿色、淡红色至红褐色或黑紫色，其中以绿色型和红褐色型最常见。绿色型，体绿色，背线和亚背线深绿色，气门线浅黄色，体表布满褐色或灰色小刺，长而尖，腹面有黑褐色小刺。红褐色型，体红褐色或淡红色，背线和亚背线淡褐色，气门线白色；腹足趾钩为双序中带，两根前胸侧毛连线与前胸气门下端相切或相交；气门上方有一褐色纵带，由尖锐微刺排列而成。幼虫腹部第1、第2、第5节各有2个毛突特别明显。

蛹：黄褐色，长12～20 mm，腹部末端圆形，腹末有1对臀刺，刺的基部分开，腹部第5～7节背面有7～8排比较稀而大的马蹄形刻点。

(二)农作物病虫害防治的施药技术

在农作物病虫害的防治工作中，由于农药的品种很多，每种农药又各有多种不同的剂型，不同的农药剂型适用不同的施用方法，故施用农药的方法是多种多样的。采用适当的施用方法，不但可以提高防效、降低成本，还能减轻对环境的污染、提高农产品的安全性。在选择农药和施药方法上，应考虑到农作物与人的安全，以及防治效果、经济效益等，同时也要根据农作物的形态、发育阶段、病虫害的发生规律、农药的性质和剂型以及当时的环境条件等，在进行全面、具体的综合分析后，确定采用最合适的施药方法。

1. 喷粉法

喷粉法是使用喷粉器械把药粉均匀地喷撒于防治对象及其寄主上的一种施药技术，适合于大面积干旱缺水地区使用。喷粉使用的农药剂型为粉剂，是将农药与黏土或陶土混合粉碎制成的，如2.5%敌百虫粉剂。粉剂不易被水湿润，不能分散和悬浮在水中，故不可兑水喷雾。

(1)技术要点　农药的喷粉量主要根据作物生长情况、种植密度和病虫害发生的程度而定。一般用药量为22.5～37.5 kg/hm^2。在作物生长茂盛、密度大、病虫害发生严重时，用药量为45～60 kg/hm^2。为了喷撒得更均匀，可掺入细土。粉剂的粉粒细度与药效有显著关系，如果粉粒过于微小，当喷粉时，微小的粉粒易受气流的影响而飘移，沉降流量降低，不易附着于虫体及农作物表面上，从而降低药效。一般做法是，使粉剂均匀分散开，并均匀地沉降在农作物表面或虫体上。粉粒能在空中飞扬，故喷粉应在晴天无风时进行，清晨和傍晚一般风小，是喷粉的最佳时间。喷粉要适量均匀，以用手摸叶片略有粉感，但看不到叶面有粉层为宜。在作物生长的幼苗期，不宜采用喷粉法。如果无喷粉器械，可用布袋、麻袋撒粉。

(2)优缺点　优点是操作方便，简单，工效高，不需要用水，对作物一般不易产生药害，对工具要求不太严格。缺点是药粉易被风吹失和易被雨水冲刷，农药残效较短，不如可湿性粉剂及乳剂的残效期长。

2. 喷雾法

喷雾法是使用喷雾器械把喷射出的细小农药雾滴均匀地覆盖在防治对象及其寄主植物上的一种施药技术。可使用的农药剂型有可湿性粉剂、乳油、溶液和水剂等。

(1)技术要求　喷洒的药液量随药械、作物种类及密度、病虫害发生程度、农药性质等的不同而有差异。水作为喷雾时药剂的稀释剂，当水中溶解有碱金属化合物时，会影响某些无机农药的性能，甚至会产生药害。所以在使用无机农药时，应特别注意水质，并做到喷洒均匀，充分湿润叶面。

(2)优缺点　优点是耗药量少，在农作物和虫体上固着力强，药效持久，防治效果较好。缺点是工效较低，受水源限制，缺水地区使用困难，并受到药械的影响。

3. 拌种、浸种和浸苗法

(1)拌种法　用一定量的药粉与种子干拌均匀或用一定量的药液与种子拌和后再堆放一段时间，使种子吸收药液，在播种后药剂就能逐渐发挥防御病菌或害虫危害的效力，主要用来防治苗期病虫害。这种处理方法对防治种子表面带菌或预防苗期地下害虫的效果很好，且用药量少、节省劳力、对大气的污染小。

(2)浸种和浸苗法　把种子或块茎、幼苗浸入一定浓度的药液中，经一段时间后取出晾干。此法主要用于防治种子或幼苗携带虫卵和病菌。

4. 撒施法

(1)撒颗粒法　将颗粒剂撒于害虫活动为害的环境中，以此来消灭害虫。颗粒剂的颗粒粗大，撒施时受气流的影响很小，容易落地而且基本上不发生飘移现象，特别适用于地面、水田和土壤施药。

(2)撒毒土法　把农药与细土拌和，撒于地面或与种子混合播种，或撒于播种沟内，或撒于水面，用来防治病虫害。农药与细土一定要混合均匀，施于地面的毒土要求湿润，与种子混合播种的毒土要求松散干燥。药土的比例因农药种类不同而异。

5. 施毒法

(1)毒谷法　用谷物与具有胃毒作用的农药配制成毒谷，施于地下用来防治地下害虫。配制时先将谷物炒香或煮到半熟，捞出晾至五成干，按比例拌入农药，再晾到八成干即可。

(2)毒饵法　用具有胃毒作用的农药与饵料配制成毒饵，施于地面用来防治地下为害的害虫，如小地老虎以及家鼠、家蝇等害虫。毒饵法利用害虫、鼠类喜食的饵料和农药拌和，诱导害虫、鼠类取食，以达到毒杀目的。作毒饵的饵料，可以是麦糠、米糠、玉米屑、豆饼、木屑、青草和树叶等，饵料要切碎磨细。把这些饵料炒至能发出焦香味，然后再拌和农药制成毒饵(鼠类和家蝇的饵料中最好加些香油或糖等，效果更好)。

(3)土壤处理法　采用喷粉、喷雾或撒毒土等方法将农药施于地表，再翻耕土地，使农药分散于土壤耕作层内。或用土壤注射器将药液注入土中，每隔一定的距离注射一定量的药液。

6. 气雾法

(1)熏蒸法　在密闭的条件下，利用农药气体熏杀害虫、病菌、螨类、鼠类等，主要用于仓库熏蒸。例如，用溴甲烷熏蒸粮食、棉籽、蚕豆等，冬季每 1 000 m^3 实仓用药量为 30 kg，熏蒸 3 d，夏季熏蒸用药量可少些，时间也可以短些。

(2)熏烟法　利用烟剂点燃发出的浓烟或用农药直接加热法来防治病虫，主要用于防治卫生害虫、温室病虫害和森林病虫害。

除上述几种施药方法外，还常用一些简单的施药方法来防治农作物病虫害，如诱杀法、涂抹法、泼浇法等。总之，如何选择施药方法，要根据当地的各种自然因素和农作物病虫害发生程度而定。

四、复习题

1. 如何制作昆虫标本？
2. 简述小麦、玉米、棉花主要害虫的形态和危害症状。
3. 常见施药技术有哪几种？各有什么优缺点？

实习十　农田杂草的调查与种类鉴定

一、实习目的

农田杂草非常适应栽培作物的环境条件，在农田内与农作物争夺养分、水分和阳光，是影响农作物正常生长的主要因素之一。本实习通过农田杂草的实地调查和种类鉴定，使学生了解主要栽培作物农田杂草的发生与分布，识别主要农田杂草，为杂草防除提供依据。

二、实习内容

(一)材料与用具

《杂草彩色图谱》(北京市植物保护站，1990)、杂草标本、野外记录本、标签、铅笔等。

(二)内容与步骤

1. 杂草调查

以小组为单位到附近的农田进行调查。

2. 杂草识别

小组同学相互协作，对照《杂草彩色图谱》及所学理论知识识别常见农田杂草。

(1)稻田杂草　我国稻田常见杂草种类约有100种，其中分布广、危害重的最主要稻田杂草是稗草、鸭舌草、牛毛毡、水莎草、矮慈姑、节节菜、异型莎草、眼子菜、扁秆藨草。总体说来，从南到北，杂草种类减少，杂草群落结构趋于简化，杂草与水稻同生期缩短。稻田杂草的发生一般是在播、栽或抛后10 d左右出现第一次杂草出苗高峰，此批杂草主要以禾本科的稗草、千金子和莎草科的异型莎草等一年生杂草为主，且发生早、数量大、危害重。20 d左右出现第二次出草高峰，此批杂草主要是莎草科杂草和阔叶类杂草。

(2)麦田杂草　常见的有以下3种群落类型。

①以看麦娘或硬草为优势种，另有主要阔叶杂草如牛繁缕、雀舌草或猪殃殃、大巢菜，以及伴生茵草等组成的群落，主要发生在淮河流域一线以南的稻茬麦田。

②以野燕麦和阔叶杂草共为优势种的杂草群落类型。

a. 阔叶杂草以猪殃殃、粘毛卷耳、波斯婆婆纳等种类为优势种的杂草群落，主要发生在淮河流域以南地区的旱茬麦田。

b. 阔叶杂草以播娘篙、猪殃殃等种类为主的杂草群落，发生在淮河流域以北地区的旱茬麦田。在东北和西北地区另有萹蓄、野芥菜和鼬瓣花等杂草。

③纯粹以阔叶杂草为优势种的杂草群落类型。

a. 以波斯婆婆纳、粘毛卷耳、猪殃殃等为优势种的群落，分布于沿江及沿海地区的棉旱茬麦田。

b. 以播娘篙等为优势种的群落，分布于北方旱茬麦田。

麦田杂草的发生期，正值低温、少雨时期，杂草的出苗时间参差不齐。在冬麦区，通常可以分为冬前和春季两个出草高峰。在春季的出草高峰中，3—4 月有一个春性杂草的出苗高峰，4—5 月有一个夏秋季杂草的出草高峰。

(3)油菜田杂草　我国油菜大致可分为冬油菜和春油菜两种栽培类型。冬油菜占总种植面积的 90%，主要分布于黄淮和长江流域。发生的主要杂草可根据农田类型的不同大致分为稻茬和旱茬油菜田杂草。冬油菜田的杂草发生高峰主要在冬前，一般在 10—11 月。由于此时油菜苗较小，草害常造成瘦苗、弱苗和高脚苗，对油菜生长和产量影响较大。春季虽还有一个小的出草高峰，但此时油菜已封行，影响较小。在稻茬油菜田发生的主要杂草有看麦娘、日本看麦娘、棒头草、牛繁缕、雀舌草、稻槎菜、碎米荠等杂草。在旱茬油菜田发生的有猪殃殃、大巢菜、波斯婆婆纳、粘毛卷耳和野燕麦等。

(4)玉米田杂草　玉米田主要杂草有马唐、牛筋草、稗草、狗尾草、反枝苋、马齿苋、藜、蓼、苘麻、田旋花、苍耳、铁苋菜、苣荬菜和鳢肠等。玉米生长较快，封行早，特别是夏玉米，只有那些比玉米出苗早或几乎和玉米同时出苗的杂草才会对玉米造成严重的危害。出苗较晚的杂草对玉米产量影响不大。

(5)棉田杂草　棉田主要杂草有马唐、千金子、牛筋草、稗草、鳢肠、铁苋菜、香附子、马齿苋、刺儿菜、碎米莎草、田旋花、青葙、野苋、波斯婆婆纳、反枝苋、双穗雀稗、苘麻、藜和空心莲子草等。在黄淮海棉区，主要杂草有马唐、牛筋草、狗尾草、稗草、马齿苋、反枝苋、铁苋菜、龙葵、香附子、田旋花和藜等。在长江流域棉区，杂草发生有 3 个高峰期，第一个高峰期在 5 月中旬，第二个高峰在 6 月中下旬，第三个高峰期在 7 月下旬至 8 月初。在黄淮海棉区，杂草有 2 个发生高峰，第一个高峰期在 5 月中下旬，第二个高峰期在 7 月。

三、相关知识

(一)杂草的分类方法

1. 按植物系统分类法分类

(1)单子叶杂草　杂草胚有 1 片子叶，通常叶片窄而长，平行叶脉，无叶柄。单子叶杂草主要为禾本科和莎草科的杂草。

禾本科：叶鞘张开，有叶舌，茎圆或扁平，节间中空，有节，如稗草。

莎草科：叶鞘包圈，无叶舌，茎为三棱形，通常实心，无节。

(2)双子叶杂草　杂草胚有 2 片子叶，草本或木本，叶脉网状，叶片宽，有叶柄。其主要分科有菊科、十字花科、藜科、蓼科、苋科、唇形科、石竹科、旋花科等，如荠菜、牛繁缕、猪殃殃等都属双子叶杂草。

2. 按植物学习性分类

(1)一年生杂草　在当年出苗、开花、结实并死亡的杂草，以种子繁殖为主。按其出苗时期又可分为：①春生杂草，即春季萌发出土，夏季或秋季结实、死亡的杂草，如葎草、藜、本氏蓼等。②夏生杂草，即夏季萌发、出苗，秋季结实、死亡的杂草，如马唐、蟋蟀草、马齿苋等。

(2)二年生杂草　此类杂草从出苗到开花、结实和死亡需要在 2 个年份内完成，故又称越年生杂草，以种子繁殖为主，如附地菜、荠菜、麦瓶草、播娘蒿等。

(3)多年生杂草　可连续生存 3 年以上的杂草，一生中能多次开花、结实，既能种子繁殖，又能营养繁殖。结实后一般地上部枯死，经过一段休眠期后，其地下营养器官又会产生新的植株。根据营养器官的不同,又可将多年生杂草分为以下 6 种类型。

多年生直根杂草:这类杂草有发达的直根,直根上长有许多侧根,根茎上生有大量休眠芽,遇到适宜的环境条件,休眠芽便会破土而出、长成新株,但仍以种子繁殖为主,根茎以下的根系无繁殖能力,如车前、蒲公英、羊蹄等。

多年生根茎杂草:此类杂草生有根状茎,为其茎的地下变态,根状茎上有节,其节上的不定芽遇适宜的生长条件时便会生出新株,进行繁殖,如白茅、狗芽根和问荆等。

多年生根芽杂草:此类杂草生有明显主根,主根上又生有若干条粗大的侧根,根上无节,但密布根芽,任一根芽解除休眠后,遇到适宜的生长条件时便会长出新株,进行繁殖,如田旋花、刺儿菜和苣荬菜等。

多年生球茎杂草:此类杂草生有经地下茎变态形成的球茎,球茎尖端具顶芽,节与节间明显,节上生有膜质鳞叶和腋芽,遇适宜条件时,可由此长出幼根而进行繁殖,如野慈姑等。

多年生块茎杂草:此类杂草的地下茎变态成块状,块茎上生有节和芽眼,由芽眼长出幼苗进行繁殖,种子繁殖能力很低,如香附子和扁秆藨草等。

多年生鳞茎杂草:此类杂草的地下茎变态为球状鳞茎,其上生有鳞叶和变态芽,由此长出幼苗进行繁殖,如小根蒜等。

(4)寄生性杂草　不能或不能独立进行光合作用,必须通过吸取寄主植物体中的营养物质来维持生存的杂草。根据寄生部位又可将其分为根寄生杂草和茎寄生杂草。

根寄生杂草:典型代表是列当属,它通过吸器主要寄生向日葵、烟草、蚕豆、番茄等作物的根系。茎肉质,直立,无叶片,仅在茎上生有褐色鳞片,鳞片内生有小花种子,靠种子繁殖,种子产量可达 10 粒/株以上。在我国,列当主要分布于新疆、甘肃、山西等地,危害向日葵、烟草等作物。

茎寄生杂草:典型代表是菟丝子属,它主要寄生大豆、亚麻等双子叶作物。一年生,种子繁殖,种子在土壤中的寿命为 1～5 年。种子萌发后产生白黄色的丝状茎,并迅速向上生长,遇到寄主后便缠绕到寄主上并产生吸盘,这时其茎基自动枯死,失去与土壤的联系,从而完全靠吸收其寄主体内的养分而生存。在我国,菟丝子主要分布于山东、安徽、新疆、吉林及黑龙江等地,危害大豆等作物。

3. 按杂草对水分的生态适应性分类

(1)旱田杂草　生长在旱田地中的杂草,不耐涝,长期淹水后即死亡,如狗尾草、卷茎蓼、反枝苋和马齿苋等。

(2)水田杂草　生长在水田和水域中的杂草,不耐旱,田间缺水时生长不良或死亡。根据其对水分的生态适应性,又可将其进一步分为以下 5 种类型。

湿生性杂草:喜生长在水分饱和的土壤中的杂草,长期淹水时其幼苗便会死亡,如灯芯草和莎草。此类杂草是稻田的重要杂草种类之一。

沼生性杂草:此类杂草根系生于土中,茎叶部分挺出水面,缺少水层时生长不良或死亡,如鸭舌草、荆三棱和牛毛毡等。生态适应性极广,在我国南北方均有分布,也是稻田的主要杂草种类之一。

浮水型杂草:叶片部分或全部飘浮于水面,根系入土或不入土的杂草,离开水层后即死亡或休眠,如眼子菜和槐叶萍等。分布于全国各地,主要危害水稻。

沉水型杂草:此类杂草的植物体全部沉没于水中,根系入土,离开水层后很快死亡,如菹草和水绵等。

两栖杂草：既可在旱田，又能在水田长期生存的杂草，如稗草和两栖蓼等。

4. 按危害和危险程度分类

(1)恶性杂草　指发生面最广、危害最大且最难防治的杂草。全世界的恶性杂草有 10 多种，如大豆、玉米田中的假高粱，稻田中的稗草，果园、茶园中的白茅，以及小苋、刺苋、野燕麦、藜、油莎草、马唐、两耳草、马齿苋、罗氏草等。我国的恶性杂草主要有水田中的空心莲子草、稻稗、鸭舌草、眼子菜、扁秆藨，以及旱田中的野燕麦、看麦娘、马唐、牛筋草、绿狗尾、香附子、藜、柳叶蓼、反枝苋、牛繁缕、紫茎泽兰和白茅等。

(2)重要杂草　指发生面较广、危害较大且较难防治的杂草。这类杂草全世界共有 250 余种，我国有 120 余种。

(3)区域性杂草　指仅发生于局部地区，但危害性大且难以防治的杂草。如华南地区的胜红蓟、圆叶节节菜、两耳草、水龙等；华中地区的双穗雀稗、猪殃殃等；华北地区的狗尾草、播娘蒿等；东北地区的本氏蓼、野燕麦等；西北地区的薄蒴草等。

(4)检疫性杂草　指具有潜在危害危险，通过口岸检疫措施可防止其从一地传入另一地的区域性杂草。这类杂草适应性广，传播和繁殖能力强，危害性大，一经传入则难以防治。中国国家动植物检疫总局公布的严禁入境的世界恶性杂草有 30 多种，主要包括菟丝子属、假高粱、毒麦、豚草、向日葵列当等。

(二)杂草的综合防治方法

农田中有多种杂草，包括一年生、二年生和多年生的杂草。它们各有不同的发生特点，如种子数量、发芽期、发育周期等各不相同。因此，不能用单一的方法来防治，而应该根据杂草的种类、分布、发生特点，掌握其发生规律，采用先进、经济、有效的防除措施，充分发挥各种除草措施的优点，达到高效、安全控制杂草危害的目的。农田杂草综合防治的关键在于把杂草消灭在萌芽期或幼苗期，即在作物生长前期采取措施，以最少的投入获得最大的经济效益。

1. 农业防除

(1)轮作灭草　不同作物常有自己的伴生杂草或寄生杂草，这些杂草所需的生长环境与作物的生长环境极为相似，如稗草、异型莎草等湿生型杂草所需的生长环境与水稻的生长环境相似，它们都是水稻的伴生杂草；野燕麦与小麦相似，是麦田的主要杂草。可以通过轮作换茬的方法，改变杂草的生长环境，创造不利于这类杂草的生长条件，从而消灭或抑制杂草发生，减轻危害。如在禾本科杂草发生重的麦田采取麦油轮作，可控制禾本科杂草的发生，减轻其危害。

(2)精选种子　部分杂草种子是伴随作物种子进行传播的，如稗草种子随水稻种子传播，野燕麦、猪殃殃、毒麦等的种子可随小麦种子传播，这种传播往往随着种子的长距离调运而人为地扩散。为此，播种前对作物种子进行精选，可清除混杂在作物种子中的杂草种子。精选种子的方法很多，可通过风选、筛选、盐水选、泥水选等选种方法剔除草籽。

(3)施用腐熟的厩肥　牲畜过腹的圈粪肥，杂草、秸秆沤制的堆肥，以及饲料残渣、粮油加工的下脚料等，其中都不同程度地带有一些杂草种子。如果这些肥料不经过腐熟而施入田间，部分杂草种子就能继续萌发生长，造成危害。为此，堆肥或厩肥必须经过 50～70 ℃高温，堆沤处理 1～3 个月，在闷杀混在肥料中的杂草种子后使用，才能有效减少它们在田间的发生数量。

(4)清除田、沟、渠、路边杂草　田边、路边、沟边、渠边的杂草也是田间杂草的来源之一，农田四周的杂草种子、地下根茎等能以每年 1～3 m 的速度向田内扩散，几年内就会遍布全田。同时，路边、沟边的杂草种子也可通过人或牲畜活动、风力、流水进入田间。为此，一定要清除田边、路边、沟边、渠边的杂草，特别是在杂草种子未成熟之前，采取防治措施进行清除，以防田外杂草向田内扩散蔓延。

(5)合理密植　农田杂草以其旺盛的长势与作物争水、争肥、争光。因此，合理密植，加上科学的田间管理，可发挥作物自身的群体和空间优势，达到控制杂草危害的效果。

2. 机械防治

机械防治是指采用各种农业机械，包括手工工具和机力工具，在不同季节采用不同方法消灭田间不同时期的杂草。东北的旱田耕作制度以垄作为主，伏耕和秋耕是主要措施。而南方一年两熟、一年三熟或两年三熟的地区各有自己的耕作体系。各地应根据作物种类、耕作制度不同，采取相应的防治措施。

(1)深耕　是防治多年生杂草的有效措施之一，如问荆、苣荬菜、刺儿菜、田旋花、芦苇等，土壤经多次耕翻后，这些多年生杂草的数量逐渐减少从而受到控制。深翻对防除一年生杂草效果更好，深耕还能促进微生物活性，固定空气中的氮，增加土壤养分。

(2)深耕和浅耕、少耕和免耕　北方地区有深浅轮番耕作的习惯，即在农作物收获后先深耕 20 cm，经过 1～2 周后再进行 8～10 cm 浅耕耙茬；也有在收后先进行浅耕灭茬，然后进行 20 cm 左右深耕的。这些操作都可将地表的杂草及残枝落叶一并翻入土壤深层，收到灭草增产的效果。20 世纪 80 年代末期，部分地区推广免耕、少耕技术，使杂草种子留在地表浅土层中，增加杂草种子出苗的机会，在大部分杂草出土后，通过耕作或施用化学药剂集中防治，从而控制杂草的发生与危害。

(3)苗前耙地和苗期中耕除草　播前耙地、播后苗前耙地以及苗期耙地都能疏松土壤、提高地温、防止土壤水分蒸发、促进作物生长发育并消灭杂草。如在水稻种植区插秧前，进水后整地和在苗前进行耙地除草，既可消灭杂草，草腐烂后又可肥田。对中耕作物玉米、甜菜、棉花、向日葵等，在苗期进行人工或机械中耕，可起到灭草、松土、保墒、壅根的作用。中耕灭草的适期是杂草生长前期，中耕次数一般以 2～3 次为宜，将一年生杂草消灭在结实之前，使散落在田间的杂草种子数量逐年减少。对多年生杂草，切断其地下根茎，削弱其积累养分的能力，使其长势逐年衰竭而死亡。

3. 生物防治

生物防治是指利用生物因素进行灭草，既可减少除草剂对环境的污染，又有利于自然界的生态平衡。目前，人们在利用家禽、昆虫、真菌、细菌、病毒等防除农田杂草方面，已积累了不少经验，有些项目已大面积推广应用，并取得了显著效果。下面是以菌灭草、以虫灭草、利用家禽灭草的几个例子。

(1)以菌灭草　鲁保一号是从感病的菟丝子植株上分离出来的真菌，其在适宜的温度下吸水萌发，侵入菟丝子表皮组织，进入内部分泌毒汁，使之死亡。

(2)以虫灭草　取食香附子的尖翅小卷蛾，初孵幼虫沿香附子叶背行至心叶，吐丝并蛀入嫩心，使心叶失绿萎蔫枯死，继而蛀入鳞茎，咬断输导组织，致使整株死亡。

(3)利用家禽灭草　我国南方稻田有的采用放鸭灭草，在水稻移栽后、杂草生长初期，放鸭入田，可吃掉部分杂草幼嫩的苗、芽。放鹅到向日葵、烟草地中，可取食禾本科杂草和寄生性杂草。

4. 植物检疫

植物检疫是防止国内外危险性杂草传播的主要手段，检疫性杂草对农作物危害极大，可造成农作物生长发育不良，降低产量、品质，严重的可造成绝收，且难以根除。如毒麦是检疫性杂草，人畜误食后会造成中毒，甚至有生命危险；野燕麦在我国的扩散蔓延迅速，危害加重，主要原因是种子的频繁调运，检疫管理不严。为此，必须加强检疫性杂草的检疫工作，以减少恶性杂草的传播危害。

5. 化学防除

化学防除是指利用化学除草药剂杀灭或控制农田杂草。它具有除草及时、见效快、省工省时、方便、效益高的优点，只要正确使用药剂，掌握操作方法，都能取得较好的除草效果，一般可达到90%以上。化学除草是消灭农田杂草、保证农作物增产的重要手段，具有显著的经济和社会效益。

四、复习题

1. 识别各种作物田的主要杂草，写出每种杂草的学名和所属的科名。
2. 根据不同的分类方法，对农田中的杂草进行分类。
3. 如何对农田杂草进行综合防治？

实习十一　除草剂的田间试验与药效调查

一、实习目的

除草剂是能杀死杂草或有害植物，而不影响农作物正常生长的一类化学药剂，目前，在农药市场中其销售额已超过杀虫剂而跃居第一位，并在农业生产中得到广泛应用。在本实习中，学生可通过参与除草剂田间试验的基本过程，学习除草剂田间试验的设计、实施和药效评价方法，了解常见除草剂的作用机制和除草效果，为正确使用除草剂奠定基础。

二、实习内容

（一）材料与用具

当地有代表性的常规果树品种、各种有代表性的杂草种群（阔叶杂草、禾本科杂草和莎草等），10％草甘膦、20％草铵膦、喷雾器、水桶、移液管、量筒、烧杯、天平等。

（二）内容与步骤

1. 田间试验设计

试验药剂为10％草甘膦高（2 250 mL/hm^2）、中（1 500 mL/hm^2）、低（975 mL/hm^2）3个剂量，对照药剂为20％草铵膦（3 000 mL/hm^2）。试验药剂和对照药剂均用水稀释，另设空白（水）对照，共5个处理，每处理4次重复。小区面积30 m^2，每小区间50 cm隔离带，随机区组排列。

2. 施药方法

采用背负式工农-16型喷雾器（操作压力0.3～0.4 MPa，喷孔口径0.8 mm）施药，药液用量为675 L/hm^2。施药选择天气晴朗时进行，确保用药后24 h不遇降水。记录用药时的日期和时间，以及杂草和果树两者的生长状态（萌芽、生育期）。施用除草剂的注意事项如下：

①在施药前进行土壤处理，田块要精耕细作。保证地面平整，无大土块，以保证药液喷洒到各个部位，同时可提高播种质量，减少药害，保证全苗，达到前期用药杀草，后期以农作物生态控草。

②药液要充分混匀，喷雾或撒毒土要均匀。确保均匀用药，以保证除草效果，减少药害的产生。

③施药时间要准，施药剂量要准，药剂兑水量与施用田块面积要准。保证用最少的药剂量在最佳适期用药，达到安全高效的目的。

④通过看苗情、看草情、看天气、看土质，灵活掌握施药期、施药量和施药方法。看苗情就是看农作物的生长期是不是除草剂的敏感期，如果不是，施用除草剂将不会对杂草造成药害。看草情就是了解杂草发生状况，是以禾本科杂草为主还是以阔叶杂草为主，以选用针对性强的除草剂品种，对症下药，提高除草效果。看天气就是看天气是否有利于除草剂发挥药效，不稳定的恶劣气候会降低农作物的抗劣性，易产生药害，因而在用药适期的选择及用药量上要做好

调节。看土质是因为土质不同用药量有差异，黏质土壤的用药量要比沙质土壤用药量高一些，土壤湿度小对药效发挥不利，有的须在雨后或人工补墒后用药，以提高药效。

3．调查方法

用绝对值法或估计值法记录小区的杂草种群量，如杂草种类、杂草株数、覆盖度或杂草重量等，并详细地描述造成杂草伤害的症状（如生长抑制、失绿、畸形等），以准确说明药剂作用方式。

(1)绝对值调查法　调查每种杂草总株数或重量，对整个小区进行调查或在每个小区随机选择 3～4 个点，每点 0.25～1.00 m^2 进行抽样调查。

(2)估计值调查法　每个药剂处理区同邻近的空白对照区或对照带进行比较，估计相对杂草种群量，包括杂草群落总体和单种杂草，可用杂草数量、覆盖度、高度和茁壮长势（如实际的杂草量）等指标。其结果可用简单的百分比表示（0 为无草，100％为与空白对照区杂草同等），也可等量换算成杂草防除百分比效果（0 为无防治效果，100％为杂草全部防治）。

4．调查时间

调查时间根据果树的栽培类型、药剂特点和施药时间的不同而不同，具体调查时间和次数如下。

(1)冬季或春季杂草萌芽前施药　①第 1 次调查，空白对照区杂草出苗早期。②第 2 次调查，第 1 次调查后 30 d 或试验药剂药效发挥最好时，持效期长的药剂应每隔 30 d 进行中间调查。③第 3 次调查，收获前夕。

(2)杂草出苗后施药　又分为春季处理和夏季或秋季处理，具体如下。

春季处理：①基数调查，施药前（杂草种类和生育期，以及主要杂草的百分比）；②第 1 次调查，施药后 3～6 d（对于作用迅速的产品）；③第 2 次调查，施药后 21～28 d 或试验药剂药效发挥最好时，持效期长的药剂应每隔 30 d 进行中间调查；④第 3 次调查，收获前夕。

夏季或秋季处理：①基数调查，施药前（杂草种类和生育期，以及主要杂草的百分比）；②第 1 次调查，施药后 14 d；③第 2 次调查，施药后 30 d 或试验药剂药效发挥最好时；④第 3 次调查，第 2 年春，空白对照区杂草出苗后；⑤第 4 次调查，与第 3 次调查相隔 60 d；⑥第 5 次调查，在收获期或施药后 1 年。

5．统计与分析

根据调查结果，按下式计算药效，利用邓肯氏新复极差（DMRT）法对试验统计数据进行分析。

$$\text{防治效果}=\left(1-\frac{CK-PT}{CK}\right)\times 100\%$$

式中：PT 为处理区残存草数（或鲜重）；CK 为空白对照区活草数（或鲜重）。

6．药剂的评价

观察药剂对果树有无药害，记录药害的类型和程度。如果药害能被计数或测量，则用绝对数值表示，例如植株数或植株高度。在其他情况下，可按下列两种方法估计药害的程度和频率。

第一种，按药害分级的方法，给每个小区药害定级打分。

1 级：果树生长正常，无任何受害症状；

2 级：果树轻微药害，药害少于 10%；

3 级：果树中等药害，以后能恢复，不影响产量；

4 级：果树药害较重，难以恢复，造成减产；

5 级：果树药害严重，不能恢复，造成明显减产或绝产。

第二种，将药剂处理区同空白对照区比较，评价药害百分率。同时，要准确描述果树药害的症状（生长抑制、褪绿、畸形等），记录在所有情况下果树的生长状况。观察药害与栽培管理和逆境因素（如栽培方法、倒伏、病虫害的侵扰、长久高温或冷冻害等）之间的相互作用。在发芽、开花、坐果、开始成熟（当果色变化时）、收获和落叶各时期，调查药剂对果树生长状况的影响。记录药剂对非靶标生物的影响。从每棵树上采摘果子，称重记录，并记录果实的颜色、形状、大小、硬度、味道、品质等。

三、相关知识

（一）除草剂的作用原理

除草剂干扰或破坏杂草正常生理代谢并使杂草死亡的作用机制是非常复杂的，多数除草剂的杀草机制不是单一的，而是由几种机制共同作用。其作用机制主要有以下 4 个方面。

1. 抑制光合作用

光合作用是绿色植物在光能作用下将二氧化碳和水合成碳水化合物，从而获得生长发育所需能量的重要生物化学过程。很多除草剂都能抑制光合作用，使植物不能制造养分，在消耗掉贮存的养分以后，得不到补充，最终“饥饿”而死。抑制光合作用的除草剂一般不影响种子的萌发和出苗，其药效的发挥与光照强度呈正相关，症状先是植物的叶尖和叶缘失绿、枯黄、干枯，逐渐扩展到整株叶片，直到全株枯死。如绿麦隆、敌草隆等。

2. 破坏呼吸作用

植物的呼吸作用是将植物合成的碳水化合物氧化，产生供生命活动所需能量的过程。在呼吸过程中，需经过氧化、磷酸化这两个相互联系同时进行的不同过程，以形成高能化合物三磷酸腺苷，为光合作用提供能量。除草剂破坏了植物呼吸作用中氧化、磷酸化过程，抑制了电子传递和能量转移，使呼吸成为无用的消耗，植物终因缺乏能量，体内各种生理生化过程无法进行而死亡。

3. 干扰植物激素的作用

植物在多种植物激素的调节作用下才能正常地生长、发育、开花和结实，这些激素在植物的不同器官和组织中有一定的含量比例。激素型除草剂如二甲四氯、百草敌等进入植物体内以后，便打破了原有植物激素的平衡，扰乱了植物的生长和发育。但激素型除草剂在低浓度时常表现刺激作用，在高浓度时则产生抑制作用。植物的不同器官对药剂的积聚与敏感程度不同，因而常可见受害植物受刺激与抑制并存的症状，导致植物扭曲畸形。同时，由于干扰了植物的正常生理代谢过程，产生一系列代谢紊乱的症状，严重时植物全株枯死。

4. 干扰植物核酸、蛋白质及脂肪的合成

核酸、蛋白质及脂肪是植物细胞的基础物质，当除草剂抑制它们合成时，植物在形态、生长、发育及代谢活动等方面产生变异，而导致生长畸形甚至死亡。

(二)除草剂的施用技术

1. 除草剂的喷洒技术

(1)除草剂的施用方法

①茎叶处理,即将除草剂直接喷洒到茎叶上的方法。这种方法一般在杂草出苗后进行,使用选择性除草剂作茎叶处理,使药液喷到杂草茎叶上,同时应该保证对农作物绝对安全。需要用灭生性除草剂防除杂草时,实行苗前处理或定向喷雾,使药液不能接触到农作物,以消灭行间杂草。有风时要防止雾滴飘移到邻近敏感作物上,并防止漏喷或重喷。除草剂的水剂和可湿性粉剂均可兑水喷雾,但施用可湿性粉剂的除草剂时,要边搅拌边施药,以免发生沉淀,造成堵塞喷头或喷洒不均匀。

②土壤处理,即将除草剂用喷雾、喷洒、泼浇、喷粉等方法,施到土壤表层或土壤中,形成一定厚度的药土层,接触到杂草种子、幼苗、幼芽及其他部分而被吸收,从而杀死杂草。又分为播前土壤处理、播后出苗前土壤处理。

(2)除草剂的施用时间

①播前土壤处理,即在播前没有农作物生长时,将除草剂施用到土壤中,达到消灭杂草的目的,必要时须创造条件诱导杂草萌发然后喷药杀草,待药效过后播种,保证农作物的安全。

②播后苗前处理,又称为芽前处理,即在农作物播后、出苗前施用除草剂,封闭土壤。这个时期比较短,仅几天时间,要严格掌握。此时用药防除杂草,效果较好,但施药不及时会影响农作物出苗或产生药害。

③生长期茎叶处理,即在农作物生长期间用药防除杂草,一般用选择性较强的除草剂进行茎叶喷雾,杀死杂草。这个时期施用的除草剂必须要有强的选择性,对杂草敏感,而对农作物安全。也可使用定向喷雾法,确保农作物的安全。

2. 除草剂的混用技术

(1)除草剂混用的优点

①扩大杀草范围。农田杂草种类繁多,阔叶杂草和单子叶杂草、一年生和多年生杂草常混合生长,而每一种除草剂又有一定的杀草范围,因而科学混用不同选择性和不同作用部位的除草剂,能明显扩大杀草范围。如骠马与使它隆混用,可有效地防除小麦田单子叶杂草和双子叶杂草;虎威和盖草能、稳杀得混用,则可防除大豆田一年生的单子叶杂草和阔叶杂草等。

②提高除草效果。有些除草剂合理混用后,具有明显的增效作用。如都莠混剂(都尔加莠谷隆)具有酰胺类和取代脲类除草剂的作用,效果增强,杀草范围扩大,可防除大多数一年生单子叶杂草和阔叶杂草。在有些除草剂药液中加入适量表面活性剂也能增强防效,如施用草甘膦时,在药液中加入0.2%洗衣粉,能增强防效。

③提高对作物的安全性。两种除草剂混用时,各自的用量都相应下降,从而减轻对作物的药害。如氟乐灵与灭草猛混用,可减轻氟乐灵对大豆根部和灭草猛对大豆幼苗地上部的药害。有些除草剂的持效期很长,如用量降低,能缩短在土壤中的残留时间,减少田间残留量。如莠去津和拉索混用,降低了莠去津的用药量,从而提高了对下茬作物的安全性。

(2)除草剂混用的原则

①混剂必须有增效或加成作用,并有物理化学的相容性,不发生沉淀、分层和凝结,对农作物不产生抑制和药害。

②混用单剂的杀草范围要有不同，以增加作用部位，扩大杀草范围，但使用时期及施药方法必须一致。

③坚持速效性与缓效性相结合，触杀型和内吸型相结合，残效期长的和残效期短的相结合，在土壤中扩散性大的和扩散性小的相结合，农作物吸收部位不同的相结合。

④除草剂混用组合选择和各自的用量，要根据田间杂草群落、种类、发生程度、土壤质地、有机质含量、农作物种类、农作物生育期等因素而确定。除草剂的混用量应为单剂用量的 1/3～1/2，绝不能超过在同一农作物上的单用量，以达到经济、安全、有效的目的。

(3)除草剂与杀虫剂、化肥混用　一般是现混配现用，不宜久放。

①某些除草剂与杀虫剂混用有增效作用。如西维因、速灭威和敌稗混用，敌稗的除草效果明显提高。

②有的除草剂与植物生长调节剂混用后，除草活性明显提高。如草甘膦和脱叶膦混用后，可增加棉花脱叶效果、使棉花提前吐絮。

③除草剂与化肥混用，可提高功效，降低成本，增加产量。

四、复习题

1. 如何进行除草剂的田间试验药效调查？在施用除草剂的过程中，要注意哪些问题？
2. 除草剂的施用有哪几种方法？这些方法分别适合在什么情况下使用？
3. 简述除草剂混用的优缺点和注意事项。

实习十二　铧式犁的构造和悬挂犁机组的调整

一、实习目的

农业机械是转变农业发展方式、推动农业可持续发展的重要基础，是推进农业现代化建设的重点领域和核心支撑。本实习通过实地观察和操作，使学生了解铧式犁主要工作部件的一般构造和铧式犁的工作过程，了解悬挂犁与拖拉机配置的相互关系，以及悬挂犁机组的使用与调整方法。

二、实验内容

(一)设备和仪器

上海 654 拖拉机、悬挂式铧式犁。

(二)内容与步骤

1. 铧式犁的主要部件

观察犁体、犁铧、犁壁、犁柱、犁侧板、犁托、犁后踵等部件的构造。犁体是犁的主要工作部件，一般由犁铧、犁壁、犁侧板、犁柱及犁托等组成，通过犁柱顶部平面以带螺纹的 U 形卡固定在犁架主梁上。犁铧和犁壁共同组成犁的工作曲面，起切土和翻垡的作用，从工作上来说是一个整体。由于工作时犁铧承受较大负荷，磨损较大，犁铧与犁壁应分开制造，以便于修理和更换犁铧。犁侧板在工作中靠在沟墙上，平衡土壤对犁的侧向力，保持耕宽稳定。犁托是一个连接部件，将犁铧、犁壁、犁柱等主要零件固定在一起。有的犁体上有延长板，用于增强翻土效果。南方水田犁上装有滑草板，用于防止杂草、绿肥等缠在犁柱上。

2. 悬挂犁各部件的构造

观察悬挂犁犁体、犁架、悬挂架和悬挂轴、悬挂轴调节螺杆等部件的构造。观察悬挂犁机组与拖拉机在挂接方式上的特点，以及耕深调节机构、前犁体和后犁体等部件的结构。

3. 悬挂犁机组的使用与调整

(1)犁的耕深调整　通过改变上拉杆的长度，调整犁的入土角来实现，以达到规定的耕深。防止出现前、后犁体耕深不一致现象，同时满足一定的入土行程。

(2)犁的耕宽调整　通过犁在横梁上移动来实现。

(3)犁的水平调整　分纵向、横向水平调整两方面。

纵向水平调整：通过拖拉机悬挂机构的上拉杆来调节，若前犁浅后犁深，可缩短上拉杆，反之则伸长上拉杆。

横向水平调整：将拖拉机悬挂机构的吊杆缩短或放长，使犁架一侧随之升降，达到水平状态，这样位于左右两边的犁体就能保持耕深一致。

(4)偏牵引调整　当拖拉机轮距过宽、两边轮胎气压相差悬殊、前后耕深不一致、犁体左右摇动大时，会出现偏牵引现象，应注意分别加以调整。

三、相关知识

（一）主要农业机械的构造与工作原理

1. 耕整地机械

（1）铧式犁　一般由主犁体、犁架、牵引装置或挂结装置等基本部件组成，有的犁还配有小前犁、圆犁刀、深松铲、调节机构等部件。铧式犁工作时，犁铧的铧刃部从水平方向切出土垡的底面，犁的胫刃从垂直方向切开土垡的侧面。被切下的土垡沿犁铧上升至犁壁，土垡在犁胸部曲面的挤压作用下开始破碎并逐渐侧移。随着犁体的前进，土垡从犁胸逐渐移至犁翼，在犁翼的作用下土垡进一步扭曲翻转，最后翻倒在前一犁扣翻后的土垡上，在此过程中土垡不断地变形和破碎。

（2）旋耕机　由工作部件、传动部件和辅助部件三部分组成。工作部件主要包括刀片、刀轴和刀座。传动部件由传动箱和齿轮箱等组成。此外还有悬挂架、机架（主梁和侧板）、挡泥罩和拖板等辅助部件。旋耕机工作时，通过万向节将拖拉机动力输出轴的动力传入齿轮箱，再经一侧的传动箱驱动刀轴旋转。刀片旋转时切削土壤，并将切下的土块向后抛掷，与挡泥罩和拖板相撞击，使土块进一步破碎，然后落回地面由拖板进一步拖平。耕后土壤细碎、地面平整。

（3）圆盘耙　由耙组、耙架、牵引（或悬挂）装置和调节机构等组成。耙组的方轴上穿有若干耙片，中间用间管隔开，使耙片保持一定间距。每个耙片的内侧都装有刮泥刀，用以刮除粘在耙片上的泥土。耙片分为全缘耙片和缺口耙片两种。圆盘耙工作时盘面与前进方向呈一偏角，偏角大小可调。由于有偏角，圆盘的凹面朝前，作业时耙片边转动边切入表土层，同时进行碎土并有一定程度的翻土作用。耙片的入土深度取决于圆盘耙的重量和耙片偏角的大小。调大偏角可增加耙深，使翻土作用加大，反之则浅。也可以通过在耙架上加重，使耙片入土加深。

（4）秸秆粉碎机　主要由传动机构、切碎工作部件、罩壳和辅助部件等组成。卧式机的秸秆切碎滚筒刀轴呈横向水平配置，安装在刀轴上的切碎工作部件在纵向垂直面内高速旋转，起切碎秸秆的作用。

2. 播种施肥机械

（1）播种机　一般由种子箱、排种器、输种管、开沟器、覆土器等工作部件和机架、传动装置、调节机构、行走轮以及牵引（或悬挂）装置等辅助部件构成。播种机的一般工作过程是：行走轮通过传动装置驱动种子箱底部的排种器，将种子均匀排出，种子经输种管、开沟器落入种沟，开沟器一边前进，开沟器后边两侧末端的湿土则一边自动落下覆盖种子，再由覆土器进一步覆土。有的播种机还带有镇压器，使种子与土壤紧密接触，完成播种作业。如果是施肥播种机，在机架上还装有肥箱及排肥器，排出的肥料经输种管（或单独的输肥管）与种子一起或分别落入种沟，由覆土器覆土。

（2）离心式化肥撒施机　主要由肥斗、搅拌器、抛撒盘、肥量调节机构及传动机构等组成，撒施机的动力一般由拖拉机的动力输出轴提供，也可以通过地轮传动来提供。传动机构带动抛撒圆盘和搅拌器转动，肥斗中的化肥在搅拌器的搅动下，通过下肥口流到高速转动的抛撒圆盘上，在离心力的作用下，被撒施到地面。

（3）厩肥撒施车　是一种集厩肥运输和撒施为一体的施肥机械，主要由撒施工作部件、车斗、输肥链、牵引拉杆、动力传动轴等部分组成。作业时，由拖拉机牵引，并从拖拉机的动力输出轴获得动力，驱动输肥链和撒施工作部件。输肥链及刮肥板在向后运动的过程中，将车斗内的厩肥向撒施工作部件输送，一对高速旋转的撒施工作部件（包括撒肥滚筒和撒肥螺旋）将厩肥破碎后向后抛撒，均匀地撒施在地里。

3. 植保机械

（1）喷杆式喷雾机　其主要工作部件包括液泵、药液箱、过滤器、喷头、防滴装置、搅拌器、喷杆、调压阀和管路控制部件等。喷杆式喷雾机工作时，由动力输出轴驱动液泵转动，将药液从药液箱中以一定的压力排出，经过过滤器后进入调节分配阀，药液通过喷杆上的喷头形成雾状后喷出。调压阀用于控制喷杆喷头的工作压力，当压力大时，药液通过旁通管路返回药液箱。如果需要进行搅拌，可以打开搅拌阀门，让一部分药液经过搅拌器，再返回药液箱，起搅拌作用。

（2）果园喷雾机　是一种风送式喷雾机，其主要工作部件包括药箱、液泵、过滤器、调压分配阀、压力表、管路控制部件、分配器、喷头、风机、搅拌器等。药箱中的药液经出水管、吸水阀、过滤器与液泵的进水管进入液泵。在泵的作用下，药液由泵的出水管路进入调节分配阀的总开关，当总开关开启时，药液经 2 个分置开关，通过其输液管进入喷洒装置的喷管中。进入喷管的具有压力的药液在喷头的作用下，以雾状喷出，并通过风机所产生的强风速和大气流，将雾滴再进行第二次雾化。在气流的作用下，已雾化的细雾滴被吹送到作物或果树之上。

4. 收割机械

（1）谷物联合收割机　主要由收割台、脱粒装置、清粮装置、发动机、行走部分、驾驶室、粮仓、液压系统和控制系统等组成。工作时，作物在拨禾轮的扶持下，由切割器切割，被割作物在拨禾轮的铺放作用下，倒在收割台上，收割台的推运器将作物推向收割台中间，推运器中间的伸缩杆将作物送入倾斜输送链。倾斜输送链将作物送入脱粒滚筒进行脱粒，谷物由滚筒的一端喂入，随滚筒的旋转而作螺旋式推进运动。脱下的谷粒经凹板筛并由螺旋推运器输送到清粮装置，经筛子和风扇气流的作用，轻杂物被吹出机外，而干净的谷粒则落入谷粒螺旋输送器，最后由刮板升运器提升进入粮仓。脱粒后的茎秆从滚筒后端排出，并由分撒器撒布在田间。

（2）玉米联合收割机　主要由割台、升运器、籽粒回收箱、粮箱、卸粮装置、茎秆切碎装置、动力部分等组成。机器顺行行走，分禾器从根部将禾秆扶正并引向拨禾链，拨禾链扶持茎秆引向摘穗辊。摘穗辊为纵向倾斜配置，每行有一对，相对向内侧回转。摘穗辊前端为带螺纹的锥体，起导禾作用；中部为带螺纹的圆柱体，起摘穗作用；后段为深槽状圆柱体，主要作用是将穗上带有的剩余茎秆拉下或咬断。两辊在回转中将禾秆引向摘穗辊中间，并不断向下拉送，由于果穗粗大，不能通过间隙而被摘落。摘掉的果穗，由摘穗辊滑向中央第一升运器。果穗被升运器送到上方，并滑落到剥皮装置。若果穗中带有拉断茎秆，则由上方的排茎辊排出。果穗进入剥皮装置后，剥皮辊回转时将苞叶咬住和撕开，从缝隙中拉下。苞叶经下面的螺旋推运器向一侧排出机外，苞叶中夹杂的少量已脱籽粒从推运器底壳的筛孔漏下，经籽粒回收螺旋推运器送到第二升运器。果穗由剥皮辊滑入第二升运器，与回收籽粒一起被输送到拖车里。经摘穗后茎秆仍站立原地，由机架下面的茎秆切碎装置把茎秆切碎并抛撒于田间。

（二）信息技术在农业机械发展中的应用

信息技术包括计算机技术、传感技术、现代通信技术以及智能控制技术等。农业信息技术指的是以农业科学的基本理论为基础，以农业生产活动信息为对象，以物联网、大数据、人工智能等为代表的信息技术应用在农业生产中，最终实现农业领域向智能化、精确化和数字化的方向发展。农业机械与信息技术融合是现代农业发展的必要手段，能够提高农业资源利用效率，保障现代农业的健康可持续发展，加速推进农业现代化的进程。

1. 向数字化、自动化、信息化方向发展

近年来，农业机械化生产与信息技术深度融合，直接促成了“精确农业”的兴起。目前，农业生产领域已开始应用卫星遥感等数字农业技术对大田作物进行生产全周期的监测与管理。大型农机企业已经将网络通信、电子计算机及卫星遥感等现代信息技术应用到大型农机具上，实现拖拉机等农机的自动避障、自主作业、路径规划等自动化、智能化农业机械作业。又如，为了防止过量施肥影响作物品质，智能插秧机可以通过土壤电导率测量传感器检测土壤的深度及有机质含量，从而实现插秧与变量施肥同步。

2. 注重资源节约和环境保护，促进农业可持续发展

农业机械化与信息化的融合发展有利于促进农业生产成本节约和生态环境保护。对资源高效利用的现代智能农业装备的应用得到重视，多类型、高精度的传感器广泛应用于土壤养分探测、变量施药的植保机械等，这已经成为现代农业机械发展的主要趋势。

（1）土壤养分探测　精准施肥的一个基本要求是取得详尽的土壤及作物养分信息。精准土壤采样技术是获取土壤养分信息的重要手段，首先要将农田土壤网格化，然后采取一个地段内各单元网格土壤养分信息，并以测定值为依据，结合土壤供肥特性、农作物需肥规律和肥料田间效应，绘制农田精准施肥处方图。现在的精准土壤采样方法主要有土样化验和土壤信息传感器采集系统两种。通过测定土壤具体参数，了解土壤肥力信息及是否有金属污染，为土地生产能力及产量品质预测提供重要依据。与卫星信息相结合，可绘制农田土壤成分空间分布图和精准施肥处方图，从而实现田间的变量施肥，对提高经济效益以及减少环境污染等具有重要意义。

（2）变量施药　该技术采用全球导航卫星系统或实时传感器技术获取农田分块区域内病虫草害的差异信息，并制定不同区域的目标施药量，通过调节压力或流量等不同控制方式，实现按目标施药量进行喷药作业。同时，搭载的先进传感器、软件和其他电子设备可以使机器实现自动导航，对作物和杂草进行检测和分类，并针对不同类别的杂草自动选择机械剪除或化学施药的方式来精确除草。该机器人也可以用于精准施肥，并反馈有关土壤、作物和病虫害等数据信息。

3. 向控制智能化、操作自动化和驾驶舒适化方向发展

（1）控制智能化　农用机械串行控制和数据通信标准总线技术的发展，实现了农业机械控制器之间的信息共享，为农机装备的控制智能化提供了基础保障。触摸屏和双频接收器终端的配备，使一些农业机械具有自动操作转向系统、可控制接入机具等功能。这个控制系统有效降低了驾驶者的工作压力和疲劳程度，当在不平坦的农场地形上喷药时，可不用注重地形的实时变化，从而将更多精力放在喷药工作和安全作业上，大大提高了工作效率和作业安全性。

（2）操作自动化　目前，农业装备的卫星导航技术起到了作业过程中的辅助驾驶作用，能减轻操作员疲劳，使得操作更加自动化。可以把自动导航系统安装在各种农机装备上，以辅助田间作业，比如用于整地、播种、施药、收获等作物全周期的田间作业，起到按垄作业或走直线

的效果，提高了操作便利性。卫星导航技术的快速发展极大促进了现代农机装备的操作自动化，卫星导航提供的辅助驾驶功能大大提高了作业效率与作业质量。

(3)驾驶舒适化　注重农业装备的驾驶舒适化已经成为农机企业关注的重点之一。拖拉机驾驶室地板铺设加厚覆盖层，驾驶室内部采用隔热、吸音材料，能有效隔离室外高温或低温并降低噪声，驾驶室噪声已经接近汽车标准。拖拉机驾驶室大多宽敞明亮，驾驶员在工作时可拥有更大的视角，带有减震器的悬挂式座椅可调整，为驾驶员提供一个安全、舒适的作业环境。驾驶室内操作面板和操控杆均匀分布在驾驶员的两侧，操纵配置更加合理，使驾驶员可根据不同体型及驾驶习惯调节位置。除踏板外，驾驶员两侧有多功能操纵杆、水杯座及折叠式副座等，副座配有安全防护装置等。

四、复习题

1. 铧式犁由哪几部分组成？如何进行悬挂犁机组的调整？
2. 简述各种农业机械的构造和工作原理。
3. 简述信息技术在农业机械领域的应用现状。

实习十三　保护地栽培设施的类型调查

一、实习目的

保护地设施广泛应用于蔬菜、果树、花卉等园艺作物和药用植物的生产中，对促进农民增收、农村稳定和农业经济发展有着重要作用。通过对不同类型园艺栽培设施的实地调查、测量、分析，结合观看数字资源，掌握本地区主要园艺栽培设施的结构特点、性能及应用，学习园艺设施构件的识别及其合理性的评估方法。

二、实习内容

(一)用具及设备

1. 室外调查用具

皮尺、钢卷尺、测角仪(坡度仪)等测量用具，铅笔、直尺等记录用具。

2. 数字资源及播放设备

不同类型园艺栽培设施的幻灯片、视频、动画等数字资源，投影仪、计算机等播放设备。

(二)内容和步骤

1. 调查和测量栽培设施

分组按以下内容进行实地调查和测量，将测量结果和调查资料整理成报告。要点如下：

①调查本地温室、大棚及夏季保护设施的类型和特点，观测各种类型保护地栽培设施的场地选择、设施方位和整体规划情况。分析不同形式保护地栽培设施结构异同、性能优劣和节能措施。

②测量并记录不同类型保护地栽培设施的结构规格、配套型号、性能特点和应用。

a. 日光温室的方位、长、宽、高，透明屋面及后屋面的角度、长度，墙体厚度和高度，门的位置和规格，建筑材料和覆盖材料的种类和规格，配套设施、设备和配置方式等。

b. 塑料大棚(装配式钢管大棚和竹木大棚)的方位、长、宽、高、用材种类与规格等。

c. 连栋温室的结构、型号、生产厂家、骨架材料和覆盖材料、方位、长、宽、肩高、顶高、跨度、间距以及配套设备和设施。

d. 遮阳网、防虫网、防雨棚的结构类型，覆盖材料和覆盖方式等。

③调查记录不同类型保护地栽培设施在本地区的主要栽培季节、栽培作物种类及品种、周年利用情况等。

2. 观看数字资源

幻灯片、视频、动画等数字资源，了解我国及国外简易设施、地膜覆盖、塑料大棚、日光温室、连栋温室等保护地栽培设施种类、结构特点和功能特性。

三、相关知识

(一)风障畦

1. 风障畦的结构

风障是设置在菜田栽培畦(菜畦)北面的防风屏障物,由篱笆、披风及土背三部分组成。由于设置的不同,分为小风障和大风障两种。

小风障的结构简单,是在菜畦的北面竖立高 1 m 左右的芦苇、竹竿夹稻草等做成的风障。防风范围较小,只能保护相当于风障高度两三倍的菜畦面积。

大风障分为完全风障和简易风障两种。完全风障由篱笆、披风、土背三部分组成,高 1.5～2.5 m,并夹附高 1.0～1.5 m 的披风。简易风障(或称迎风障)只设置一排篱笆,高 1.5～2.0 m,密度也稀,前后可以透视。

2. 风障畦的性能

(1)防风　风障一般可减弱风速 10%～50%。风障排数越多,风速越小,说明风障的设置以多排的风障群为好。

(2)增温　由于风障前的温度来源于太阳辐射及障面反射,辐射的强度越大,畦温与地温越高。障前局部气流稳定,水蒸气扩散缓慢,因此可减少地面辐射热的损失。

(3)降低冻土层深度　由于风障的防风、增温作用,障前冻土层的深度比露地浅,距风障越远,冻土层越深。

由于设施结构的特点,风障的生产局限性大,季节性很强,效益较低。同时由于风障的热源是光热,在阴天多、日照少的地区不适用。另外,南风多或刮风多也会影响其使用效果。

3. 风障畦的设置及应用

(1)风障的方位和角度　风障的方位设置与当地的季候风方向垂直时,防风的效果最好。除考虑风向外,也要注意障前的光照情况,要避免遮阴。风障与地面的角度,以冬春季保持 70°～75°为好,入夏后以 90°为好。

(2)风障的距离　一般风障主要在冬春季使用,每排风障之间的距离为 5～7 m,或相当于风障高度的 3.5～4.5 倍。用于春季和初夏,距离为 8～14 m。

(3)风障的长度和排数　一般情况下,长排风障比短排的防风效果好。在风障材料不足时,夹多排风障不如减少排数延长风障长度。

风障畦主要用于蔬菜栽培,如秋冬季用于耐寒蔬菜越冬栽培,与薄膜覆盖结合进行根茬菜早熟栽培等。

(二)阳畦

阳畦又称冷床、秧畦,是由风障畦发展而来的,它利用太阳能来保持畦温。在阳畦的基础上提高土框,加大玻璃(薄膜)窗角度,加强保温,则成为改良阳畦。

1. 阳畦的结构

(1)普通阳畦　由畦框、风障、玻璃(薄膜)窗、覆盖物等组成。

①畦框。用土做成,分为南北框及东西两侧框,其尺寸规格依阳畦类型而定。

②风障。其结构与完全风障畦基本相同,但分为直立风障(用于槽子畦)和倾斜风障(用于

抢阳畦)两种。

a. 抢阳畦。北框比南框高而薄,上下成楔形,四框做成后向南成坡面,故名抢阳畦。北框高 35～60 cm,底宽 30 cm,顶宽 15～20 cm;南框高 20～40 cm,底宽 30～40 cm,顶宽 30 cm 左右;东西侧框与南北两框相接,厚度与南框相同。畦面下宽 1.6 m,上宽 1.8 m。畦长 6 m,或成它的倍数,做成联畦。

b. 槽子畦。南北两框接近等高,框高而厚,四框做成后近似槽形,故名槽子畦。北框高 40～60 cm,宽 35～40 cm;南框高 40～55 cm,宽 30～35 cm;东西两侧框宽 30 cm 左右。畦面宽 1.6 m。畦长 6～7 m,或做成加倍长度的联畦。

③玻璃(薄膜)窗。畦面可以加盖玻璃片或玻璃窗。加盖玻璃者称为"热盖",否则为"冷盖"。目前生产上多采用竹竿在畦面上做支架,而后覆盖塑料薄膜,称为"薄膜阳畦"。

④覆盖物。多采用蒲席或草帘覆盖,是阳畦的防寒保温设备。

(2)改良阳畦　由土墙(后墙、山墙)、棚架(柱、模、花)、土屋顶、玻璃窗或塑料薄膜棚面、保温覆盖物(蒲席或草帘)等部分组成,与普通阳畦结构相似。

建造阳畦的场地,应注意选择地势高、干燥、背风向阳、距栽培地近、有充足水源的地方。改良阳畦的田间布局与普通阳畦相同,但因其较高,所以改良阳畦群的间距较大,一般为棚顶高的 2.0～2.5 倍,低纬度地区可取棚顶高的 2 倍,高纬度地区取 2.5 倍。

2. 阳畦的性能

阳畦除具有风障效应外,由于增加了土框和覆盖物,白天可以大量吸收太阳辐射,夜间可以减少向外长波辐射,从而保温能力较强。但阳畦的性能受季节和天气的影响极大。

阳畦的温度随着外界气温的变化而变化,也与其保温能力及外部防寒覆盖状况有关。畦温受天气影响较大,晴天畦内温度较高;阴雪天气,畦内温度较低。畦内昼夜温、湿差较大。畦内存在局部温差。

改良阳畦的性能与普通阳畦基本相同,所不同的是,玻璃窗覆盖成一面坡形的斜立窗,加大了倾斜角度,从而增加了透光率,减少了反光率,而且又有土墙、棚顶及草帘覆盖,因此,防寒保温能力强。目前生产中应用的主要是塑料薄膜改良阳畦。

3. 阳畦的应用

普通阳畦主要用于蔬菜、花卉等作物育苗,还可用于蔬菜的秋延后、春提早及假植栽培。部分地区还可用于耐寒叶菜的越冬栽培。

改良阳畦主要用于耐寒蔬菜的越冬栽培,还可用于秋延后、春提早栽培喜温果菜,也可用于蔬菜、花卉、部分果树的育苗。

(三)温床

温床除了具有阳畦的防寒保温作用以外,还可以通过酿热加温及电热线加温等来提高地温,是一种简单实用的园艺作物育苗设施。

1. 酿热温床

(1)酿热温床的结构　主要由床框、床坑(穴)、玻璃窗或塑料薄膜棚、保温覆盖物、酿热物等五部分组成。

(2)酿热温床的酿热原理及温度调节　酿热温床是利用微生物分解有机物时所产生的热量来进行加温的,这种被分解的有机物称为酿热物。

通常酿热物中含有多种细菌、真菌、放线菌等微生物，其中能使有机物较快分解发热的是好气性细菌。碳是微生物分解有机物活动的能量来源，氮是构成微生物体内蛋白质的营养物质，氧气是好气性微生物活动的必备条件，水分主要是对通气起调节作用。因此，碳、氮、氧气及水分是影响酿热温床发热的重要因素。一般当酿热物中的碳氮比(C/N)为(20～30)∶1，含水量为70%左右，并且通气适度、温度在10 ℃以上时，微生物繁殖活动较旺盛，发热迅速且持久。根据不同物质的碳氮比、含水量及通气性不同，可将酿热物分为高热酿热物和低热酿热物两类。

(3)酿热温床的性能特点　与阳畦相比，由于进行了人工酿热加温，床内的温度条件得到明显的改善。由于酿热加温受酿热物及方法的限制，热效应较低，而且加温期间无法调控，床内温度明显受外界温度的影响。床内南北部位接受光和热的强度不同，加上床框四周耗热的影响，使床内存在局部温差，但可以通过调整填充酿热物厚度来调节。酿热物发热时间有限，前期温度高而后期温度逐渐降低，因此秋、冬季不宜用。

(4)酿热温床的应用　适合于早春果菜类蔬菜的育苗，也可用作花卉扦插或播种等。也有在日光温室冬季育苗中为提高地温而应用的。

2. 电热温床

电热温床是在阳畦、小拱棚以及大棚和温室内栽培床上，做成育苗用的平畦，然后在育苗床内铺设电加温线而成的。电热温床是将电能转变为热能，使床土温度升高并保持在一定范围内的育苗设施，具有能长时间持续加温、使用方便、调节灵敏、自动控温、发热迅速、温度均匀等优点。

(1)电热温床的结构　由育苗畦、隔热层、散热层、床土(或营养钵、育苗盘)、保温覆盖物和电热加温设备等几部分组成。

(2)电热温床的应用　主要用于早春育苗或为露地育苗，尤其是采用电热加温进行塑料大棚黄瓜、番茄育苗效果很好。电热温床还适用于多种花卉、苗木的播种和扦插育苗，特别是在高寒地区作为日光温室、改良阳畦等保护设施的主要配套设备，每年冬季可育苗2～3次，并可连续使用数年，降低了育苗成本。

(四)塑料薄膜小、中拱棚

塑料薄膜小、中拱棚是指以塑料薄膜作为透明覆盖材料的拱形的棚，其规格尺寸虽然难以严格界定，但一般来说，小拱棚棚高大多在1.0～1.5 m，内部难以直立行走，中拱棚的覆盖面积和空间介于小拱棚和塑料大棚之间。

1. 小拱棚

(1)小拱棚的结构　拱圆形小拱棚是生产上应用最多的类型，主要采用毛竹、竹竿、荆条或6～8 mm的钢筋等材料，弯成宽1～3 m，高1.0～1.5 m的拱形骨架，骨架用竹竿或8号铅丝连成整体，上覆盖0.05～0.10 mm厚聚氯乙烯或聚乙烯薄膜，外用压杆或压膜线等固定薄膜而成。

(2)小拱棚的性能特点　塑料薄膜小拱棚的透光性能比较好，春季棚内的透光率最低在50%，光照强度达5万lx以上，光照也比较均匀。一般条件下，小拱棚的气温增温速度较快，最大增温可达20 ℃左右；但降温速度也快，特别是在阴天、低温或夜间没有草帘保温覆盖时，棚内外温差仅为1～3 ℃。因此，极易发生高温热害和冻害。此外，小拱棚内气温分布很不均匀，在密闭的情况下，棚内中心部位的地表附近温度较高，两侧温度较低，水平温差可达 7～8 ℃。小拱棚内地温变化与气温变化相似，但不如气温变化剧烈。密闭易造成棚内高湿环境。

(3)小拱棚的应用　多用于春提早、秋延后或越冬栽培耐寒蔬菜，以及春提早定植果菜类蔬菜或早春育苗。

2. 中拱棚

中拱棚的覆盖面积和空间比小拱棚大，人可在棚内直立操作，是小拱棚和塑料大棚的中间类型，常用的中拱棚主要为拱圆形结构。

(1)中拱棚的结构　拱圆形中拱棚一般跨度为 3～6 m。当跨度为 6 m 时，以高 2.0～2.3 m、肩高 1.1～1.5 m 为宜；当跨度为 4.5 m 时，以高 1.7～1.8 m、肩高 1.0 m 为宜；当跨度为 3 m 时，以高 1.5 m、肩高 0.8 m 为宜。按材料的不同，拱架可分为竹片结构、钢架结构以及钢竹混合结构。

(2)中拱棚的性能与应用　中拱棚的性能介于小拱棚与塑料大棚之间，不再赘述。

(五)塑料大棚

塑料大棚能充分利用太阳辐射，有一定的保温作用，并能通过卷膜在一定范围内调节棚内的温度和湿度等环境条件，是一种简易实用的园艺设施类型。塑料大棚具有坚固耐用、使用寿命长、棚体空间大、作业方便及有利于作物生长、便于环境调控等优点。

(1)塑料大棚的类型　目前生产中应用的大棚，按棚顶形状可以分为拱圆形和屋脊形。按骨架材料则可分为竹木结构、钢架混凝土柱结构、钢架结构、钢竹混合结构等。按连接方式又可分为单栋大棚、双连栋大棚及多连栋大棚。

(2)塑料大棚的结构　塑料大棚的骨架由立柱、拱杆(拱架)、拉杆(纵梁、横拉)、压杆(压膜线)等部件组成，俗称“三杆一柱”。这是塑料大棚最基本的骨架构成，其他形式都是在此基础上演化而来的。

目前，装配式镀锌钢管塑料大棚应用较多，拱杆、拉杆、立杆均为薄壁钢管，并用专用卡具、套管连接棚杆组装成棚体，所有杆件和卡具均采用内外热镀锌防锈处理，适合工厂化生产。一般规格为：跨度 8～12 m，肩高 1.0～1.8 m，脊高 2.5～3.2 m，长 30～60 m，拱架间距 0.6～1.0 m。这种大棚为组装式结构，建造方便，并可以拆卸迁移；中间无立柱或少立柱，空间大，遮光少，通风好，作业方便，且坚固耐用，有利于作物生长。

(3)塑料大棚的应用　在我国北方地区，塑料大棚主要用于园艺作物的育苗和栽培，特别是春提早、秋延后的保温栽培。早春利用温室育苗，大棚定植，一般果菜类蔬菜春茬早熟栽培可比陆地提早上市 20～40 d，主栽作物有黄瓜、番茄、青椒及茄子等；秋茬延后栽培的定植及采收与春茬早熟栽培相同，可延长采收期 20～25 d，主栽作物有黄瓜、番茄、青椒及菜豆等。另外，在北方气候冷凉的地区可以采取春到秋的长季节栽培果菜类蔬菜，生产期可从 3 月中旬持续到 11 月上中旬。在我国南方地区，塑料大棚除了冬春季用于蔬菜、花卉的保温和越冬栽培外，还可更换遮阳网，用于夏秋季节的遮阴降温和防雨、防风、防冰雹等栽培。可利用大棚进行各种草花、盆花和切花栽培，也可利用大棚进行草莓、葡萄、樱桃、猕猴桃、柑橘、桃等果树和甜瓜、西瓜等瓜果栽培。

(六)日光温室

日光温室是一种在室内不加热，即使在最寒冷的季节，也可以只依靠太阳辐射来维持室内一定的温度水平，以满足果蔬作物生长需要的园艺设施。日光温室具有采光好、蓄热强、保温好、投资少、调控简单、节约能源等优点，可实现我国北方寒冷地区反季节果蔬的供应，非常适合我国北方农村广泛使用。

(1)日光温室的类型　类型很多，分类方法可以按照温室的形式、透明屋面的形式、屋顶的形式和形状、骨架建材、覆盖材料、能源及用途等的不同进行划分。按照温室形式可以分为一面坡温室、一坡一立式温室、三折型温室、拱圆形温室和单管型温室等。常用的温室有一坡一立式温室和拱圆形温室。

(2)日光温室的结构　基本结构包括墙、前后屋面(后坡)、中柱、柱脚石、墙基础、防寒沟及不透明覆盖物(保温)。结构参数主要包括温室方位、跨度、高度、前后屋面角、墙体和后屋面水平投影长度、防寒沟尺寸、温室长度等。

(3)日光温室在园艺作物生产中的应用　日光温室广泛应用于园艺作物育苗、蔬菜周年栽培、花卉栽培和部分果树栽培。目前利用日光温室栽培的蔬菜种类已达几十种，其中包括瓜类、茄果类、绿叶菜类、葱蒜类、豆类、甘蓝类、食用菌类、芽菜类等蔬菜的春茬、冬春茬、秋茬、秋冬茬栽培。日光温室花卉生产也得到了快速发展，除了生产盆花以外，还生产各种切花，如玫瑰、菊花、百合、康乃馨、剑兰、小苍兰、非洲菊等，且目前仍在发展之中。近年来，日光温室果树生产也不断发展，如日光温室草莓、葡萄、桃、樱桃等，都取得了很好的效益。

(七)连栋温室

为了加大温室的规模，适应大面积甚至工厂化生产植物产品的需要，将两栋以上的单栋温室在屋檐处连接起来，去掉相连接处的侧墙，加上檐沟(天沟)，就构成了连栋温室(现代化温室)。连栋温室的热阻比单栋温室大，因此，其保温性好。连栋温室的单位面积的土建造价低，占地面积少，总平面的利用系数高。但是，连栋温度的单位建筑面积上的采光量小于单栋温室，且其宽度造成结构遮光；栋间加设天沟后，极易造成冬季集中堆雪，排雪困难；随着栋数的增加，采用开门窗进行自然通风换气困难，宜采用机械强制通风，增设二氧化碳发生器、降温设备及补光设备等。

(1)现代化温室的类型　主要分为屋脊形连接屋面温室和拱圆形连接屋面温室两类。

(2)现代化温室的结构　温室的单元尺寸主要包括跨度、开间、檐高、脊高等。温室的总体尺寸主要包括温室的长度、宽度、总高等。

门式钢架结构由多跨门式钢架结构连接而成。屋面梁和立柱以及屋面梁在屋脊处的连接为固结形式，结构内部的弯矩较大，结构用材较多，单位面积用钢量在 12～14 kg/m^2，常在门式钢架屋面结构上增加拉杆。

桁架屋面梁结构沿用传统民用建筑的结构形式，这种结构构件的截面尺寸较小。拉杆和腹杆采用简单的钢管或型钢，温室承载力大大加强。温室跨度可以扩大到 10 m 以上，最大跨度结构的温室可达 21～24 m。

文洛(Venlo)型结构是在柱之间用平行桁架作为托架，其上托小三角形屋架，适用于高度较高、跨度较大的温室。水平桁架作主要承力构件，与立柱形成稳定结构。水平桁架与立柱之间为固接，立柱与基础之间的连接采用铰接。温室单间跨度为 6.4 m、8.0 m、9.6 m、12.8 m，开间距为 3.0 m、4.0 m 或 4.5 m，檐高为 3.5～5.0 m，每跨由 2～3 个(双屋面的)小屋面直接支撑在桁架上，小屋面跨度为 3.3 m，矢高为 0.8 m。近年有改良为 4.0 m 跨度的。根据桁架的支撑能力，还可将两个以上 3.2 m 的小屋面组合成 6.4 m、9.6 m、12.8 m 的多脊连栋型大跨度温室。

目前我国引进和自行设计的拱圆形连接屋面温室较多，这种温室的透明覆盖材料采用塑料薄膜，自重较轻，所以在降雪较少或不降雪的地区，可大量地减少结构安装件的数量，增大薄膜安装件的间距。

玻璃温室透光率高，整体美观，但造价高。塑料薄膜温室经济实用，在合理的配置条件下，其性能可以与玻璃或聚碳酸酯板（PC板）温室相媲美，且造价低廉，尤其适合我国南方地区发展。PC板温室属于硬纸板温室，用PC板作围护墙体材料，抗冲击能力较强。对面积较小的温室，PC板温室的整体保温性能提高比较显著，但对面积较大的连栋温室，由于温室墙体面积占整个温室围护结构面积的比例较小，其提高保温性作用不大，主要用于我国南方冬季气温较高的地区。

（3）现代化温室配套系统　包括通风与降温系统、加温与保温节能系统、人工光源与配电系统、灌溉与施肥系统、CO_2施肥系统、环境自动控制系统等。

（4）现代化温室在园艺作物生产中的应用　现代化温室主要应用于高附加值的园艺作物生产。具有设施园艺王国之称的荷兰，其现代化温室的60%用于花卉生产，40%用于蔬菜生产，蔬菜生产中以生产番茄、黄瓜和青椒为主。在生产方式上，荷兰温室基本上全部实现了环境控制自动化，作物栽培无土化，生产工艺程序化、标准化，生产管理机械化、集约化。

我国引进和自行建造的现代化温室除少数用于培育林业上的苗木以外，绝大部分也用于园艺作物育苗和栽培，而且以种植花卉、瓜果和蔬菜为主。

四、复习题

1. 简述当地园艺栽培设施的类型、结构、性能及其应用情况。
2. 画出一种园艺设施的结构示意图，注明各部位名称和尺寸，并指出优缺点和改进意见。

实习十四　玉米秸秆肥的堆制与监测

一、实习目的

了解农业废弃物堆肥原料选择与配比、反应过程控制与质量管理、场地选址要求与产品市场应用。

二、实习内容

(一)材料与用具

玉米秸秆、牲畜粪、土壤、蒸馏水、黑麦草种子、铡草机、电子天平、温度显示器、pH 计、恒温摇床、离心机、发芽箱、试管、锥形瓶、移液管、量筒、培养皿、滤纸、塑料瓶等。

(二)内容与步骤

1. 堆肥的过程

(1)场地选择　堆制场地最好选在背风向阳的地方，四周夹上风障，以提高环境的温度，保证堆制质量。

(2)堆料处理　先用粉碎机把玉米秸秆粉碎成 3～4 cm 的碎段，然后用稀释的牲畜粪汤进行浸泡，以浸透为宜。

(3)原料配比　将切碎的玉米秸秆、土壤、牲畜粪按 6∶1∶3 的比例混合。秸秆和水的比例以 1∶3 为宜。

(4)堆制引温　把备好的原料用足量的水浇透后拌均匀，在平地或粪堆上进行堆制。气温在 0 ℃以上时可用热水引温，气温低于 0 ℃时要点火引温。要做到尽量堆大堆，以保持温度，加快发酵速度。堆高一般为 1.5 m 左右。

(5)控制温度　堆后 7 d 左右开始发热，不久将会出现高温。在发酵期间温度应控制在 50～60 ℃，这对微生物分解作用最为有利。如果温度超过 70 ℃，分解活动就会停止，温度过低时会拖延发酵的时间。在降雪后要及时扫除堆上的积雪，防止秸秆堆表面结冰而降低堆内温度。

(6)调节碳氮比　在堆制时要适当加入一些人粪尿或碳酸氢铵，以促进微生物的分解活动。

(7)翻倒混拌　堆制后 10 d 左右翻倒一次，以后每隔 7 d 翻倒一次，共翻倒 3～4 次。翻倒的作用主要是使原料混拌均匀、受热一致和促进空气流通，以保证好气性微生物活动繁殖快，促进秸秆腐烂，缩短堆腐时间。

(8)调节酸度　堆内的微生物适宜在中性和微碱性条件下活动，当酸度过大时，可适量加入少量的石灰或草木灰以中和堆内的酸度，保持微生物活动有良好的生活环境。这样堆制的玉米秸秆肥经过 25～30 d 就可达到黑、烂、臭的质量标准。

2. 堆肥过程特征参数的监测与分析

（1）堆温监测　用温度显示器的探头检测堆体中部的温度，并从数字控制显示器读取数据，监测时间为每隔 6 h 一次（每天 15、21、3、9 时），持续监测 16 次（4 d）。

（2）堆料 pH 监测　从堆体中取出 10 g 样品，用蒸馏水配成 5%（固体质量分数）的悬浮液，在摇床中振荡 10 min 左右后，用 pH 计检测。

（3）堆肥腐熟度监测　未腐熟的堆肥含有植物毒性物质，对植物的生长产生抑制作用。一般来说，当堆肥水浸提液处理组种子发芽指数（GI）达到或超过 50%时，可以认为堆肥已基本腐熟，且对种子的发芽基本无毒性。本实习中用黑麦草种子发芽指数对秸秆堆肥产物的植物毒性进行评判和比较，具体操作步骤如下。

①将堆肥水浸提液（鲜样）和蒸馏水按 1∶10 的体积比例混合，振荡 30 min，离心（5 000 r/min）过滤后，上清液贮藏于塑料瓶中备用。

②在培养皿中放入相同直径的滤纸一张，灭菌后均匀撒入 15 颗浸泡后的黑麦草种子，注入 10 mL 的堆肥产物稀释液，以注入 10 mL 无菌去离子水的实验作为对照，在 28 ℃下培养 1 周，统计根长和发芽率。发芽指数 GI 用下式计算：

$$GI=\frac{\text{处理组种子发芽率}\times\text{种子根长}}{\text{对照组种子发芽率}\times\text{种子根长}}\times 100\%$$

三、相关知识

（一）堆肥过程的影响因素

1. 生物化学因素

（1）养分　堆肥微生物需要的主要营养元素包括碳、氮、磷、钾等。氮、磷、钾是植物生长必需的主要营养元素，所以这些营养元素的浓度也会影响堆肥的质量。

（2）氧气与通风　有机物料进行高温好氧堆肥需要大量的氧气，以维持微生物的分解活动。在堆肥初始阶段，有机物料中易降解的物质会被微生物快速分解代谢，氧气消耗量最大，需要提供足够的氧气来维持堆肥进程，之后的阶段对氧气的需求量就会缓慢下降。

（3）水分　水是堆肥微生物生长代谢必需的物质，也是堆肥过程中各种化学反应与营养物质转化的载体，同时也负责把堆肥微生物的代谢产物转移走。一般建议将混合物料的含水量调整到 45%～65%，但也受到混合料粒径、孔隙率和吸水性能等影响。

（4）物料 pH　有效进行堆肥的 pH 范围为 5.5～9.0。在堆肥发酵过程中，微生物会改变物料本身的性质和 pH。在堆肥发酵的起始阶段，微生物降解产生的有机酸会引起短暂的物料 pH 下降，随着含氮化合物的降解产生氨，堆肥产品的 pH 接近中性。

2. 物理因素

（1）堆肥物料相关参数　包括孔隙率、结构、质地和颗粒大小等。

①孔隙率是由颗粒大小、物料粒级与气室的连续性等因素决定的。如果孔隙率过低，气体的流动和扩散就会受到阻碍。

②结构是指有机物料颗粒的硬度，它反映的是颗粒的抗压实和防沉积能力。良好的颗粒结构能使堆体在潮湿的环境条件下有效地阻碍孔隙率的降低。

③质地是表征好氧微生物活动所能利用的颗粒表面积的一个参数，因为氧气只能缓慢地

穿过由液相包裹的固体颗粒所构成的间隙，并渗入液相内部，才能接触到固体颗粒，再继续向固体颗粒内部进行扩散，最终在颗粒表面形成适合好氧微生物生长的好氧环境。在堆肥过程中，好氧微生物自外向内进行有机物料颗粒的降解与稳定化活动。

④有机物料颗粒的大小、形状和均匀度，以及孔隙率、结构、质地等会对气体传输和通风效率产生影响，进而影响整个堆肥过程，堆肥操作者要平衡好物料粒径和孔隙率这两个参数，可以通过物料调配，或对物料进行破碎处理以及均匀混合来调整这些参数。

(2)温度　堆肥物料的隔热效应和大量热量的不断蓄积会逐步提高堆体的温度，过高的温度会延缓堆肥进程，进而导致大部分的好氧微生物休眠，甚至死亡，直到温度降到可使微生物恢复活性才能使堆肥继续进行。堆肥操作者应注意调控堆肥物料的温度，以防这种情况的发生。当温度接近 60 ℃时，可采用强制通风、机械翻堆或两者相结合的手段加快堆体内的热量散失。若出现超高温导致混合物料中的微生物休眠或死亡的情况，堆肥操作者应适当补充易降解的有机混合物料和水分来恢复堆肥发酵过程。

(3)反应周期　堆肥发酵腐熟的时间主要取决于所选用物料本身的性质、发酵温度、混合物料含水量、通风与翻堆频率以及使用者的要求等因素。

(4)天气和气候变化　寒冷的天气会减慢堆肥物料的水分散失速度，导致堆肥周期延长；还能导致其他问题，如原料和设备结冻等，造成操作困难。雨和雪的潜在影响更加严重，大雨会增加堆肥原料和混合物的水分，雪和泥将会对条跺堆肥造成障碍。大雪造成的影响可能直到第二年的春天才能得到缓解。

(二)生物质能源发展概况

1. 生物质的定义与分类

(1)生物质的定义　指利用大气、水、土地等通过光合作用而形成的各种有机体，即一切有生命的可以生长的有机物通称为生物质。它包括植物、动物和微生物。广义的生物质包括所有的植物、微生物以及以植物、微生物为食物的动物及其生产的废弃物，如农作物、农作物废弃物、木材、木材废弃物和动物粪便。狭义的生物质主要指农林业生产过程中除粮食和果实以外的秸秆、树木等木质纤维素、农产品加工业下脚料、农林废弃物及畜牧业生产过程中的禽畜粪便和废弃物等物质。

(2)生物质的分类　生物质可分为以下 5 类。

①林业生物质资源是指森林生长和林业生产过程提供的生物质能源，包括薪炭林及在森林抚育和间伐作业中的零散木材，残留的树枝、树叶和木屑等；木材采运和加工过程中的枝丫、锯末、木屑、梢头、板皮和截头等；林业副产品的废弃物，如果壳和果核等。

②农业生物质能源是指农业作物(包括能源作物)、农业生产过程中的废弃物(如农作物收获时残留在农田内的秸秆)及农业加工业的废弃物(如农业生产过程中剩余的稻壳)等。能源植物泛指各种用以提供能源的植物，通常包括草本能源作物、油料作物、制取碳氢化合物植物和水生植物等几类。

③生活污水主要由城镇居民生活及商业和服务业的各种排水组成，如冷却水、洗浴排水、盥洗排水、洗衣排水、厨房排水、粪便污水等。工业有机废水主要是酿酒、制糖、制药、造纸及屠宰等行业生产过程中排出的废水等，其中都富含有机物。

④城市固体废物主要由城镇居民生活垃圾，商业、服务业垃圾和少量建筑业垃圾等固体废

物构成。其组成成分比较复杂,受当地居民的平均生活水平、能源消费结构、城镇建设、自然条件、传统习惯以及季节变化等因素影响。

⑤畜禽粪便是畜禽排泄物的总称,它是其他形态生物质(主要是粮食、农作物秸秆和牧草等)的转化形式,包括畜禽排出的粪便、尿及其与垫草的混合物。

2. 生物质能源的特点

(1)可再生性 生物质能源属可再生资源,生物质能源通过植物的光合作用可以再生,与风能、太阳能等同属可再生能源,资源丰富,可保证能源的永续利用。

(2)低污染性 生物质的硫含量、氮含量低,燃烧过程中生成的硫或氮的氧化物较少。生物质作为燃料时,由于它生长所需二氧化碳的量相当于它燃烧排放的二氧化碳的量,因而对大气的二氧化碳净排放量近似于零,可有效地减轻温室效应。

(3)广泛分布性 缺乏煤炭的地域,可充分利用生物质能源。

(4)资源丰富性 生物质能源是世界第四大能源,仅次于煤炭、石油和天然气。地球陆地年生产 1 000～1 250 亿 t 生物质,海洋年生产 500 亿 t 生物质。生物质能源的年生产量远远超过全世界总能源需求量,相当于世界总能耗的 10 倍。随着农林业的发展,特别是薪炭林的推广,生物质资源还将越来越多。

(5)广泛应用性 生物质能源可以以沼气、压缩成型固体燃料、气化生产燃气、气化发电、生产燃料酒精、热裂解生产生物柴油等形式存在,应用在国民经济的各个领域。

3. 生物质利用技术

(1)直接燃烧 生物质的直接燃烧和固化成型技术的研究开发,主要着重于专用燃烧设备的设计和生物质成型物的应用。现已成功开发的成型技术按成型物形状主要分为三大类:螺旋挤压生产棒状成型技术,活塞式挤压生产圆柱块状成型技术,以及内压滚筒颗粒状成型技术。

(2)生物质气化 生物质气化是指将固体生物质置于气化炉内加热,同时通入空气、氧气或水蒸气,来产生品位较高的可燃气体。它的特点是气化率可达 70%以上,热效率可达 85%。生物质气化生成的可燃气经过处理可用于物质合成、取暖、发电等不同用途。

(3)制作液体生物燃料 由生物质制成的液体燃料叫作生物燃料。生物燃料主要包括生物乙醇、生物丁醇、生物柴油、生物甲醇等。虽然利用生物质制成的液体燃料起步较早,但发展比较缓慢。

(4)生产沼气 沼气是各种有机物在隔绝空气,并在适宜的温度、pH 下,经过微生物的发酵作用产生的一种可燃烧气体。沼气的主要成分甲烷类似于天然气,是一种理想的气体燃料,它无色无味,与适量空气混合后即可燃烧。

(5)生物制氢 氢气是一种清洁、高效的能源,有着广泛的工业用途,潜力巨大,未来生物制氢将逐渐成为人们关注的热点,但将其他物质转化为氢并不容易。生物制氢过程可分为厌氧光合制氢和厌氧发酵制氢两大类。

(6)生物质发电技术 该技术是将生物质能源转化为电能的一种技术,主要包括农林废弃物发电、垃圾发电和沼气发电等。生物质是一种可再生能源,生物质发电越来越受到重视。

(7)制备原电池 通过生物质发生化学反应时电子的转移制成原电池,制备原电池后的产物与生物质直接燃烧后的产物相同,但是能充分利用生物质的能量。

(三)沼气发酵技术及其应用

1. 沼气的定义及其组成成分

(1)沼气的定义　顾名思义,“沼气”是沼泽湿地里的气体。人们经常看到,在沼泽地、污水沟或粪池里,有气泡冒出来,如果我们划着火柴,可把它点燃,这就是自然界天然发生的沼气。从科学定义角度看,沼气是各种有机物在隔绝空气,并在适宜的温度、pH下,经过微生物的发酵作用产生的一种可燃烧气体。沼气属于二次能源,且是可再生能源。人畜粪便、秸秆、污水等各种有机物在密闭的沼气池内,在厌氧条件下发酵,被种类繁多的沼气发酵微生物分解转化,从而产生沼气。

(2)沼气的组成成分　沼气是多种气体的混合物,主要成分是甲烷。沼气由50%～80%甲烷(CH_4)、20%～40%二氧化碳(CO_2)、0～5%氮气(N_2)、小于1%的氢气(H_2)、小于0.4%的氧气(O_2)与0.1%～3%硫化氢(H_2S)等气体组成。沼气中含有少量硫化氢,所以略带臭味。当空气中含有8.6%～20.8%(按体积计)的沼气时,就会形成爆炸性的混合气体。沼气的主要成分甲烷是一种理想的气体燃料,它无色无味,与适量空气混合后即会燃烧。每立方米纯甲烷的发热量为34 000 kJ,每立方米沼气的发热量为20 800～23 600 kJ。即1 m^3沼气完全燃烧后,能产生相当于0.7 kg无烟煤燃烧提供的热量。与其他燃气相比,其抗爆性能较好,是一种很好的清洁燃料。

2. 沼气的利用与优势

(1)沼气的利用途径　概括起来有以下4条。

①可再生能源。沼气的特性与天然气相似,除直接燃烧用于炊事、烘干农副产品、供暖、照明和气焊等外,还可作内燃机的燃料,以及生产甲醇、甲醛、四氯化碳等化工原料。经沼气装置发酵后排出的料液和沉渣含有较丰富的营养物质,可用作肥料和饲料。

②沼气发电技术。沼气燃烧发电是随着大型沼气池建设和沼气综合利用的不断发展而出现的一项沼气利用技术。它将厌氧发酵处理产生的沼气用于发动机上,通过综合发电装置,产生电能和热能。沼气发电具有创效、节能、安全和环保等特点。

③沼气燃料电池技术。燃料电池是一种将储存在燃料和氧化剂中的化学能直接转化为电能的装置,当源源不断地从外部向燃料电池供给燃料和氧化剂时,它可以连续发电。燃料电池能量转换效率高、清洁、无污染、噪声低、模块结构积木性强、比功率高,既可以集中供电,也适合分散供电。燃料电池将是21世纪最有竞争力的高效、清洁的发电方式,它将在洁净煤燃料电站、电动汽车、移动电源、不间断电源、潜艇及空间电源等方面,有着广泛的应用前景和巨大的潜在市场。沼气燃料电池是最新出现的一种清洁、高效、低噪声的电装置,与沼气发电机发电相比,不仅出电效率和能量利用率高,而且振动和噪声小,排出的氮氧化物和硫氧化物浓度低,因此是很有发展前景的沼气利用工艺。将沼气用于燃料电池发电,是有效利用沼气资源的一条重要途。

④污染治理。利用沼气当燃料,无烟无尘,清洁方便。一些粪便、垃圾、生活污水等都是沼气发酵的好原料,随着这些原料进入沼气池,其中的病菌、寄生虫卵等,在沼气池中密闭发酵而被杀死,从而改善了农村的环境卫生条件,对人畜健康都有好处。工业有机废水和城市垃圾经过沼气发酵,也能变废为宝。

(2)发展沼气的优势　沼气发酵技术具有以下优点:

①沼气发酵后残渣中有机物含量减少；

②消化后残渣是一种气味很小的固体或流体，不吸引苍蝇或鼠类；

③可产生有用的终产物——甲烷，它是清洁而方便的燃料；

④在沼气发酵过程中，杂草种子和一些病原物被杀灭；

⑤在发酵过程中，氮、磷、钾等肥料成分几乎得到全部保留，一部分有机氮被水解成铵态氮，速效性养分增加；

⑥发酵残渣可作为饲料；

⑦沼气发酵在处理有机物时可大量地节省曝气消化所消耗的能量；

⑧厌氧活性污泥可保存数月而无须投加营养物，当再次投料时可很快启动。

四、复习题

1. 如何进行玉米秸秆堆肥和监测？
2. 影响堆肥过程的关键因素有哪些？
3. 简述生物质能源的特点与利用技术。
4. 沼气有哪些利用途径？有什么发展优势？

实习十五　化感作用与异株克生的认识

一、实习目的

了解化感作用的相关概念，包括化感作用的基本特征、释放方式、作用类型、作用原理和影响因素，以及化感作用在农业生产中的应用。

二、实习内容

薄荷为唇形科薄荷属多年生宿根性草本植物，具有强烈的挥发性。其挥发物、地上部分及根部的浸出液对小麦、萝卜等作物均有强烈的化感作用。在本实习中将通过检测薄荷浸出液对小麦、萝卜种子发芽的影响，来评价它们之间的化感效应。

（一）材料与用具

萝卜种子、小麦种子、薄荷植株地上部分、培养皿、恒温培养箱、托盘天平、电子天平、烘箱、摇床、剪刀、滤纸、大漏斗、纱布、锥形瓶、烧杯、容量瓶、封口塞、玻璃棒、量筒、直尺、镊子等。

（二）内容和步骤

1. 制作浸提液

取新鲜的薄荷植株地上部分，剪成 1 cm 长的小段，加 10 倍重量的蒸馏水，在室温下浸泡 48 h 后过滤，滤液为供试母液，浓度记为 1∶10，存于 4 ℃冰箱待用。实验时用蒸馏水将水浸液稀释至 1∶10、1∶15 和 1∶20 三个浓度。

2. 培养

在分别装有 40 粒均一、饱满的萝卜（或小麦）种子的培养皿中加入不同浓度的薄荷地上部分水浸液，对照组用蒸馏水，每个处理 3 次重复。置于 25 ℃恒温箱中萌发，每 24 h 添加一次培养液。

3. 测量

种子出现萌芽（胚根长度≥1 mm）后开始记录每天种子的萌发个数，7 d 后统计萌发率（GR）和发芽指数（GI），并测定根长和苗高。

GR＝发芽种子数/供试种子总数×100％

$GI=\sum(G_t/D_t)$

Gt 为在 t 天内的发芽数，Dt 为第 t 天。GI 高说明发芽所用的时间短，发芽速度快。

4. 计算

计算化感效应指数（RI）：RI＝T/C－1，其中 C 为对照值，T 为处理值。当 RI＞0 时，表示促进作用；当 RI＜0 时，表示抑制作用。RI 绝对值的大小代表化感作用强度。化感综合效应（SE）用上述几个测试指标的 RI 的算术平均值进行评价。

三、相关知识

(一)化感作用的概念、基本特征与影响因素

1. 化感作用的概念

化感作用,又称相生相克、异株克生、他感作用等。它是指植物在生长过程中,通过向周围环境释放自身产生的代谢物,或微生物分解其残体产生的化学物质,对自身和周围植物(包括微生物)产生直接或间接的有利或有害的作用。

2. 化感作用的基本特征

化感作用相互影响的主客体是植物-植物或植物-微生物,不包括植物和动物以及其他有机体的相互作用。相互作用的化学物质是植物的次生物质,这些次生物质必须有合适的途径进入环境中,不包括植物体内变化运转的次生物质。化感物质主要影响自身或邻近植物的生长发育,植物间的化学通信或污染环境造成的影响不属于化感作用的范围。

3. 影响化感作用的因素

(1)化感物质种类、浓度及存在状态　不同化感物质其化感作用的性质和强度往往不一致,同一物种的不同品种间化感效应也有差异。不同浓度的化感物质其作用效果也不同。化感物质对同一植物,浓度高时产生抑制作用,浓度低时产生促进作用。化感物质存在状态对作用效果也有影响,有些挥发状态活性强于水溶液状态。

(2)植物种类与作物器官　同一种化感物质对不同植物或同一植物的不同器官的作用效果不同。

(3)植物生长周期和不同生长阶段　不同生长周期和生长阶段的化感潜力不同,大多数时候表现出动态过程。终年生长的植物能连续地产生和释放化感物质,并将邻近环境的化感物质维持在一定的浓度。

(4)环境条件　环境气候因子、季节变化、土壤养分、温度及水分胁迫、植物种植密度、动物和微生物侵袭、农药和人工化学品的使用等,都会影响化感作用。

(二)化感物质的释放方式与作用类型

1. 化感物质的释放方式

(1)挥发释放　植物活体的地上部分或枯枝落叶分解、释放出具有挥发性的物质,这种挥发性化感物质通过植物体表直接进入环境而发生作用,主要是萜类化合物。如桉属植物产生的挥发性物质能抑制附近杂草的生长。

(2)淋溶释放　植物体产生的水溶性化感物质溶解在雨水或雾中,在滴落到下层植株上或渗入土壤后表现出克生效应。如芒萁在天然群落中主要通过雨水、雾或露的淋洗将叶部的液态分泌物释放到土壤中,从而抑制周围植物生长。

(3)根系释放　植物根系向周围环境分泌化感物质,直接引起化感效应。这是化感物质影响地下种子库以及根系活动的主要形式。如不同基因型大豆的根系分泌物对根腐病菌的化感作用有明显差异。

(4)腐烂释放　植物组织腐烂后或凋落物分解后的释放物促发的化感作用。例如大麦秸秆在水中腐烂后,会释放抑制藻类生长的化学物质,显示出抑藻活性。

2. 化感物质的作用类型

(1)植物化感偏害作用　又称植物化感抑制作用,是指一种供体植物通过挥发、分泌、淋溶和降解等方式释放次生化合物,这些次生化合物进入环境中,从而抑制邻近受体植物生长发育的化学生态学现象。

(2)植物化感自毒作用　也称为作物连作障碍,指在正常栽培管理下,同一田块连续多年种植同种或亲缘相近的作物,造成该作物生长状况变差、病虫害频发、产量逐年下降、品质变劣的现象。

(3)植物化感自促作用　也称连作促进作用,指耐连作植物随着重茬年限的延长,其生长势增强,生物产量、外观品质和品质明显提高的现象。如牛膝在连作下产量和药用品质都明显上升。

(4)植物间的正相互作用　也称互惠作用,是指生物体之间的,对一方有利而对另一方无害的相互作用,通常发生于当一个物种增强了其邻体的增长、存活、繁殖时,包括偏利共生、互利共生和原始协作。

(三)化感作用的原理与应用

1. 化感作用的原理

(1)影响细胞膜的透性　化感物质可以通过影响细胞膜结构、功能和渗透性来影响植物对水分、金属离子、激素等通过细胞膜进行运输的物质的吸收。化感物质增加了细胞膜的透性,降低选择透性能力,导致植物根细胞对养分吸收下降,同时细胞内物质大量外渗。

(2)影响细胞分裂、伸长和根尖的细微结构　化感物质可以抑制有丝分裂过程中纺锤丝的形成,从而抑制细胞分裂。化感物质还可以通过抑制细胞壁中多糖类物质(如纤维素)的合成而抑制细胞的伸长,同时使根加粗。化感物质还能使根部细胞和组织的结构发生改变。

(3)影响光合作用与呼吸作用　化感物质可以通过增加气孔的扩散阻力从而导致气孔关闭,减少叶片叶绿素含量,以及降低叶片的水势等途径抑制光合作用,降低光合效率;也可以通过调节生理代谢活动、抑制参与光合作用的组织的活性来影响光合作用。化感物质可通过影响植物呼吸作用的不同过程,如氧吸收、电子传递、NADH 的氧化作用以及 CO_2 的产生,或通过抑制植物线粒体中 ATP 酶的活性来抑制呼吸作用。如玉米花粉通过释放高浓度的苯乙酸化感活性物质来抑制其他植物幼苗的呼吸作用,导致植物的生长发育受到抑制。

(4)影响酶系统　化感物质会对生物体内酶的合成和酶活性产生影响,如影响种子萌发过程中的呼吸作用酶和戊糖磷酸化途径酶。水稻化感物质会降低周围杂草的超氧化物歧化酶和过氧化物酶的活性从而对杂草有抑制作用,从芦苇中提取的化感物质可抑制 2 种绿藻的活性。

(5)影响植物激素　有些化感物质直接影响某些植物激素的合成。如水杨酸能抑制乙烯的生物合成;香豆酸、香草酸、丁香酸、对羟基苯甲酸等能刺激吲哚乙酸的活性,从而阻止吲哚乙酸、赤霉素等诱导的幼苗生长;阿魏酸能够引起吲哚乙酸、赤霉素和细胞分裂素含量的积累,并造成脱落酸含量的提升。

(6)其他　化感物质可以通过抑制氨基酸运输及蛋白质的合成来影响植物的生长,也可以通过抑制土壤中亚硝化单胞菌和硝化细菌的生长来影响土壤养分水平,或通过影响植物对钙、钾、磷和氨基酸等物质的吸收来影响植物的正常生长。

2. 化感作用的应用

(1)抑制杂草　作物的化感作用对杂草生长有干扰作用，利用化感植物进行覆盖和翻埋，可减少杂草在作物生产系统中的危害作用，降低农业生产损失。这已在玉米、大豆、蔬菜、水果的生产中取得了良好的效果。

(2)开发新药剂　植物的化感物质具有广谱性，禾本科植物产生的异羟肟酸及其衍生物对真菌、昆虫和其他植物都有很好的抑制作用。利用化感物质研究开发除草剂，可以节省时间和开发成本，而且这样的除草剂不易在环境中造成累积和污染。

(3)指导作物的合理间作和混种　合理利用化感作用，科学指导间作、套作，可帮助提高产量，增加农业收入。如水稻、玉米、大豆都具有自毒作用，但是大豆和玉米、大豆和水稻的轮作都能消除自毒作用，增加水稻和玉米的产量，也可以控制部分杂草和病害。

(4)指导植物育种　作物产生和释放的化感物质的特性是受基因控制的，可以利用传统育种或现代生物育种手段，对那些具有高产、优质、抗病等优良性状的作物品种进行化感性状的改变，增强其对其他作物、杂草的化感作用，同时减少自身的化感作用。

(5)生产天然的生长调节剂　从水芹幼苗的胚根中分泌出的一种二糖——lepidimoide，是国际上首次确认的促进型化感物质，被称为第7类植物激素。它广泛存在于植物种子中，可明显促进植株叶绿素的合成，进而促进植物生长，并且在弱光照条件下也具有相同的作用。

四、复习题

1. 化感作用的类型有哪些？列举身边植物化感偏害作用的现象。
2. 化感物质主要的释放方式有哪些？列举几个采用挥发释放方式的化感作用现象。
3. 举出农业生产中利用化感作用的应用实例。

实习十六　林木材积的测定技术

一、实习目的

学习使用围尺、超声波测高器等树木参数调查仪器，结合一元材积表和二元材积表计算材积。

二、实习内容

（一）材料与用具

一元材积表、二元材积表（每个地区有各自的一元材积表和二元材积表，可由当地林业局提供）、围尺、皮尺、超声波测高器等。

（二）内容与步骤

1. 用围尺测量林木的胸径

（1）测量工具　围尺又称直径卷尺，根据制作材料的不同，又有布围尺、钢围尺和篾围尺之分。围尺是一种具有特殊刻度的卷尺，一般长 1～3 m，采用双面刻画，一面刻圆周长读数，另一面刻与圆周长相对应的直径读数，也就是根据 $C=\pi D$ 的关系（C 为周长，D 为直径）进行刻画。

（2）测量方法　使用围尺测量林木材积时，一般测量林木的胸径，也就是测量林木从根部向上 1.3 m 处的树干直径。使用围尺时，要拉紧并与树干保持垂直，记录围尺一面的直径读数，即为该林木的胸径，用 D 来表示。

2. 用超声波测高器测量树高

（1）测量工具　超声波测高器可用来测量物体的高度和测量距离、角度、坡度和空气温度。超声波测高器是通过超声波信号发送与接收来获得准确的距离的，高度是根据距离和角度的三角函数关系计算得到的。超声波测高器由信号接收器和测高器组成，另外，还有一个标杆可供选用，如图 16.1、图 16.2、图 16.3 所示。超声波测高器的测高范围为 0～999 m，测高误差为 0.1 m；坡度测量范围为－55°～＋85°，测度精度为 0.1°；距离测量范围为 0～40 m，测距误差为 0.01 m；工作环境温度为－15 ℃～＋45 ℃。

（2）测量方法　超声波测高器按键说明如图 16.4 所示。

①设备的启动

a. 开机前，在测高器和信号接收器上各装一枚 5 号电池。

b. 红色 ON 按钮为测高器的启动键。

c. 将测高器放在距离信号接收器 1～2 cm 处（图 16.5），按下红色 ON 按钮，信号接收器将自动开启。

②设备的关闭

a. 60 s 没有按键操作，设备自动关闭。

b. 同时按下两个箭头按钮，2 s 内关机。

图 16.1　信号接收器

图 16.2　测高器

图 16.3　标杆

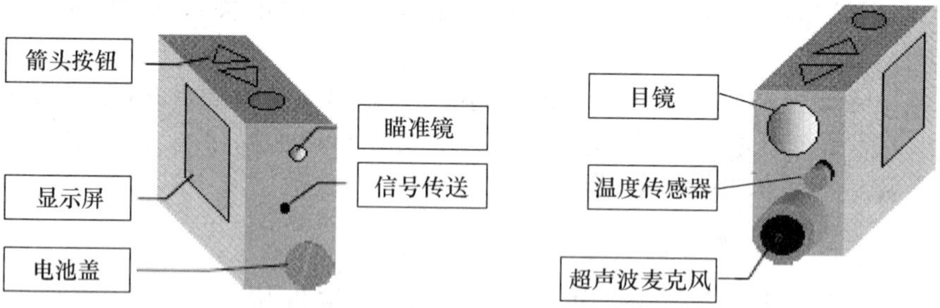

图 16.4　超声波测高器按键说明

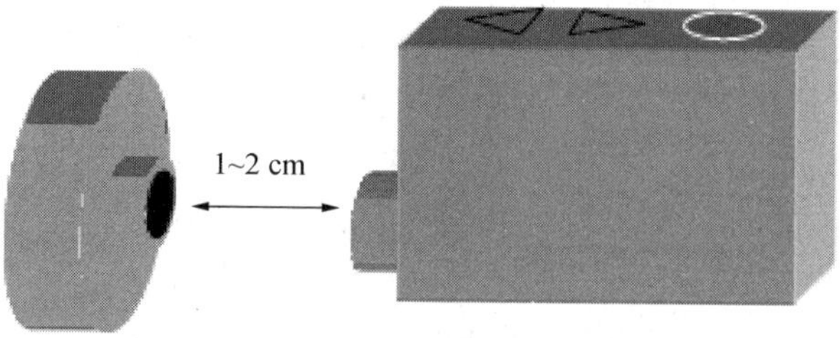

图 16.5　信号接收器与测高器摆放位置说明

c. 完成 6 次测高后，自动关机。

③测量步骤

a. 信号接收器侧面有一小刀，将其切入树皮内，固定于距地面 1.3 m 高度的树干上（此高度可以在测高器的“设置”菜单选项中设定）。

b. 开启信号接收器。

c. 手持测高器，选择一个观测点，保证能够看到树梢及信号接收器。将测高器的红色 ON 按钮一直保持揿下的状态，并将测高器的瞄准镜中红点对准信号接收器，直到瞄准镜中的红点消失为止；松开红色 ON 按钮，此时测高器的显示屏上显示出观测点到信号接收器的距离、角度和水平距离。

d. 再将瞄准镜中红点对准树梢顶点，这时红十字线闪烁，按下红色 ON 按钮直到红十字线消失为止；松开红色 ON 按钮，此时，在测高器显示屏上可显示树的高度 H（假定接收器固定高度为 1.3 m）。

(3)注意事项　有以下 3 项：

①不要触摸设备前方的温度传感器。

②打开仪器后要预热一段时间，保证仪器温度与周围环境温度一致，否则测量精度会下降。

③手握测高器，保证其显示屏与地面垂直。

3. 数据处理

用胸径 D 在一元材积表上查找相应的林木材积，或者用胸径 D 和树高 H 在二元材积表上查找相应的林木材积，并记录。在电子表格上标注样地所有林木的序号、树种、胸径 D、树高 H 和材积 V，形成数据库。

三、相关知识

(一)森林的作用

1. 保护人类健康

绿色的环境能在一定程度上减少人体肾上腺素的分泌，降低人体交感神经的兴奋性。它不仅能使人平静、舒服，而且还能使人体的皮肤温度降低 1～2 ℃，脉搏每分钟减少 4～8 次，能增强听觉和思维活动的灵敏性。森林中的植物，如杉、松、桉、杨、圆柏、橡树等能分泌出带有芳香味的单萜烯、倍半萜烯和双萜类气体，它们能杀死空气中的白喉杆菌、伤寒杆菌、结核杆菌、痢疾杆菌、霍乱弧菌等病菌。森林和原野里有一种对人体健康极为有益的物质——负离子，它能促进人体新陈代谢，使呼吸平稳、血压下降、精神旺盛，以及提高人体的免疫力。

2. 改善居住环境

绿色植物的光合作用能吸收二氧化碳，释放氧气，还能吸收有害气体。树叶上面的绒毛、分泌的黏液和油脂等，对尘粒有很强的吸附和过滤作用。许多树木都可以吸收有害气体，如樟树、夹竹桃、丁香、枫树、刺槐、臭椿、圆柏、女贞、橡树、红柳、木槿、榆树、马尾松、法国梧桐等。这些树木都有很强的吸收二氧化硫、氯气、氟化氢等有毒有害气体的能力。这些气体通过绿化林带，通常有 1/4 可以得到净化。

3. 提供资源

人类的祖先最初就是生活在森林里的。他们靠采集野果、捕捉鸟兽为食，用树叶、兽皮做衣，在树枝上架巢做屋。直到今天，森林仍然为我们提供着生产和生活所必需的各种资源。目前，世界上约有 3 亿人以森林为家，靠森林谋生。森林提供水果、坚果、菌类等各种食物，灌木丛中的动物还能给人们提供动物蛋白。木材的用途很广，其他的林产品也丰富多彩，松脂、烤胶、虫蜡、香料等，都是轻工业的原料。我国使用药用植物已有5 000年的历史，如今世界上大多数的药材仍旧依靠植物和森林取得。在发达国家，1/4药品中的活性配料来自药用植物。薪柴是一些发展中国家的主要燃料，世界上约有20亿人靠木柴和木炭做饭，甚至有些国家90%以上的能源靠森林提供。

4. 提供栖息地

森林是多种动物的栖息地，也是各类植物的生长地，是地球生物繁衍最为活跃的区域。森林保护着生物多样性资源，是天然的物种库和基因库。

5. 保护生态环境

森林调节着自然界中空气和水的循环，影响着气候的变化，保护着土壤不受风雨的侵蚀，减轻环境污染给人们带来的危害。森林能涵养水源，在水的自然循环中发挥重要的作用。森林能防风固沙，制止水土流失。此外，森林还有调节小气候的作用，是控制全球变暖的缓冲器。在严寒多风的冬季，森林能使风速降低而使温度提高；在炎热干燥的夏季，森林中的植物通过叶面蒸腾作用而使周围空气湿度提高。

可见，如果没有森林，陆地上绝大多数的生物会灭绝，绝大多数的水会流入海洋；大气中氧气会减少、二氧化碳会增加；气温会显著升高，旱涝灾害会经常发生。森林尤其是原始森林被大面积砍伐，无疑会影响和破坏森林的生态功能，造成当地和相邻地区的生态失调、环境恶化，导致洪水频发、水土流失加剧、土地沙化、河道淤塞乃至全球温室效应增强等问题。

(二)林木群体的生长发育

1. 一般规律

林木群体是由林木个体组成的，因此，林木群体的生长发育与林木个体生长发育有密切的关系，必然带有林木个体生长发育的一些特征，遵循林木个体生长发育的基本规律。但是，由于林木群体是复杂的生态系统的组分，其生长发育不仅与林木个体自身的遗传及生理生态特性有关，而且还与林木群体结构及其生物和非生物环境有很大的关系。林木群体在其生长发育过程中，随着年龄的增长，其内部结构和对外界的要求均有所不同，并表现出一定的阶段性。一般来说，从幼苗到成熟，典型的林分都要经过幼苗、幼树、幼龄林、中龄林、成熟林、过熟林等几个生长发育阶段。在造林更新后郁闭前，幼苗及幼树的生长均属于个体生长，其生长发育遵循个体生长发育的基本规律，林分群体结构的特征尚未表现出来。林分郁闭后形成林木群体，林木生长发育不仅具有个体生长发育的特征，还具有由林木之间的相互作用而产生的群体生长发育的特点，如林木分化和自然稀疏现象。无论是天然林还是人工林，从种子形成幼苗或植苗造林起，直到林分衰老死亡的整个生长发育过程，都要经过几个生长发育阶段，但不同树种所经历的每个阶段的时间长短是有很大差别的。各地区、各树种、各种起源的森林都有其本身的特殊规律。如一些速生树种的人工林，其生长迅速，且密度预先得到调控，其生长发育阶段性(幼树阶段很短，可能没有杆材林阶段)和林分形态(林冠的透光及林下植被的发育)又有不同的特点。

2. 生长发育阶段

(1)幼苗阶段　从种子形成幼苗到1～3年属于幼苗阶段或称成活阶段。这个阶段幼苗以独立的个体状态存在，苗体矮小，根系分布浅，生长比较缓慢，抵抗力弱，任何不良外界环境因素都会对其生存构成威胁。其生长特点是地上部分生长缓慢，主根发育迅速，地下部分的生长超过地上部分，幼苗在这个时期必须克服它自身的局限和外界环境的不良影响，才能顺利成活并保存下来。这个时期森林培育的主要任务就是采取一切技术措施来保证幼苗成活，提高成活率和保存率。在我国造林实践中，解决这一时期幼苗的生根和水分供应，维持苗木体内水分平衡是至关重要的，是保证苗木成活、提高保存率的重要前提，一切调控技术必须围绕这一中心环节来抓。

(2)幼树阶段　指幼苗成活后至郁闭前的这一段时期，或称郁闭前阶段。在幼树阶段，幼树仍然以独立的个体状态存在，是扎根和根系大量发生的重要时期。这个时期调控幼树生长的中心任务就是要及时采取相应的抚育管理措施(包括土壤管理措施如松土、除草、施肥、灌溉、间作等和幼树抚育措施如间苗、平茬、除蘖等)，改善幼树的生活环境，消除不良环境因素的影响，促进幼树生长，加速幼林郁闭，以形成稳定的森林群落。在天然更新时，幼树分布的不均匀性导致郁闭进程的群团性特征，如何保证培育目的树种的幼树不受损害，稳定生长并顺利进入郁闭是这个阶段培育的主要任务。

(3)幼龄林阶段　林分郁闭后的 5～10 年或更长时间属于幼龄林阶段，为森林的形成时期。这个阶段是从幼树个体生长发育阶段向幼龄林群体生长发育阶段转化的过渡时期，幼树树冠刚刚郁闭，林木群体结构开始形成，对外界不良环境因素(如杂草、干旱、高温等)的抵抗能力增强，稳定性大大提高。同时，在这个阶段的前期，林木个体之间的矛盾还很小，个体营养空间还比较充足，有利于幼龄林生长发育，开始进入林高和树径的速生期。天然更新良好的幼龄林此时进入全林郁闭，呈不通透的密集状态，有时称为密林阶段。这个时期调控林木生长发育的中心任务就是要为幼龄林创造较为优越的环境条件，满足幼树对水分、养分、光照、温度和空气的需求，使之生长迅速、旺盛，为形成良好的干形打下基础，并使其免遭恶劣自然环境条件的危害和人为因素的破坏，使幼林健康、稳定地生长发育。发育较早的树种在这个时期已开始结实，属结实幼年期。

(4)中龄林阶段　林分经过幼龄林阶段(可能包括杆材林阶段)而进入中龄林阶段，森林的外貌和结构大体定型。在这个阶段，林木先后由树高和直径的速生时期转入树干材积的速生时期，在林木群体生物量中，干材生物量的比例迅速提高而叶生物量的比例相对减少。这个阶段是森林生长发育比较稳定，而树干材积生长加速，防护作用增强的重要阶段。在这个阶段，林木体量增大而拥挤过密的过程还在延续，仍需通过抚育间伐进行调节。此时林木已长成适于某些经济利用的状态，间伐的林木可以成为森林利用的一个组成部分，但利用要适度，还是要以保证林分结构的优化，促进林分旺盛生长为主。

(5)成熟林阶段　林木经过中龄林生长发育阶段，在形态、生长、发育等方面出现一些质的变化。由于林分的成熟是一个循序渐进的过程，这个成熟阶段会延续相当一个时期，其前半段称为近熟林阶段，后半段才是真正的成熟林阶段，共约经过两个龄级，因地区和树种而异，需 10～40 年。成熟林阶段对于用材林来说是个十分重要的阶段，此时林分的平均材积生长量(生物量增长量)达到高峰，且达到了大部分材种要求的尺寸大小，可以开始采伐利用。成熟林阶段对于其他林种来说也是发挥防护和美化作用的高峰期，要充分利用这个阶段的优势并设法适当延长其发挥作用的时间。这个阶段也是要充分考虑下一代更新的重要时期，对适当的树种可进行林冠下更新造林。

（6）过熟林（衰老）阶段　林分经过了生长高峰的成熟阶段，进入逐步衰老的过熟林阶段，这是一切生命发展的必然规律。在这个阶段中，木材生产率和利用率在降低，但木材质量可能很好（均为大径级材），而森林的环境功能也可能维持在较好的状态，特别是林内生物多样性仍是很丰富的，有些生物的存在是与虫蛀木、朽木和倒木的存在相联系的。因此，对于过熟林的态度，就可能因培育目的不同而有所不同。对于自然保护区及防护林中的过熟林，要尽量采取措施保持林木健康，延长过熟林的衰退期限；对于用材林，则要加速开发利用进度，以减少衰亡造成的损失。在任何一种情况下都要关心林分的合理和充分的更新。

四、复习题

1. 林木材积的测定需要哪些仪器？如何使用？
2. 在林木材积测定过程中有什么注意事项？
3. 森林对人类生活和生态环境有什么作用？
4. 简述林木群体生长发育的规律和过程。

实习十七　种子发芽特性观测

一、实习目的

认识种子发芽所需的自身条件与外界条件，了解种子萌发所经历的过程以及发芽率、发芽势等相关指标的测定方法与注意事项。

二、实习内容

(一)材料与用具

玉米种子、发芽盒、细沙、镊子、蒸馏水、标签、发芽箱等。

(二)内容与步骤

1. 试验准备

(1)预设发芽箱温度、光照强度和相对湿度　一般多在 25 ℃恒温箱中催芽，应尽量保持箱中温度不超过所需温度的±1 ℃。光照强度为 750～1 250 lx。需要保证箱中相对湿度在 95%以上，还要对发芽箱进行定期臭氧消毒。

(2)准备发芽盒　对需要用到或已经使用过的发芽盒进行及时的消毒清洗，在晾干之后备用。

2. 选用和准备发芽床

包衣玉米种子一般选沙床，沙粒为无杂质细沙，无化学药物污染，pH 在 6.0～7.5。在使用前应对沙子进行处理：①初筛，用筛子去除沙中杂物；②洗涤，用清水洗掉污物及有毒物质；③消毒，160 ℃高温烘干 2 h，以杀死病毒和其他种子；④过筛，取孔径 0.8 mm 和 0.05 mm 的圆孔筛 2 个，把烘干后的沙子过筛，得到直径为 0.05～0.8 mm 的沙粒。经过以上处理的发芽介质的持水力和通气状况较适宜。

3. 数种与置床

将沙床用 pH 在 6.0～7.0 的水充分拌匀，沙的水分保持在 60%～80%为宜，即每 100 g 干沙加入水 18～26 mL，达到手捏成团、放手即散状态为佳。将拌好的湿沙分装至发芽盒，每个发芽盒平铺 2～4 cm 厚沙。玉米种子发芽试验一般采用 4 次重复，100 粒为 1 次重复。将单粒玉米种子分别手工压入沙表层，玉米粒之间应为 1～5 倍距离均匀布置。种子覆盖 1～2 cm 松散湿沙为宜，用刮板刮平压实。最后，在发芽盒外贴好标签，标明作物种类、样品编号、重复序号、置床日期、试验人等信息，盖好发芽盒盖，防止水分过快蒸发。尽量将相同重复的种子放在发芽箱的同一层，以减少重复试验间的误差。

4. 检查管理

在发芽试验期间，每天检查发芽箱内温度和发芽床的水分。其要求是：温度保持在规定温度上下不超过 1 ℃之间；对发芽床水分不足的，应遵循一致性原则，用滴管或喷壶适量补水。

同时，注意通气和检查种子发霉情况，在检查中发现表面生霉的种子，应取出洗涤后放回原处；发现腐烂种子应取出并记载；发现严重发霉（超过5%）的，应更换发芽床。

5. 观察记录

在发芽试验过程中，按计算发芽势（初次计数）、发芽率（末次计数）的规定日期各观察记录一次。如果发芽率的规定日期在7 d以上，应增加记录次数。根据正常幼苗和不正常幼苗的鉴定标准，结合该种作物幼苗的形态特征逐一进行观察，分别计数正常幼苗、不正常幼苗、硬实种子、新鲜不发芽种子、腐烂霉变死种子等。

6. 结果计算和报告

试验结果以粒数的百分率表示，取4次重复的平均值。初次计数时正常幼苗所占的百分率即这批种子的发芽势，末次计数时正常幼苗所占的百分率即这批种子的发芽率。

三、相关知识

（一）种子发芽所需要的条件

影响种子正常萌发及萌发后发育成正常幼苗的因素很多，主要涉及两个方面：一是种子内部的生理条件，二是种子发芽所需的外部环境条件。

1. 内部生理条件

（1）种子的生活力　是指种子生命的有无，即是否存活，是反映种子发芽潜力的一个指标。许多植物种子因存在休眠，暂时不能萌发，因此发芽率很低，尤其是新收获和野生性较强的种子。必须进行生活力的测定，才能了解种子的发芽潜力，以便合理利用种子。

（2）种子休眠　是指有生活力的种子在适宜的萌发条件下不能萌发的现象。它是由种子内部生理条件引起的，休眠的种子需要特定的环境刺激和处理，才能萌发、生长。引起种子休眠的原因有很多种，如胚休眠（种胚尚未成熟或未完成生理后熟）、种皮的障碍（不透水、不透气或者具有较强机械约束作用）、存在发芽抑制物质（ABA等）以及不良环境条件的影响等。

种子休眠对农业生产既有有利的一面，又有不利的一面，在不同情况下可以根据需要进行调控。例如，通过品种选育、药剂调控、环境因子调控的方法加深种子休眠，防止种子在贮藏期间发芽；通过对种子进行适宜的机械处理、温度处理、化学处理，或改变发芽条件，促进种子萌发。

（3）贮藏物质储备与利用　种子内部存在丰富的营养物质，这些营养物质在发芽过程中逐步被分解和利用。一部分在呼吸过程中转化为能量，用于生长和合成，另一部分通过代谢转化成新细胞的组成成分。在种子吸胀萌动阶段，生长先动用胚部或胚中轴的可溶性糖、氨基酸以及少量的贮藏蛋白。但在贮藏组织（胚乳或子叶）中，贮藏物质的分解则在种子萌动之后。淀粉、蛋白质和脂质等大分子首先被水解成可溶性的小分子，然后被送到胚的生长部位，继续被分解和利用。

2. 外部环境条件

（1）水分　是种子萌发的首要条件，只有在种子细胞内自由水增多的条件下，种子中的一部分贮藏物质才能转变为溶胶，同时可使酶活化或开始合成而起催化作用。种子的吸水程度直接影响萌发率和幼苗的健康状况。水分不足，种子不能萌发；水分过多，会导致种子缺氧而霉烂(水稻除外)。种子萌动时所含最低限度的水分占种子重量的百分率称为种子的最低需水量。最低需水量因植物种类不同而异,如高蛋白种子的最低需水量高于淀粉种子和油质种子的最低需水量。

(2)温度　种子发芽要求一定的温度,各种植物种子对发芽的温度要求都可用最低温度、最适温度和最高温度来表示,即种子发芽的温度三基点。最低温度与最高温度分别指种子至少有 50%能正常发芽的最低、最高温度界限,最适温度指种子能迅速萌发并达到最高发芽百分率所处的温度。大多数作物在 13～30 ℃范围内均能良好发芽,但不同作物的具体要求有差异。

(3)氧气　是种子发芽不可缺少的条件,绝大多数种类种子萌发需要充足的氧气。种子萌发时,有氧呼吸特别旺盛,需要足够的氧气供给,此时一些酶的活动也需要氧气。种子萌发时,氧气对种胚的供应受到外界氧气浓度、水中氧气的溶解度、种皮对氧气的透过性以及种子内部酶对氧气的亲和力的影响。大气中氧气能充分满足种子的萌发需要,如果种子覆土过深或土壤中水多氧少,发芽可能受阻。当氧气的体积分数低于 9%～10%时,许多种子如玉米、大豆、小麦的发芽受到抑制。

(4)光　根据种子对光照反应的不同可将种子分为三类:发芽时需要光照或光可以促进发芽,如烟草、莴苣、早熟禾、很多伞形科种子和某些林木种子;发芽时对光反应不敏感,一般作物种子多属于此类;光抑制发芽,此类型种子一般为阴生植物或苗期喜阴的植物。

(5)二氧化碳　通常大气中只含 0.03%的二氧化碳,对发芽无显著影响。当二氧化碳含量增至一定限度时,胚部细胞麻痹,对发芽起阻碍作用,含量太高时种子完全不能发芽。农业生产上,如浸种时间过长、播种太深等,常常会引起二氧化碳中毒现象,从而导致出苗率下降,田间整齐度差。

(6)土壤盐碱度与坚实度　土壤盐分和肥料主要影响渗透压,并在一些情况下带来离子毒害。土壤溶液中肥料和可溶性盐浓度过高,往往抑制发芽和出苗,在干旱、半干旱地区尤为普遍和严重。土壤坚实度主要通过容重和含水量对种子萌发产生影响,在一定程度上也受有机质和盐基饱和作用的调节。土壤由于被压实或丧失土壤结构而板结或变得干燥,以及土壤坚实度增大,都会对出苗产生不良影响。

(二)种子萌发的过程

具有生活力的种子通过休眠或解除休眠后,给予适当的发芽条件,就可以脱离静止状态,恢复生长,发育成为具有正常根、茎、叶的幼苗,这一过程称为种子的萌发。根据一般规律,种子萌发的过程可以分为吸胀、萌动、发芽和成苗 4 个阶段。

1. 吸胀

吸胀是种子萌发的起始阶段。一般成熟种子在贮藏阶段的水分含量在 8%～14%,各部分组织比较坚实紧密,细胞内含物呈干燥的凝胶状态。当种子与水分直接接触或暴露在湿度较大的空气中,则很快吸水而膨胀(少数种子除外),直到细胞内部的水分达到一定的饱和程度,细胞壁呈紧张状态,种子外部的保护组织趋向软化,才逐渐停止。

需要注意的是,吸胀不是活细胞的生理作用,而是胶体吸水体积膨大的一种物理现象。已死的种子仍为一种胶体物质,对水分仍有吸收能力,因此浸入水中同样能够吸胀,也常能使种皮破裂,有时死种子的胚根还能突破种皮,这种情形称为“假萌动”。另外,虽然是活种子,但是有时由于种皮不透水而不能吸胀，如豆科作物的硬实现象。可见吸胀不能作为种子有生活力的判断依据，也不能作为开始萌发的标志，它仅仅是种子发芽过程所经历的最初阶段而已。

2. 萌动

萌动是种子萌发的第二个阶段，种子在最初吸胀的基础上，吸水一般要停滞数小时或数天。吸水虽然停滞，但种子内部的代谢开始活跃。这一时期，在生物大分子、细胞活化和修复的基础上，种胚细胞迅速分裂与伸长。胚的体积增至一定程度后，就顶破种皮而出，这就是种子的萌动。种子萌动在农业生产上俗称“露白”，即胚部组织从种皮裂缝中开始显现出来的状态。

3. 发芽

种子萌动以后，种胚细胞开始或加速分裂和分化，生长速率显著加快，当胚根、胚芽伸出种皮并发育到一定程度，就称为发芽。我国和国际种子检验规程规定，当种子发育长成具备正常主要结构的幼苗才称为发芽(GB/T 3543.4—1995；ISTA，2008)。这一时期，种胚的新陈代谢作用极为旺盛，呼吸强度达最高限度，产生大量的能量和代谢产物。如果氧气供应不足，易引起缺氧呼吸，产生乙醇等有害物质，使种胚窒息麻痹以致中毒死亡。农作物催芽不当，或播后受不良条件影响，常会发生这种情况。

4. 成苗

种子发芽后长出根、茎、叶，形成幼苗的过程称为成苗。幼苗的主要构造是由种胚在发育期间分化的组织衍生而来的。幼苗主要由下列一些构造组成：①根系，主要是初生根，禾本科水稻、小麦、玉米等作物的初生根称为种子根；②幼苗中轴，包括上胚轴(子叶着生点到第一片真叶之间的一段胚轴)、下胚轴(子叶着生点到胚根之间的一段胚轴)、顶芽，禾本科玉米中表现为中胚轴(盾片到胚芽鞘之间的一段胚轴)；③子叶(1 至数枚)；④胚芽鞘(禾本科作物)；⑤营养叶，单子叶植物为 1 片(禾本科为在胚芽鞘内长真叶，百合科葱属为在子叶基部长出)，双子叶植物为 2 片或更多。

四、复习题

1. 如何进行种子的发芽试验？
2. 种子发芽需要哪些条件？
3. 种子发芽经历哪几个阶段？

实习十八　玉米的种子处理与播种技术

一、实习目的

掌握玉米种子处理与播种技术要领，了解主要农作物种子处理技术与播种技术相关知识。

二、实习内容

(一)材料与用具

玉米种子、种子包衣剂、低温计、播种机、点播器、划线器等。

(二)内容与步骤

1. 种子准备

根据当地气候特点、土壤肥力、栽培管理水平、产品用途等实际情况，选用经国家或省级品种审定委员会审定通过的优质、高产、抗逆性强的优良玉米品种。

2. 种子处理

(1)精选种子　选好优良品种后，还应购买优质玉米种子。要求种子净度不低于98%，发芽率不低于85%，纯度在96%以上。

(2)晒种　一般晒种2～3 d。晒种后出苗率可提高13%～28%，早出苗1～2 d。

(3)浸种　冷水浸种6～12 h，温汤(水温55～57 ℃)浸泡4～5 h。浸种可使种子提早出苗。

(4)药剂拌种　用2%种子量的药剂拌种，可防治地下害虫，使保苗率达95%以上，还可防治苗期地老虎、黏虫、蓟马等。

(5)种子包衣　种子包衣剂和种子的用量比例为1∶50。

3. 播种技术

(1)播种期　当5～10 cm土层的地温稳定在10 ℃以上，土壤湿度为60%左右(用手攥成团，松之散开)时即可播种春玉米，北方春玉米区一般在4月上旬到4月下旬播种。套种玉米的播种期因种植方式和品种熟期而定，可从5月上旬延续到6月上旬。夏玉米力争早播，以免生长后期受低温冷害。

(2)种植密度　1 hm^2 一般种植60 000～75 000株，紧凑型、半紧凑型品种或早熟品种可适当密些，平展型品种或生育期较长的品种应适当稀些。

(3)播种量与播深　播种量因种子大小、发芽率、种植密度、播种方法和栽培目的不同而不同。当种子大、发芽率偏低和种植密度大时，播种量应适当增加，反之减少。一般条播用种量为45～60 kg/hm^2，点播用种量为38～54 kg/hm^2。播种深度以3～5 cm为宜，墒情差时，可适当增加播种深度。

(4)种植方式　玉米一般有两种种植方式：①等行距种植，行距相等，一般为50～80 cm，株距随密度而定；②宽窄行种植，行距一宽一窄，宽行为 80～90 cm，窄行为 40～50 cm，株距根据密度确定。

(5)播种方法　主要有条播和点播两种。条播用机械播种，工效较高，适用于大面积种植。点播按计划的行距和株距播种，用划线器和点播器相结合播种，可减少开沟、点种、覆土等工序，适用于小面积和农业科研试验地种植。

三、相关知识

(一)种子处理技术

种子处理是指播种前使用生物、物理、化学因子和技术处理种子，以达到防治病虫危害、解除种子休眠、提高种子出苗率和确保作物正常生长的目的。种子处理方法很多，包括晒种、浸种、药剂拌种、酸碱处理、硬实处理、低温处理、层积处理、超声波处理等。

1. 晒种

晒种是指播种前把用于播种的种子摊在阳光下连续晒 3～5 d。晒种可促进种子的后熟，增强种子活力，提高种子的发芽率，并有杀菌和减轻病害的作用。晒种可在播种前 15 d 左右进行。晒种时要经常翻动，使种子吸热均匀，改善种皮的通气性。注意不要在水泥地、铁板、石板和沥青路面上晒种，以防高温烫伤种子，降低发芽率。晒种后要注意测定发芽率，以便确定播种量。这种方法适用于小麦、玉米、水稻等大部分农作物种子处理。

2. 浸种

浸种是指播种前把发芽较慢的种子浸泡在清水或各种溶液或药物中处理一定时间，目的是促进种子发芽，杀死一些虫卵和病毒。浸种是种子消毒常用的、简易有效的方法之一。利用种子与病原物耐热性的差异，选择适宜的水温和处理时间，可杀死种子表面和种子内部潜伏的病原物，又不会对种子造成损伤。

(1)温汤浸种法　此法通常所用水温为 55 ℃左右，用水量是种子体积的 5～6 倍。具体操作：先用常温水浸种 15 min，之后转入 55～57 ℃热水中浸种，不断搅拌，并保持该水温 10～15 min，然后让水温降至 30 ℃继续浸种 12 h。温汤浸种时最好结合药液浸种，杀菌效果更好。温汤浸种还可以解除某些种子的休眠现象，促进种子的萌发。该法适用于水稻、麦类、棉花、玉米等作物种子处理。

(2)热水烫种法　此法的原理与温汤浸种法类似，一般用于难以吸水的种子。通常种子要经过充分干燥，水量不宜超过种子量的 5 倍，水温一般为 70～75 ℃，甚至更高一些。具体操作：烫种时，把种子放入一个容器，加入热水后，立即用一个空容器，将热水来回倾倒，最初几次动作要快，一直倾倒至水温降到 55 ℃时，再改为不断搅动，并保持该温度 7～8 min。这种方法适用于难以吸水种子的处理，如冬瓜、西瓜种子等。

(3)药剂浸种法　此法是种子处理最常用的技术，方法简便，省工省成本，效果明显。药剂有效成分可以是化学制剂、天然提取物和生物制剂等，包括农药(种子处理剂)、生长调节剂、微量元素等。这些物质对种子萌发、幼苗出土、植物生长和发育起促进作用，可以增强植物对逆境的抵抗能力，促进植物根系和地上部的生长，提高作物产量和改善品质。但如果操作不当，不仅效果甚微，而且还会产生药害。对此，要注意以下几点：①选择适合的药剂类型。药剂浸种用的是药剂的稀释液，所用药剂一定要溶于水，药剂或浮于水面或沉入水底，均达不到灭菌效果。②掌握药剂浓度和浸种时间。药剂浓度一般是以药剂的有效成分含量计算的，具体浸种时间要根据药品使用说明确定，浓度过高或过低，时间过长或过短，都容易发生药害或减弱浸种效果。③充分搅拌，药液面要高出种子，以免种子吸水膨胀后暴露在药液外影响浸种效果。④注意浸种后是否需要冲洗和摊晾。要严格按照药剂浸种使用说明正确操作，以免产生药害。如要求用清水冲洗，一定要在浸种后立即冲洗，浸种后应该摊开晾干，有些也可根据要求直接播种。这种方法适用于水稻、玉米、小麦、棉花等作物种子处理。

3. 药剂拌种

药剂拌种是指将一定数量和规格的拌种药剂与种子按照比例混合，使被处理种子外面都均匀覆盖一层药剂，形成药剂保护层的种子处理方法。药剂拌种法分干拌、湿拌和种子包衣。药剂拌种提倡用杀虫剂和杀菌剂混合拌种，方法是先拌杀虫剂，再拌杀菌剂。杀虫剂选用70%吡虫啉。杀菌剂可选用70%甲基托布津或50%多菌灵，用药量为种子用量的0.3%。拌后堆闷4～6 h便可播种，可有效防治地下害虫。种子包衣剂（种衣剂）是由杀虫剂、杀菌剂、微量元素、植物生长调节剂、缓释剂和成膜剂等加工制成的药肥复合型产品，用种衣剂包衣，既能防治病虫，又可促进作物生长发育，达到提高产量和改善品质的功效。药剂拌种法适用于小麦、玉米、水稻等大部分农作物种子处理。

4. 酸碱处理

棉花种子经过机械脱绒后，再用硫酸处理脱除种皮上的残绒，目的是便于选种和消除表皮残绒上的病原菌。同时，种皮受到轻度腐蚀，改善了种皮的透水性，增强了棉花种子的吸水性，并有解除休眠的作用，有利于种子的萌发出苗，缩短种子在土壤中的滞留时间，减少病菌侵染机会。具体做法：先将初选的棉花种子放在陶瓷容器内，在火炉上预热至30 ℃左右；脱绒时，将加热的浓硫酸（$d\approx1.8$）定量缓慢地浇洒在棉花种子上，一边浇一边用木棒搅拌约15 min；待棉花种子变黑发亮时，取少量样品，用水漂洗，检查短绒是否脱净，如已达到要求，随即将棉花种子倒入另一陶瓷容器中，用流水反复冲洗，直到水色不显黄为止；最后将浮在水面上的棉花种子捞出剔除，选留下沉的黑色种子，摊开晾晒，作为播种种子。适用于硫酸处理的种子还有山楂、青桐、漆树等。

石灰水浸种是一种传统的浸种消毒方法。石灰水具有碱性，浸种时，种子上附带的病菌、虫类处于碱性环境中，发生碱中毒而丧失生物活性，进而达到消灭病原物以防治种传病害的目的，也能在一定程度上保护种苗免受土壤中病原物侵染。具体做法：称取石灰0.5 kg，用纱布包好，然后放入50 kg水中溶解，过滤；把种子倒入石灰水中浸泡适当时间，然后将种子冲洗干净，再进行催芽。用1%的石灰水浸种24 h，有较好的灭菌效果。这种方法适用于水稻、棉花及林木类种子处理。

5. 硬实处理

种子的硬实处理是指用粗沙或碎玻璃擦伤种皮厚实、坚硬的种子（如草木樨、紫云英、菠菜等种子），以利于种子吸水发芽。如常春油麻藤的种子种皮坚硬不易吸水，播种前用锉刀磨破部分种皮，再经温水浸泡24 h，种子吸水膨胀后可加速整齐发芽。这种方法适用于种皮坚硬难以吸水种子的处理。

6. 低温处理

将种子置于一定低温下处理可以解除种子休眠，提高种子发芽率。尽管低温处理并不能杀死病原物，但是可以抑制病原物的生长和侵染。此外，谷类、豆类和坚果类种子充分干燥后再经冷冻处理，可以大大延长种子的贮存时间。

7. 层积处理

层积处理是指需要后熟的种子于冬季用湿沙和种子叠积，在 0～5 ℃低温下存放 1～3 个月，以促使种子通过休眠期，春播后发芽整齐。如白皮松、桂花、海棠等种子，在秋收后拌入湿沙，存放于低温阴凉的地方，定期检查沙子的湿度，翻动补水。也可直接将沙藏箱埋入 60 cm 的土中，上面覆盖稻草并压土，第二年春天取出播种，这样种子萌芽快而整齐。低温层积是苗木种子处理的常用技术。

8. 超声波处理

超声在介质中前进时所产生的效应是由反射产生的机械效应。超声波处理可引起种子组织细胞内物质运动，能改变质膜通透性，促进细胞内外的物质交换，有利于种子中淀粉、蛋白质等转变为可溶性的物质，供胚吸收利用，从而促进种子的萌发。高强度的超声波可导致细胞破碎和酶失活，而当超声波强度适宜时，这种改变是可逆的，细胞自身能修复壁和膜的破损。同时，超声波又是一种弹性机械波，在传播中也会产生化学、热效应等，可促使植物细胞内部物质的氧化、还原、分解和合成。由于超声的细微按摩，细胞质流动，细胞振荡、旋转、摩擦，从而产生细胞按摩的作用。超声波处理种子需要借助超声波仪完成。

(二)种子播种技术

播种是根据作物种类、品种特性、种植制度、栽培方式及其对环境条件的要求，选择适宜的播种期、播种量和播种方法，用手工或机具将种子播到一定深度土层内的综合农事作业。播种质量直接影响作物的生长发育和产量。为提高播种质量，播种前须做好精细整地、种子处理以及劳力、畜力和播种机具等的准备。

适时播种是使作物从种子发芽、出苗到成熟的各个生育期获得有利气候条件、全苗壮苗、植株正常生长、适时成熟的重要措施。各种作物发芽所需的温度范围不同。麦类的发芽最低温度为3.0～4.5 ℃，豌豆为1～2 ℃，马铃薯、向日葵为5～7 ℃，大豆、玉米、高粱、谷子为8～10 ℃，水稻、棉花为 10～12 ℃，花生为 12～15 ℃。土温达到某一作物的发芽最低温度就可播种，但是适宜的温度才有利于种子的发芽和出苗，麦类的发芽适宜温度为 15～20 ℃，谷子、大豆为15～25 ℃，豌豆为 18～20 ℃，马铃薯、向日葵为 13～18 ℃，玉米为 25～35 ℃，水稻、棉花为28～32 ℃，花生、芝麻、高粱为 25～30 ℃。春季作物过早播种，常因低温，种子迟迟不发芽、不出苗，从而引起病菌侵染，严重降低发芽率或烂种。秋播作物过早播种，常因温度过高，幼苗徒长，冬前生长过旺，易遭冻害；过迟播种，常因积温不足，幼苗生长不良，或因土壤水分不足，不易保苗，以及冬前积累干物质不足，耐寒力差而不易越冬。

适宜的播种量是合理密植的前提。播种量过少，虽然单株生产力强，但总株数不足，难以高产；播种量过多，不仅浪费种子，幼苗细弱，间苗、定苗费工，而且也不能高产。播种前应依据单位面积基本苗要求、种子千粒重、发芽率和田间出苗率等指标确定适宜的播种量。

播种深度关系到种子出苗和幼苗生长的好坏，应根据作物、土壤、气候条件确定适宜深度。播种过深，延迟出苗，幼苗瘦弱，根茎或胚轴伸长，根系不发达；播种过浅，表土易干，不能顺利发芽，造成缺苗断垄。一般干旱地区、沙土区以及大粒种子播种宜深，黏土区、土壤水分充足的地块、小粒种子和子叶出土的双子叶作物播种宜浅。

一般根据作物种类、生育特性、种植密度、耕作制度、播种机具等因素确定播种方式。其原则是使作物在田间的分布合理，地力和光能的利用充分，又有较好的通风透光条件，以利于个体与群体的协调发展和便于栽培管理。常见的方式有撒播、条播、点播3类。

1. 撒播

撒播即将种子均匀地撒于田地表面。根据作物的不同特性及当地具体条件，撒播后可覆土或不覆土。撒播是一种古老而粗放的播种方式，大多用手工操作，简便省工，但种子不易分布均匀，覆土深浅不一，后期不便中耕除草。目前主要用于蔬菜、水稻、油菜等作物的苗床播种或绿肥、牧草等的播种。山区、沙漠地带的林木、固沙植物、牧草的播种以及大面积稻田直播，常用飞机撒播，以克服播种技术上的困难和节省人力。

2. 条播

条播即将种子成行地播入土层中。特点是播种深度较一致，种子在行内的分布较均匀，便于进行行间中耕除草、施肥等管理措施和机械操作，因而是目前广泛应用的一种方式。按行距及播幅的不同，又有各种不同规格。

(1)宽行条播　行间距离一般为35～70 cm，适宜栽种植株营养面积较大或需中耕的作物，如玉米、高粱、棉花、甜菜、大豆等。

(2)窄行条播　行间距离一般为10～30 cm，机播行距通常小于人播行距，适于植株小而密植的作物，如小麦、亚麻和某些牧草等。

(3)宽窄行条播　宽行与窄行相间，便于机械化作业，适宜种植生长后期易受荫蔽的作物，如棉花、大豆、花生等。

(4)带状条播　若干窄行间隔一宽行，两个宽行之间的几条窄行称为带。采用这种方式，利于在宽行内进行中耕除草或套种其他作物。

(5)宽幅条播　播幅宽于一般条播，而幅距往往较窄。土地利用率较高，有利于密植和集中施肥，常用于小麦等作物。条播一般采用播种耧、畜力条播机、机引条播机等进行。机引条播机落种均匀，播深一致，种肥、农药可同时播下，效率较高。

3. 点播

点播又称穴播，即在播行上每隔一定距离开穴播种。点播能保证株距和密度，有利于节省种子，便于间苗、中耕，多用于玉米、棉花、甜菜、向日葵等作物。采用精量播种机播种，可按一定的距离和深度，精确地在每穴播下1～2粒种子，还可结合播种撒入除草剂和农药。玉米、棉花等作物采用精量播种时可大大节约种子用量，减少间苗、定苗作业；但对整地和种子质量的要求较高，如棉花种子必须用硫酸脱绒，要求种子的发芽率在90%以上等。

四、复习题

1. 玉米播种有哪些环节？各有什么注意事项？
2. 主要农作物种子处理技术包括哪些方面的内容？
3. 种子播种方式有哪些？

实习十九　农作物的育苗移栽技术

一、实习目的

育苗移栽可以提早生育期，使幼苗避开前期低温的不利影响，是农作物高产优质的重要保证。本实习将使学生了解育苗的相关知识，并通过实际操作熟悉棉花无土育苗的方法和步骤。

二、实习内容

(一)材料和用具

棉花种子、育苗盘、基质、消毒剂、苗床肥、农用薄膜等。

(二)内容与步骤

1. 播种时间及方法

在播种时间上，根据当地气温状况和不同作物茬口安排选择适宜的播种时间。长江流域棉区，春茬田及麦棉等套种田可选择在 4 月上、中旬播种；若前茬为满幅作物，如麦后棉、油后棉等，应适当推迟播种期。具体时间应根据棉花苗床苗龄(一般为 18～23 d)和前茬作物收获期而定。在播种方法上，选用发芽率高、种性好、产量高的精加工棉种干籽干播。技术条件成熟的地方，也可采用浸种催芽法播种。

2. 苗床准备

选择棉田附近或房前屋后，便于管理、背风向阳的地方做苗床，耕地或荒坪隙地均可做苗床。根据育苗多少确定苗床规格，一般每亩大田苗床约需 2.5 m^2。首先将苗床上的杂草和前茬作物秸秆全部清除干净，然后将苗床整平，苗床宜呈南北方向设置。

3. 消毒处理

播种前，按专用消毒剂说明书操作，兑水稀释并搅拌均匀，配制成消毒液，供育苗盘和农膜(苗床垫底膜和起拱膜)消毒之用。

4. 基质装盘

若采用浸种催芽播种，须先洗净棉种的种衣剂，以 35 ℃温水将胚根催至种长的 1/2，再在育苗盘中装入育苗盘孔穴 1/2 高度的基质，每孔穴播入一粒已催芽的棉籽，胚芽向下置于每孔穴中央，用剩余基质将种子覆盖，盖平育苗盘面后用手轻拍育苗盘，然后再用尺条或竹木条将盘面刮平。若采用干籽播种，可先将育苗盘装满基质，再将精加工棉种小头向下压入孔穴中央，盖上基质刮平即可。

5. 苗床铺膜

在已整理好的苗床上铺上经消毒处理的农膜，将已播好种的育苗盘整齐地摆放在铺好农膜的苗床上，摆放时注意保持盘面平整。

6. 苗床管理

起拱盖膜前应向育苗盘中均匀喷水，使盘中基质吸足水分。出苗前管理应注意保温、保湿，以保证高温、高湿、快出苗、出齐苗。若育苗盘中水分不足，应及时补水。在苗床管理期间还应揭膜通风、降温散湿以炼苗。棉苗出齐后，应注意降低苗床湿度，及时揭膜通风，防止高温烧苗和湿度过大形成高脚苗。若遇寒潮，应及时盖膜保温。当苗床内棉苗个体生长发育出现差异时，应将育苗盘换位或直接转动180°炼苗，这样有利于棉苗生长平衡。

7. 移栽

当棉苗长至两叶一心或三叶一心时，按每亩1 200～1 500株移栽。

三、相关知识

(一)育苗前准备

1. 育苗场地选择

育苗场地应设在交通方便，土地平坦、开阔、不积水，有水源、电源的地方。育苗场地的环境条件须符合无公害生产的要求，还应满足根据育苗规模建育苗棚等设施的需要。

2. 基本设施

育苗棚采用标准钢架大棚，一般宽6 m，高1.8 m，长20 m，若经济条件不允许，也可用竹架大棚。育苗棚的大小可根据育苗规模进行调整。依据天气情况和育苗需要，选择覆盖育苗棚的塑料薄膜和遮阳网。大棚覆盖材料主要有薄膜、遮阳网、防虫网等。

3. 育苗穴盘选择

籽粒较小的种子，如辣椒、番茄、茄子等，选72孔穴，54 cm×28 cm软盘，每穴上口直径为3.8 cm，底径为2.0 cm，穴深为4.6 cm。籽粒较大的种子，如玉米、棉花、瓜类等，选择50孔穴，54 cm×28 cm软盘，每穴上口直径为5.0 cm，底径为2.2 cm，穴深为5.0 cm。此外，使用过的穴盘可能会感染一些病原菌、虫卵，所以一定要进行清洗、消毒。具体方法：先清除苗盘中的残留基质，用清水冲洗干净、晾干，再用50%多菌灵的500倍液浸泡12 h或用高锰酸钾1 000倍液浸泡30 min消毒，还可用甲醛溶液、漂白粉溶液进行消毒。在使用消过毒的穴盘前必须彻底用清水洗净、晾干。

4. 育苗基质准备

将高温堆沤后的椰糠、经消毒处理的表土和有机肥(有机质含量不小于30%或高温堆沤后的鸡粪、牛粪、猪粪)按70：27：3的体积比充分搅拌均匀，配成育苗基质。然后把基质装入育苗穴盘，用50%多菌灵的600～800倍液喷洒育苗穴盘，要求浇透育苗基质。也可购买育苗专用基质。

5. 苗床设置

在标准钢架大棚内育苗，可分设左右两个苗床，中间留一条操作道。苗床的规格：育苗床宽2 m，每床纵向排列6排育苗盘，两床间的操作道宽0.6 m，床与大棚两侧边缘间距为0.7 m。苗床的长度可视大棚的具体情况而定。连栋大棚可根据上述方法排列育苗盘。育苗时在苗床表面铺设一层没有破损的薄膜，起到保湿作用，防止种苗串根以及多余的水分和营养液渗入地下。

6. 营养液池设置

苗床施肥采用喷洒的形式。营养液池的建造可根据具体情况修建，容积大小以喷施1.0～1.5 kg/m^2 的标准来设置。

(二)穴盘苗的播种过程和方法

1. 穴盘的选择

穴盘越小，穴盘苗对土壤中的湿度、养分、氧气、pH 的变化就越敏感。而穴孔越深，基质中的空气就越多，就有利于淋洗盐分以及透气，有利于根系的生长。穴孔形状以四方倒梯形为宜，这样有利于引导根系向下伸展，而不是像圆形或侧面垂直的穴孔中那样根系在内壁缠绕。有些穴盘的穴孔之间还有通风孔，这样空气可以在植株之间流动，使叶片干爽，减少病害，保证整盘植株长势均匀。穴盘的颜色也会影响植株根部的温度。一般冬春季选择黑色穴盘，因为可以吸收更多的太阳能，使根部温度升高。而夏季或初秋，就要改用银灰色的穴盘，以反射较多的光线，避免根部温度过高。白色穴盘一般透光率较高，会影响根系生长，所以很少选择白色穴盘，白色的泡沫穴盘例外。经过彻底清洗并消毒的穴盘可以重复使用，推荐使用较为安全的季铵盐类消毒剂，这类消毒剂也可以用于灌溉系统的杀菌除藻，避免其中细菌和青苔滋生。不建议用漂白粉或氯气进行消毒，因为氯会同穴盘中的塑料发生化学反应而产生有毒的物质。

2. 基质的选择

好的基质应该具备以下 11 项特性：①理想的水分容量；②良好的排水能力和空气容量；③容易再湿润；④良好的孔隙度和均匀的空隙分布；⑤稳定的结构，少粉尘；⑥适宜的 pH，5.5～6.5；⑦含有适当的养分，能够保证子叶展开前的养分需求；⑧极低的盐分水平；⑨基质颗粒的大小均匀一致；⑩无植物病虫害和杂草种子；⑪每一批基质的质量保持一致。

由于颗粒较小的蛭石的作用是增强基质的持水力而不是增大孔隙度，要增强泥炭基质的排水性和透气性，应选择加入珍珠岩而不是蛭石。相反，如果要增强持水力，可以加入一定量的小颗粒蛭石。进口泥炭作为育苗基质的原材料虽然比较理想，但是由于其价格昂贵，而且资源不可再生，人们已逐渐改用加工过的椰壳粉碎物作为基质来源。采用椰壳粉碎物作为育苗基质原材料，效果一样很好，因此称为椰子泥炭。

3. 基质的填充

在填充基质前，要充分润湿，一般以含水量达到 60%为宜，用手握一把基质，没有水分挤出，松开手会成团，但轻轻触碰，基质会散开。如果太干，将来浇水后，基质会塌沉，造成透气不良，根系发育差。各穴孔填充程度要均匀一致，否则基质量较少的穴孔干燥的速度比较快，从而使水分管理不均衡。播瓜类等大粒种子时，穴孔基质不可填得太满。避免挤压基质，否则会影响基质的透气性和干燥速度，而且如果基质被压得过紧，种子会反弹，导致种子最终发芽时深浅不一。

4. 打孔与播种

打孔的深度要一致，以保证播种的深度也一致。一般种子越大，播种的深度就越深。

5. 均匀覆盖

常见的几种蔬菜种子如番茄、茄子等都需要在黑暗条件下才能顺利萌发，所以选择恰当的覆盖物也很重要。选择覆盖物时要考虑有助于提高种子周围的湿度，保持良好的透气性，以给种子提供足够的氧气。推荐使用大颗粒的蛭石作为覆盖物，使用珍珠岩覆盖容易滋生青苔。

6. 播种后初次浇水

如果种子在苗床上萌发，要先浇少量的水，待穴盘全部移至苗床后，再浇透水。如果种子在催芽室或简易催芽空间（草帘覆盖保湿后）萌发，要在进入催芽室之前浇透水。建议用雾化喷头或喷水细密的喷头。

（三）穴盘苗的日常管理

1. 水分管理

（1）浇水时期　在种苗生产过程中，最重要的工作是水分管理。在不恰当的时间浇水，会严重影响穴盘苗的生产。绝对不允许穴盘苗完全干燥，基质中水分过于饱和也不行，会造成根系缺氧。穴盘苗生产的水分管理一般以子叶展开为分界线。在子叶展开之前的水分管理比较简单，要求穴孔基质的下半部一直保持湿润，仅仅控制穴孔上半部分基质的干湿交替即可。而在子叶展开之后，要根据环境变化和植株长势，控制穴孔基质下半部见干见湿。可以在浇水前挖起一部分基质，观察下半部分是否有一定的湿度。可以用手托起穴盘估计它的重量，以此判断基质的湿度，这是一种较为理想的测试方法。前提是要有一定的经验，知道穴盘在不同湿度水平时的重量。也可以抬起穴盘看看穴盘底部的基质是否变干，以此决定是否补充水分。

（2）浇水量　通过浇水让10%的水渗出穴盘外，便可进入湿周期。当施肥或灌药的时候，必须浇透，而浇清水时只需浇至水流过穴盘。基质中的水是通过蒸发和根对水的吸收而损失的，前者在子叶展开前起主要作用；而在子叶展开之后，蒸腾作用所主导的根对水的吸收起主要作用。在实际生产中，要根据环境气候的变化对植物蒸腾作用的影响来判断该如何浇水。比如遇到以下状况，水只浇到穴孔一半比较合适：①天气由晴转阴、转冷，或温室内湿度特别大时，水分蒸发较慢，蒸腾作用较弱，穴盘不易变干；②穴孔下半部仍有一定的湿度时；③第二天需要对幼苗进行施肥时；④天气炎热时。尤其是在天气炎热时，用水流一半的技术，可以有效控制苗的徒长，如果浇水次数过多，植株容易徒长，基质透气性变差，对根系会造成损伤，从而容易感染病菌。

（3）水质　生产用水的pH范围应在5.0～6.5，因为绝大多数营养元素和农药在此pH下是有效的，超出这个范围有效性便会大大降低。水的碱度代表其缓冲能力，如果碱度太低，则基质pH会随化肥的酸碱度而大范围浮动，从而可能导致某些微量元素缺乏或中毒；如果碱度太高，也容易导致某些微量元素缺乏，如铁、硼等。

2. 肥料和养分管理

（1）育苗肥的选择　一般来说，好的商品育苗基质能够提供子叶完全展开之前所需的所有养分。选择肥料要重点考虑两个因素：①肥料自身氮肥的组成，氮素有三种类型，不同类型氮素对植物生长有不同的影响；②视地域环境状况和气候的不同，选择不同的肥料配方。

（2）养分管理　高湿度条件下根系对钙、镁的吸收会降低，所以持续阴天要防止缺钙、缺镁症状的出现，及时用叶面肥进行补充。正常叶色应该是纯绿色，若低位叶变黄说明植物养分不够或根系受伤。叶色深绿表示施氮肥太多，叶色浅绿表示缺氮、铵中毒或缺镁。

3. 病虫害防治

穴盘育苗的时间较短，所以幼苗很少受到病虫害的威胁，但是由于生长过于密集，而且数量众多，如果对环境控制不力或管理不当，也会有病虫害的问题。

4. 株高控制

整齐矮壮的穴盘苗是育苗生产理想的目标，这里介绍几种控制株高的方法。

(1)负的昼夜温差　使夜间温度高于白天温度 3～6 ℃并保持 3 h 以上，对控制株高非常有效，生产上的做法是尽可能降低日出前后三四个小时的温度。

(2)抑制植株生长　降低环境的温度、水分或相对湿度，用硝态氮肥来取代铵态氮肥和尿素态氮肥，整体上减少肥料的使用量，增加光照等方法，都可以起到抑制植株生长的作用。

(3)机械方法　拨动法、振动法和增加空气流动法都可以抑制植物长高。例如，每天拨动几次番茄植株，可使株高明显下降。使用这种方法要注意避免损伤叶片，对辣椒等叶片容易受伤的作物就不适合这样做。

四、复习题

1. 简述棉花育苗的内容和步骤。
2. 如何进行育苗前准备和穴盘苗的播种？
3. 在穴盘苗的日常管理中有哪些注意事项？

实习二十　农作物的营养繁殖技术

一、实习目的

认识常用植物营养体繁殖即分根、扦插和嫁接的方法，了解影响营养体繁殖成活的因素，以便更好地应用于生产。

二、实习内容

(一)材料与用具

根系发达、生长健壮的草莓植株，当年 6—7 月半木质化的葡萄嫩枝和上年冬剪后沙藏的葡萄硬枝，两年生或多年生的优质苹果砧木苗和商品性优异的苹果接穗苗木，培养基质、地膜、生根粉、细钢钎、遮阳网、刀片、封口塑料膜、枝剪等。

(二)内容与步骤

1. 草莓的分根繁殖

(1)母株选择　选择品种纯正、无病毒、无病虫害、经过充分休眠的健壮植株作繁殖母株。

(2)分根　先将植株从土里挖出，然后将根部洗干净。观察后，从有缝隙处将根轻轻地切分开。一株很旺盛的草莓可以分成几株，要保证每一个子株上面都有不定芽。切割根部之前，一定要先将小刀清洗干净并消毒。

(3)子苗定植　栽种的时候注意不要埋得太深，深 5 cm 左右即可。浇上适量的水分，将分株后的子苗养护在阴凉的环境中，并注意保暖。

2. 葡萄的扦插繁殖

(1)葡萄嫩枝扦插　具体如下：

①剪取插条。在每年的 7 月中旬，取已经木质化的新梢，剪成 2～3 节长 15～20 cm 的扦插枝条，上端距芽 3～5 cm 平剪，下端靠近节附近斜剪。扦插枝条以腋芽为黄白色最好，已抽出 1～3 片嫩叶的也可利用。除保留扦插枝条上端 1 个叶片外，其余各节叶片和副梢全部去掉。

②扦插。扦插基质以含沙量达 50%以上为宜。将基质整理为行距适宜的畦，将插条倾斜插入基质内，每畦可插 2～3 行，扦插株距为 7～8 cm。扦插深度以只露出插条顶端带叶片的一节为准。为了避免插条失水，扦插后应将土踩实，灌透水，覆盖地膜，并搭棚遮阴，使土壤含水量保持在 20%～25%。

③后期管理。扦插后要保持基质湿润，保证空气有一定的湿度，防止插条失水萎蔫，温度保持在 25～30 ℃。经过 10～15 d 后，撤掉遮阴物，这时，插条已经生根，顶端侧芽相继萌发，在正常苗期管理下，当年就可发育成一级苗木，供翌年春天定植。

(2)葡萄硬枝扦插　具体如下：

①插条准备及贮藏。选择品种纯正的葡萄园，在冬季修剪时，将剪下的成熟良好的一年生

枝条，剪成带约10个芽眼的枝段，剔除病、弱、残枝，剪去枝条上的叶片及卷须，每50枝种条捆成1捆，标记品种名。选择背风又遮阴的地方挖贮藏坑，坑深100～120 cm，将种条码放到坑内，覆盖草帘保湿，气温下降到0 ℃以下可以进行覆土。

②剪取插条。4月上旬，取出上年贮藏好的种条进行剪条，选择成熟良好、芽眼饱满的种条。一般剪留长度在10～15 cm，即留1～2个芽，上剪口距芽3～5 cm，下剪口在靠近节处剪成马蹄形，将剪好的插穗10根1捆捆好，用清水（或ABT生根粉）浸泡24 h，捞出沥水后，进行催根。

③苗木催根。在温床上码好插穗后，开始加温催根。前期温床温度控制在28 ℃，中后期控制在25 ℃左右。依苗床干湿情况及时洒水，以保证苗床湿度。经过10～15 d，插穗基部会形成白色的愈伤组织，此时就可以进行扦插了。

④扦插。当距离地表15 cm深处的地温达到10 ℃以上时即可扦插，按照株距2～5 cm、行距7～8 cm扦插。扦插时，用细钢钎打孔，这样可以防止地膜粘在插穗下端影响生根。插后随即灌透水，地略干后用细土将插破的地膜盖严。

⑤后期管理。扦插后要保持基质的湿润，保证空气的湿度，温度保持在25～30 ℃。过15～20 d后扦插枝条萌发，要搭遮阳网对幼苗遮阴。待长出3～5叶后去除遮阳网。这时，插条已经生根，在正常苗期管理下，当年就可发育成一级苗木，供翌年春天定植。

3. 苹果的嫁接繁殖

(1)嫁接步骤　分为以下4步：

①砧木准备。选择适宜嫁接的苹果砧木，嫁接时在离地面3～5 cm处下刀，一竖一横，深度以切断皮层为准，切成丁字形切口。

②接穗准备。选择适宜嫁接的苹果树，在健壮的当年生枝条上选择充实饱满的腋芽（统称接芽），在接芽下方0.5～1.0 cm处从下往上进行上宽下窄的盾形削切，切取长1.5～2.5 cm、宽0.6 cm左右，比砧木切口稍小的盾形芽片作为接穗，取下芽片。芽片一般不带木质部。

③嫁接。用芽接刀撬开苹果砧木切口处的两片表皮，从上向下插入芽片，让芽片紧贴在砧木上，并使上端水平切口相对齐。用撬开的砧木表皮盖好芽片，并露出芽。

④绑缚。用塑料封口膜绑扎牢固，松紧度适宜，同时把叶柄露在外边。一般从上往下绑扎，防止芽片从水平接口挤出。

(2)芽接苗管理　包括以下4个方面：

①检查成活及补接。芽接后15 d，若接芽嫩绿，叶柄易脱落，则嫁接成活，否则未成活，应及时补接。

②埋土防寒。在北方地区，冬季严寒干旱，为防止芽体受冻，在封冻前埋土防寒，春季解冻后及时扒开。

③剪砧。对于越冬后成活的半成苗，在萌芽前将接穗以上砧木部分剪去。

④除萌。剪砧后从砧木基部易长出大量萌蘖，须及时除去，避免与嫁接芽体竞争养分。

三、相关知识

(一)植物营养繁殖的特点、主要应用及应用中存在的问题

1. 特点

因为只有高等植物具有根、茎、叶的分化，所以，营养繁殖是高等植物的一种无性生殖方

式，低等的植物细胞不可能进行营养繁殖。植物营养繁殖具有以下 4 个特点：

①获得的苗木其遗传性和母株基本一致，能保持母本优良性状，苗木生长整齐一致，很少变异。

②新株的个体发育阶段是在母体的基础上继续发展，因此可以加速生长，跨越生理（发育）阶段，提早开花、结果。

③对一些不易结实或种子很少的植物，无性繁殖有利于其种质资源的保存。

④后代虽能较好地保持母体的遗传性状，但变异性小，生活力差。

2. 主要应用

（1）加速发展优良品种　嫁接是快速发展无性系的主要手段，因为一棵树有大量的芽，一个芽就可以嫁接成一颗新的树苗。用无性繁殖可加速发展优良品种，包括林木、果树、花卉以及草莓、甘薯、马铃薯等农作物，药用植物也可以用无性繁殖来加速发展优良品种。

（2）发展用种子繁殖困难的植物　有些果木不能形成种子，例如香蕉、无核葡萄、无核柿子、无核蜜橘等，这些果实食用方便，果品质量好，但由于没有种子，必须用无性繁殖。有些植物很难形成种子，例如大蒜、马铃薯、甘薯等，必须要在特殊的条件下才能形成种子。如大蒜必须在高山气候条件下才能开花结籽；甘薯长大后，北方进入冬季，植株即冻死，因此它必须在生长后期不发生冻害的地区才能开花结籽。

（3）缩短或保持幼苗期　在无性繁殖时，如果采幼龄树上的枝条或芽为材料，其无性系生长开始则处于幼苗期阶段，表现出幼苗期生长特点；如果采成年树上的枝条或芽为材料，其无性系生长开始即处于成年期阶段，表现出提早开花结果。在生产上，如果需要幼苗生长快、不要过早开花结果，则可采幼龄树的枝芽进行繁殖；如果需要缩短幼苗期提早开花结果，则需要采成年树上的枝芽进行繁殖。

3. 应用中存在的问题

（1）病毒危害　无性繁殖是指采用营养体的一部分进行繁殖，引起病毒病的病毒、类病毒、类菌质体等微生物可以从母体传到繁殖的后代，直接在无性系中传播，因此无性繁殖很容易引起病毒病的危害。

（2）无性系发生体细胞的变异　无性繁殖能保持品种的遗传特性，这是相对的，因为体细胞在外界条件的影响下也会发生变异。例如，太空育种就是利用宇宙射线的影响使植物细胞发生变异；在植物组织培养过程中，激素等化学药剂的刺激也能引起无性系产生突变。

（二）营养繁殖的主要类型

1. 压条繁殖

压条繁殖是将未脱离母体的枝条压入土内，或压入空中并包以湿润物，待生根后切离母体，成为新植株的一种繁殖方法。

（1）低压法　根据压条的状态不同分为普通压条、波状压条、水平压条和堆土压条等方法。

①普通压条法。将母株上近地面的一二年生枝条弯到地面，挖一个深 10～15 cm、宽 10 cm 左右的沟，靠母株一侧的沟挖成斜坡状，把枝条压入沟中埋好。

时间：秋季落叶后或春季发芽前或雨季进行；

枝条：一二年生的成熟枝条或当年生枝条（雨季）；

树种：适用于枝条离地面比较近又容易弯曲的树种，如迎春、木兰、大叶黄杨。

②波状压条法。将整个枝条波浪状压入沟中埋好。

时间:秋季落叶后进行;

枝条:一二年生枝条;

树种:适用于枝条长且柔软或蔓性树种,如芍药、紫藤、葡萄。

③水平压条法。把整个枝条压入沟中,使每个节下产生不定根,上方萌发新枝。

时间:早春发芽前进行;

枝条:一二年生枝条;

树种:适用于枝条长且易生根的树种,如连翘、紫藤、葡萄。

④堆土压条法。早春时母株平茬,若是乔木可以在基部刻伤,等新枝长到 30～40 cm 时,堆土压埋,雨季后与母株分离。

时间:早春萌芽前或雨季进行;

枝条:一二年生或半成熟枝条;

树种:丛生性或根蘖性强的树种,如杜鹃、木兰、贴梗海棠、八仙花。

(2)高压法(空中压条法) 对所压枝条进行环剥或刻伤处理,再用疏松肥沃的土壤或苔藓、蛭石等湿润物包裹,等生根后脱离母体。

时间:生长期进行;

枝条:一二年生枝条;

树种:枝条坚硬、不易弯曲,或树冠太高、枝条不能弯曲到地面的树种可以采用高压法繁殖,如橡皮树、木槿、米兰、桂花。

2. 嫁接繁殖

嫁接是人们有目的地把一种植物的枝或芽接到另一种植物的茎或根上,使它们愈合生长在一起,形成一个新个体的技术。供嫁接用的枝或芽叫接穗,承受接穗的植株叫砧木。用枝条作接穗的称枝接,用芽作接穗的称为芽接。

(1)嫁接的作用 体现在以下 6 个方面:

①保持母本的优良性状。嫁接所用的接穗,遗传性比较稳定。

②增强抗性和适应性。通过嫁接可以提高嫁接苗对环境的适应能力,如提高抗旱、抗寒、抗病虫、抗盐碱能力,还可以改良品质,达到丰收的效果。如梨接在杜梨上可以适应盐碱土壤,苹果接在海棠上可以抵抗棉蚜等害虫。

③提早开花结果。因为嫁接苗利用了另外一种植物的根系,可以供给接穗充足的养分,使接穗能够发育旺盛,而且能在砧木接穗接口处积累较多的糖类,促进开花结果。如果用花芽或花枝作为接穗,当年就可以开花结果。

④克服不易繁殖现象。有一些优良品种没有种子或种子很少,或者是扦插不易成活,如花木中的重瓣品种、无核葡萄、无籽西瓜等,它们可以通过嫁接繁殖。

⑤扩大繁殖系数。嫁接时使用的砧木采用种子繁殖,可以获得大量的砧木苗,而接穗用小芽或一小段枝条,嫁接成活就能获得新株。

⑥恢复树势、更换新品种。如果树冠空裸缺枝,可以嫁接上新枝或芽,补充枝条;如果品种退化,可以采用高接换头的方法,更换品种。

(2)影响嫁接成活的因素 包括以下 4 个方面:

①砧木和接穗的亲和力。亲和力是指砧木和接穗经过嫁接愈合成活和正常生长结果的能

力，是影响嫁接成活的关键因素。

②砧木、接穗的质量和嫁接技术。砧木和接穗的愈合过程需要双方具有充足的营养物质作为保障。熟练的嫁接技术也是嫁接成活的重要条件。

③温度、水分和接口保湿。温度会影响嫁接口处愈伤组织的形成；土壤水分含量与砧木生长势和形成层分生细胞活跃状态有关；接口湿度为砧、穗双方愈伤组织形成提供适宜条件。

④嫁接极性。砧木和接穗都具有形态学的顶端和基端，嫁接时应将接穗的形态学基端插入砧木的形态学顶端。

3. 扦插繁殖

取植物营养器官的一部分如根、茎、叶等，在一定的条件下插入基质中，利用植物的再生能力，使这部分脱离母体的营养器官生根抽枝，成为一个完整的新个体，这种繁殖方法叫作扦插繁殖。

(1)扦插繁殖的作用　体现在以下4个方面：

①利用扦插材料进行大面积育苗，既经济又简单；

②可以保持母本的优良性状；

③可提早结实；

④是结实少或不结实的园林植物的主要繁殖手段之一。

(2)扦插生根的部位　扦插成活容易、生根较快的树种，其生根部位大多是皮部；扦插成活难、生根较慢的树种，其生根部位大多是愈伤组织。有的嫩枝插条可直接生根。

四、复习题

1. 简述草莓分根、葡萄扦插、苹果嫁接繁殖的主要过程。
2. 哪些植物适用于分根繁殖？哪些植物适用于扦插繁殖？哪些植物适用于嫁接繁殖？
3. 影响分根、扦插、嫁接成活的因素有哪些？

实习二十一　果树的整形修剪技术

一、实习目的

了解树形分类、树体结构及果树整形修剪的应用时期、处理方法和适用情况等，掌握桃树冬季修剪的基本方法，能够熟练地综合应用剪枝措施，合理调整桃树生长和结果。

二、实习内容

(一)材料与用具

桃结果树、枝剪、手锯等。

(二)内容与步骤

1. 桃树平衡树势的修剪

在进行桃树整形修剪时往往遇到骨干枝间长势不平衡，不能充分利用空间，单株产量低。此时可运用多种手段，抑强扶弱，达到均衡生长的目的。在修剪时一般要强枝重剪、弱枝轻剪、强枝留弱芽、弱枝留强芽、强枝多留果、弱枝少留果、强枝开张角度、弱枝抬高角度，利用撑、拉、垂等手段，结合施肥，逐渐平衡树势。

2. 旺树促进结果的修剪

对于生长旺盛的桃树，除结合肥水控制、运用化学药剂控制外，要进行合理的修剪。首先要打开光路，疏除部分骨干枝和遮光大枝，尤其要疏除背上徒长枝，要拉开主枝角度，有光就有花。其次要注意夏季对旺枝进行拿、摘的方法。也可把冬季修剪改在早春后进行，削弱其长势。这样1～2年即可缓和树势，形成饱满的花芽，稳定产量。

3. 桃树结果枝的修剪

结果枝的数量与品种、树势、树龄等有关，一般冬季修剪后结果枝的枝头距离保持在10～20 cm。北方品种群的品种以短果枝结果为主，可适当密些；南方品种群的品种以中长果枝结果为主，可适当稀些。结果枝剪留长度要根据枝条的长度、着生部位、品种的坐果率等确定。一般长果枝剪留5～8节花芽，过密时疏除直立枝留平斜枝，注意枝条分布不要“齐头”，长短错开；还要注意留预备枝，中果枝一般留3～5节花芽，剪口芽留叶芽；短果枝和花束状结果枝一般只疏不截。徒长性结果枝坐果率低、生长旺，短截后可抽生几个良好的结果枝，常结合夏季修剪，培养成结果枝组。

4. 结果枝组的培养

结果枝组是直接着生在骨干枝上的由数个结果枝组成的结果单位，也是树体果实产量的主要部分。枝组有大、中、小3种。大型枝组生长势较强，寿命长，果实质量好。培养方法是，一般对较旺枝剪留5～10节，第二年留下部2～3个健壮枝再短截，其余枝条疏除，第三年再留3～5芽短截，即可培养成大型结果枝组。大型结果枝组一般分布在骨干枝斜侧，中、小型枝组分布在背上和大型枝组的空间。中、小型枝组培养方法和大型枝组相似，只是控制得小些。

5. 结果枝组的修剪和更新

修剪结果枝组要注意果枝的长势和密度，既要考虑当年结果，又要预备下一年的果枝。强枝可适当多留果，弱枝重剪更新，保证枝组稳定。若枝组衰弱，要及时回缩，进行组内更新。重剪发育枝，多留下部预备枝，少结果，以逐渐恢复。有些枝组已衰老，可以疏掉，利用近旁的新枝培养代替，或将其他枝组延伸到此空间。如果枝组生长旺，要及时疏除旺枝、直立枝，留中庸健壮的结果枝。在枝组修剪中，预备枝的培养有两种方式。一种叫双枝更新，即在母枝上选基部两个相近的果枝，上枝按结果枝修剪使其结果，下枝仅基部两芽重截，抽生两个新梢，形成第二年的结果枝。到冬季把上面已结果的枝疏掉，下面新生的两枝仍按前一年的方法，上枝结果，下枝两芽短截，这样每年一个结果、一个抽枝。还有一种叫单枝更新，即对健壮的中长果枝适当重剪，使之既能结2～3个果，又能抽出较强的新梢，冬季把上部小枝去掉，下部的健壮新梢同样重剪，如此反复，维持结果。

6. 注意事项

(1)对每株树修剪时应先围树观察，从不同的角度观察大、中枝的着生状况，先确定大、中枝的去留和修剪程度。

(2)观察一年生枝的生长势、花芽多少和分布位置，确定修剪的原则，并根据长枝的密度确定疏剪和短剪的程度。

(3)在上述观察的基础上，先处理大、中枝，后修剪小枝；先疏枝、后短截。当把握不大时，先轻剪轻锯，逐步完成。

(4)小枝的修剪应由内向外、由上而下进行，以易于掌握主从关系，避免碰伤已剪过的部分。

(5)全部剪完后再绕树观察，进行必要的补充和修正。然后对大、中伤口进行修平，由上而下、由内向外涂抹保护剂。

(6)立即清除修剪下来的枝条、枯叶。选择有饱满芽眼的枝条留作接穗和插条。将废弃的枝叶集中运出园外并及时处理。

(7)在操作过程中，应注意剪锯口的质量，防止乱锯乱剪、留桩过长和剪锯口过大。剪口芽位置应恰当，符合预期要求。

(8)修剪时应穿软底鞋，以免上树时损伤树皮。各种果树枝条的坚韧度不同，上树时要注意安全，防止枝条断裂和摔伤。

(9)病株应最后修剪，如已剪过病枝，所有工具都应消毒，以免传染。

三、相关知识

(一)主要树形及树体结构

1. 果树树形

按自然生长的程度分为自然形(自由形)和人工形(束缚形)两类。自然形是模拟树体自然生长的形状，根据栽培的需要，适当控制其大小、干高、树高、主枝层次等而成的树形。如疏散分层形、圆柱形等，都属于此类。人工形是按照人的意愿进行强制性整形而成的树形。这类树形在一定程度上违反了树体自然生长的规律，而使整形有一定的困难，对整形修剪技术有更高的要求。生产上常用的果树树形主要有以下几种类型。

(1)有中心干形

主干形:由自然形适当修剪而成,有中心干,主枝不分层或分层不明显,树高可达 4～6 m,甚至更高。枣、银杏、核桃、橄榄等粗放栽培时常用该树形。

纺锤形:由主干形发展而来,树高为 2.5～3 m,冠径为 3 m 左右,在中心干四周培养多数短于 1.5 m 的水平主枝,主枝不分层,上短下长。适宜于分枝多、树冠开张、生长不旺的果树,如梨、李、矮化及半矮化砧苹果等。

圆柱形:由纺锤形发展而来,因树形近圆柱状而称为圆柱形。树高近 2.5 m,冠径约为 1.5 m,中心干不分生大主枝,而是配置 10～12 个小主枝,直接作为结果枝组。枝组短,上下差别不大,结果 2～3 年后从基部更新。该树形在欧洲广为应用,我国一些矮化密植苹果园、梨园也采用此树形。

小冠疏散形:将主枝数减少、变小,使树冠相对较小。冠径约为 3.5 m,树高为 3～3.5 m,分 2～3 层,第一层主枝 3 个,第二层主枝 2～3 个,每个主枝上着生 2～3 个侧枝。此形符合有中心干的果树生长特性,主枝数适当,结构牢固,为苹果、梨等常用的树形之一。

(2)开心形　此类树形主干上有 2～4 个主枝向外延伸,呈开心状,无中心干,适宜于喜光性树种。核果类果树多用此类树形,苹果、梨也偶尔采用。常用的开心形有自然开心形、延迟开心形、自然杯状形和 Y 字形。

自然开心形:主枝有 3 个,在主干上错落着生,对称排列,其先端直线延伸,在主枝侧外方分生副主枝。加强培养基部副主枝,使它尽量向外伸展。树冠侧面形成两层,树冠中心仍保持空虚。

延迟开心形:主枝也有 3 个,在主干上相互拉开,相距较大,可达 1 m。3 个主枝分 3 年培养完成,主枝上培养副主枝,主干比自然开心形高。

自然杯状形:主干留一定高度,然后剪去上部,使其分生 3 个主枝,向四周斜生,均衡发展。而后再使 3 个主枝各分生 2 个势力相等的大枝,以后逐年继续二叉分生,直至左右邻近的树枝相接近为止,而树冠中心始终保持空虚,呈杯状,故名。

Y 字形:也称两主枝开心形。每株仅有两个主枝,呈 Y 字形,与地面成 60°夹角,主枝上直接着生结果枝组。常用于桃、梨密植园,在苹果上也偶有用到。

(3)篱壁形　主要用于蔓性果树,如葡萄、猕猴桃等。高度矮化密植栽培的木本果树也用篱壁形整形。常用的篱壁形有单篱架形、棕榈叶形和自然扇形。

单篱架形:架高因品种、树势、树形、气候、土壤条件及肥培管理水平而定,通常为 1.8～2.2 m,架上拉 2～4 道铁丝。作龙干式整形,用短梢或超短梢修剪。利用单篱架栽培,通风透光条件良好,有利于提高果实品质及机械耕作。

棕榈叶形:主枝有 6～8 个,在主干上沿着行向平面分布。根据骨干枝的分布角度,又可分为斜脉形、斜棕榈叶形等。树篱横断面多呈三角形。

自然扇形:主枝斜生,在行向分布成不完全平面。干高为 20～30 cm,有 3～4 层主枝,每层 2 个,与行向保持 15°夹角。第二层主枝与行向保持和第一层相反的 15°夹角,与上下相邻两层主枝左右错开,主枝上留背后或背斜枝组。葡萄等藤本植物的篱壁式扇形,一般选留 4 个主枝,均匀分布在篱架上。

(4)棚架形　主要用于蔓性果树,如葡萄、猕猴桃等,在梨、甜柿等木本果树生产栽培上也广为应用。依棚架大小分大棚架(架宽 6 m 以上)和小棚架(架宽 6 m 以下),依倾斜与否分水平棚架(在平地和需要埋土越冬的地区常用水平大棚架)和倾斜棚架(在山地和需要埋土越冬的地区常用倾斜小棚架)。

棚架和篱架的混合形称为篱棚形,常用于庭园绿化果树。开始为篱架形,以后果树向上生长,在顶部形成棚架形。

(5)匍匐形　我国东北、西北如新疆、黑龙江、辽宁等省(自治区)栽培苹果、桃、梨及葡萄等果树时,为了抵御冻害、安全越冬而采取匍匐栽培的树形,这种树形有利于越冬前树体的埋土防寒作业。在寒冷地区可减少腐烂病为害,增强树势;并可控制树势,使果树早结果早丰产,提高果实品质,增加经济效益。其缺点是栽培费工,且抑制生长,一般产量不及立式树形。

(6)丛状形　适用于灌木果树,如石榴、无花果、金橘等,核果类果树如肥城桃、深州蜜桃等也有应用。无主干或主干甚短,着地分生多个主枝,形成中心密闭的圆头丛状形树冠。丛状形整形容易,主枝生长健康,不易患日焦病或其他病害;修剪轻,结果早,早期产量多,适合于干旱大陆性气候地区应用。但枝条多,影响通风透光,影响品质;无效体积和枝干增加,后期也影响产量的提高。

2. 观赏树木树形

在观赏园艺中,树形的概念,不只是树冠内枝干骨架结构的轮廓,还包括叶幕的形状和整株的造型。观赏树木和盆景的树形种类极多,可以说是千姿百态,目前较常用的树形有杯状形、开心形、多领导干形、中央领导干形、圆球形、拱圆形、灌丛形、树篱形、云状形、牌坊形、圆盘形、棚架形,以及在盆栽观赏植物上常见的各种动物造型等。

3. 树体结构

树体结构因木本、藤本、草本植物种类的不同而异,比如藤本植物其树体结构是由主蔓、侧蔓、结果母枝、结果枝等组成的,而木本果树的树体结构主要是由下列几个方面构成的。

(1)主干　指树体从地面到第一主枝分枝处的树干,一般高 60～100 cm。主干的高度是幼树定植后修剪决定的(称定干)。

(2)中心干　又称中央领导干,指主干以上的中心骨干枝,其上着生主枝。中心干不宜太高,2～3 m 即可。中心干有直立的,也有弯曲的。生长势太强的宜取弯曲中心干,而生长势弱的宜取直立中心干,以平衡树势。

(3)主枝　是中心干上的骨干枝,向外延伸占领较大的空间。主枝大的,上面有 2～4 个侧枝以及许多结果枝组或辅养枝。稀植的树,主枝大;密植的树,主枝小,甚至无主枝,如纺锤形、圆柱形树。

(4)辅养枝　中心干上或主枝上的临时性枝条,插空存在。在有空间时,保留其结果或长叶以养树;待骨干枝上枝量大、空间拥挤时,辅养枝就逐渐缩小或被剪除。

(5)枝组　又称枝群或单位枝,是两个或两个以上结果枝集于一起的枝。结果枝组的寿命长短、结果枝多少、结果能力如何,对果树生产性能的影响极大,培养枝组是修剪的重要任务。

(二)果树整形修剪的时期和方法

1. 整形修剪的时期

理论上,以生长控制为目的的修剪,什么时期都可以进行。但从影响植物生长发育的效率和可行性考虑,须根据不种园艺作物、不同品种、不同生长情况等区别对待。多年生木本植物修剪时期主要分为冬剪和夏剪。

(1)冬剪　落叶果树或观赏树木秋末冬初落叶至第2年春季萌芽,或常绿树木冬季生长停止的时期,这一段时间即休眠期,进行的修剪称为冬剪或休眠期修剪。在生产上这是最重要的修剪时期:一是因为这个时期劳动力便于安排,无其他活茬挤占,易从容进行;二是因为落叶后树冠内清清爽爽,便于辨认和操作;三是因为这个时期修剪,果树的营养损失少,即使是常绿果树也如此。另外,在果园土壤管理上,不论是生草或间种作物,以冬剪影响最小。一个大面积的果园,整个冬季内要进行修剪,应先剪幼树、先剪经济效益大的树、先剪越冬能力较差的树、先剪干旱地块的树。从时间上讲,应先保证修剪技术难度大的树的修剪。

(2)夏剪　除冬剪的时间外,由春至秋季末的修剪都称夏剪,又称带叶修剪。理论上,调节光照、调节果实负载量、调节枝梢密度,夏剪更准确一些,也较合理;但夏季果园劳动力紧张,夏剪的及时性难以保证,甚至容易被忽略。

需要注意的是,葡萄、核桃等果树每年有个固定的时期出现剪口的"伤流现象",这个时期称伤流期。伤流是树体营养物质的损失,因此这类果树修剪应避开伤流期。葡萄的伤流期是春季萌芽前后,持续两三周,核桃的伤流期是秋季落叶后至春季萌芽前,持续数个月之久。伤流期修剪果树,剪口愈合慢,剪口下芽的生长势弱。

2. 整形修剪的方法

(1)短截　剪去一年生枝的一部分。一般短截对枝条生长有局部刺激作用,可促进剪口以下侧芽萌发,促生分枝。短截程度不同,反应也不一样。一般可分为轻短截(剪去1/5～1/4、中短截(剪去1/3～1/2)、重短截(剪去2/3～3/4)和极重短截(基部留1～2个瘪芽)。

(2)戴帽　在春秋梢交界处轮痕上部短截。因剪口下是瘪芽,多萌发出中、短枝,能缓和长势。此种剪法多用于骨干枝或大枝组主轴背上的徒长枝。如进行一般短截,长出的枝条往往过旺,既不易形成花芽,又影响通风透光。采用戴帽修剪,结合生长季节疏剪强枝、环剥和扭梢等方法,可以培养出理想的小型枝组。

(3)回缩　对多年生枝剪截叫回缩或缩剪,一般结果期树应用较多。主要目的是改变枝条方向,恢复树势,促进枝条基部发枝等。

(4)疏枝　也叫疏剪,把枝条从基部去掉。疏剪可改善树体的通风透光状况,增强同化效能。一般对全树起削弱生长作用,对局部有促进作用,但比短截作用小,而影响的范围比短截广,其效果与修剪量和被剪除枝条的长势有关。如疏去强枝,留下弱枝,或疏枝过多,对树势和枝势有明显的削弱作用;如疏去弱枝,可使养分集中,增强枝势。疏枝有削弱母枝枝势的作用,减缓加粗生长,故常作为调节树体和局部势力的手段,以达到平衡树势的目的。在一株树上需要疏除较多大枝时,注意要逐年控制,分期疏除,切忌一次造成伤口过多,严禁造成对口伤和距离很近的上下同侧伤。

(5)缓放　即不剪藏,可利用单枝生长势逐年减弱的特性保留大量枝叶,避免剪截刺激而旺长。缓放枝枝叶多,生长势缓和,停止生长早,既有利于通风透光,又有利于营养积累和花芽分化,因而结果早。缓放由于萌芽力强,中短枝多,有利于营养积累,有利于母枝和根系生长。缓放多用于平斜下垂枝,而直立旺长枝缓放后加粗快,顶端优势强,分枝少,容易出现树上长树的现象。因此,一般应缓放长势中庸的枝条,使其抽生中、短枝,有利于结果。为了减少总修剪量,增加分枝,有时也缓放一些强旺的直立枝,但必须改变枝向,并配合扭伤、环剥等措施,才有利于削弱枝势,促进花芽形成。实施缓放修剪时应注意,缓放效果有时需连放数年才能表现出来。因此，对长势较旺、不易形成花芽的品种必须连续缓放，待中后部形成花芽或开花结果后再及时回缩，培养成各类结果枝组。

(6)背后枝换头　冬剪时常用于骨干枝梢角开张的一种剪法。当骨干枝梢角偏小，又难以用其他方法开张，或虽可开张但无其生长余地时，则可利用主枝背后适宜的分枝进行换头。为保证换头效果，一般要求背后枝的粗度达到原枝头粗度的1/2。

(7)生长季修剪　生长季修剪方法很多，包括刻芽、抹芽、摘心、扭梢、拿枝、环剥、疏枝、曲别枝、拉枝等。具体应用时要灵活使用。

四、复习题

1. 如何对桃树进行整形修剪？
2. 生产上常用的果树树形主要有哪几种？
3. 简述果树整形修剪的时期和方法。

实习二十二　小麦穗分化进程观察

一、实习目的

学习观察小麦幼穗分化的方法，了解小麦结实器官的形成过程。掌握小麦幼穗各分化时期的形态特征。掌握小麦幼穗各分化时期与植株外部形态的对应关系。

二、实习内容

（一）材料和用具

小麦穗分化期间的植株，立体显微镜、光学显微镜、镊子、解剖针、剪刀、刀片、尺子、醋酸洋红试剂等。

（二）内容与步骤

1. 观察时期

小麦幼穗开始分化的时间因播期和品种不同而异。在秋播条件下，一般适时播种的冬性品种，穗分化于返青以后开始；春性强的品种或播种过早的冬性品种，也可在冬前开始。所以，开始观察的时间要根据具体情况而定。幼穗分化是一个连续的渐变过程，从开始（伸长期）到结束（四分体期）的观察次数，以研究的内容、人力和物力条件而定，一般 3 d 左右观察一次较好。

2. 取样

选取具有代表性或事先标记的植株，一般每次取 20 株，从中选 5～10 株进行观察。

3. 记录小麦植株的外部形态

包括株高、主茎叶片数（可见叶、展开叶）、分蘖数、次生根数。

4. 观察方法

小麦主茎幼穗分化开始较早，一般以主茎为观察对象。首先可以去掉一部分根，留下适量的根和地上茎，以便剥取幼穗时用手掌握。然后由外向内将叶片和叶鞘逐层剥去，在剥取过程中注意观察各个叶的形态。当露出发黄的心叶时，用解剖针从纵卷叶片的叶缘交接处，顺时针或逆时针方向从基部把叶去掉。当剥到肉眼不易分辨叶片时，可放在立体显微镜下，继续用解剖针剥，直至露出透明发亮的生长锥。注意观察幼穗正面、侧面，基部、中部和上部，以获得全面的认识。最后以幼穗中部的形态特征为准，确定穗分化期。观察雌雄蕊分化时，切下一个小穗观察比较清楚。观察四分体时，要选微黄绿色的花药。用镊子将花药放在载玻片上，盖上盖玻片，轻轻压出花粉，用醋酸洋红染色，然后在光学显微镜下镜检。

5. 小麦穗分化的时期及其特征

（1）幼穗原基分化期　从分化出旗叶叶原基到第一苞叶原基出现，生长锥即穗的原始体从营养生长进入生殖生长阶段。

(2)单棱期　分化穗轴节片和苞叶原基的时期。

(3)二棱期　小穗原基分化时期,该时期可细分为二棱初期、二棱中期、二棱后期。

(4)护颖原基分化期　幼穗中部的3～4个小穗基部出现护颖原基突起,称为下位护颖;小穗基部的另一侧分化出第二个护颖原基,称为上位护颖原基。上部小穗和下部小穗基部逐渐分化出护颖原基,整体呈三角形突起。

(5)小花原基分化期　幼穗中部的3～4个小穗的下位护颖上方可见长形小花外颖原基突起,在上位护颖的上部分化出第二朵小花的外颖原基,在其上部分化形成半圆形的小花生长锥,进而分化出雌雄蕊原基。

(6)雌雄蕊原基分化期　在幼穗中部3～4个小穗的第一朵小花的原基扁圆体上可见两个对生的小圆形突起,在小花的远轴一侧又出现一个圆形突起,呈三角形分布在外颖上方,即3个雄蕊原基,中间形成雌蕊原基。

(7)药隔形成期　随着雌雄蕊原基不断分化,雄蕊由圆形变为长圆形,雄蕊中部出现自上而下的微型纵沟,雄蕊顶部可见凹陷。

(8)雌蕊分化期　根据小花雌蕊发育进程的形态变化特点,可将雌蕊生长发育过程划分为以下9个时期。

雌蕊原基分化期:小花原基顶部出现3个雄蕊,其中间形成半圆形雌蕊原基。

小凹期:即药隔形成初期,在雄蕊形成小沟的同时,半圆形雌蕊顶部出现小凹陷。此时内颖开始分化,外颖开始形成突起。

凹期:雌蕊持续不均衡生长,凹陷逐渐扩大,边缘变薄而形成碗状凹陷。此时可明显观察到花药的四室,内颖仍在雌雄蕊的基部。

大凹期:雌蕊两侧生长快,而近轴一侧生长较慢,因此可观察到雌蕊上部的近轴一侧低、远轴一侧高的坡形大凹。此时内颖明显可见,外颖芒开始伸长。

柱头突起期:雌蕊大凹远轴侧生长迅速,形成两个明显突起,即雌蕊柱头原基,随柱头伸长呈V字形。此时内颖尚未覆盖雌雄蕊,外颖芒明显伸长。

柱头伸长期:此时小花的内颖和雌雄蕊等高,两柱头持续伸长,内外颖迅速生长,子房形成。

柱头羽毛突起期:柱头伸长达到最大长度时出现圆柱形羽毛突起,子房上部、柱头基部开始分化出冠毛突起,冠毛突起生长迅速很快覆盖两柱头基部,柱头羽毛向上伸长。

柱头羽毛伸长期:柱头羽毛显著伸长,内颖与外颖等长。

柱头羽毛形成期:雄蕊四分体时期至开花期,第一朵小花柱头羽毛继续伸长,第二、第三朵小花达到羽毛伸长期。

(9)四分体时期　雌蕊生长发育的同时,雄蕊也逐渐变大,形成具有4个花粉囊的花药和花丝。花药内造孢细胞经分裂产生大量的花粉母细胞,1个花粉粒母细胞进行减数分裂,形成小孢子四分体。此时雌蕊发育到柱头羽毛伸长期,株心中的胚囊母细胞经减数分裂形成大孢子四分体,此后近珠孔的3个大孢子解体,远珠孔的1个大孢子经有丝分裂发育成为成熟胚囊。

(10)顶端小穗形成期　顶端小穗是幼穗分化最后出现的小穗,构成顶端小穗的一些器官不同于其他小穗。顶端小穗没有护颖的分化,穗上部的两对相对的苞叶原基分别形成顶端小穗的下位护颖和上位护颖。原来形成护颖的部位形成的是小花的外颖,而后在外颖上方分化出雌雄蕊。顶端小穗的两侧分化为小花原基。

三、相关知识

(一)小麦的营养生长与生殖生长

1. 营养生长

小麦的营养生长阶段从种子萌发到幼穗分化开始,包括萌发期、出苗期、三叶期、分蘖期、越冬期、返青期、起身期、拔节期、孕穗期。该时期是小麦生长叶片、根系和分蘖等营养器官的时期。

2. 生殖生长

小麦的生殖生长阶段从幼穗分化到成熟,包括抽穗期、开花期、乳熟期、蜡熟期、完熟期、收获期。在受精后,光合作用产物和植株体内的贮藏物质大量向籽粒输送,形成籽粒并灌浆成熟,这是主要的生殖生长过程,这一阶段以形成粒重为中心。小麦抽穗开花期是每穗实粒数的最后决定期,灌浆成熟期是决定粒重的重要时期。

3. 营养生长与生殖生长的转换

小麦幼穗分化开始也就标志着营养生长和生殖生长并进期的开始,是根、茎、叶继续生长和结实器官分化形成并进期,是决定穗粒数的主要时期。幼穗分化后大约 10 d,裸眼可见幼穗花序。幼穗形成前仍有 3 片叶子长出,幼穗首次出现在主茎上,随后不平均地出现在分蘖上,幼穗继续生长,小穗可清晰辨认。幼穗在旗叶鞘内持续向上伸长,导致旗叶鞘膨胀,这一过程称作孕穗。孕穗大多数情况下首先出现在主茎上,孕穗期下部叶片开始黄化、衰老。随着生长中心的转移和营养物质分配的变化,分蘖向两极分化,早生大分蘖迅速生长成穗,晚生小分蘖渐次衰亡。所以,这一阶段是巩固有效分蘖与决定成穗数的重要时期。

(二)小麦籽粒灌浆的三个阶段

籽粒容量取决于籽粒形成的胚乳细胞数,但籽粒的充实度则取决于灌浆强度和灌浆历期的长短。从籽粒形成到成熟的整个过程,根据籽粒体积变化、干物质积累和水分含量变化可分为三个时期。

1. 乳熟期

籽粒乳熟期间,植株下部叶片和叶鞘变黄,中部叶片也开始变黄,但叶鞘和上部叶、茎、穗仍保持绿色,籽粒呈黄绿色,可挤出含淀粉粒的白色浆液,故称乳熟期。这一时期是干物质积累最快的时期。籽粒形成以后,体积迅速增大,几乎呈直线增长。氮化物积累可达最后总含量的 70%～80%,碳水化合物达 50%～60%,含水率由 70%左右降到 45%左右。乳熟期一般持续 13～15 d,到乳熟末期籽粒体积和鲜重达最大值,称顶满仓。这时光合作用所产生的物质大部分被运送到籽粒,原来贮藏于茎、叶中的物质也不断分解,向籽粒中灌浆。在气温低、湿度大的条件下,乳熟期可延长到 16～18 d,乳熟期越长,积累的养分越多,籽粒越充实;在高温、干旱条件下,乳熟期缩短,积累养分少,籽粒瘦小。

2. 蜡熟期

含氮物和碳水化合物继续向籽粒输送,籽粒中的可溶性物质大量转化为可溶性贮藏物质,粒色开始变黄,种子体积开始缩小,胚乳不呈乳汁状而呈蜡状,故称蜡熟期。蜡熟期植株逐渐变黄，光合作用渐趋停止，下部叶和中部叶变脆，茎秆仍有弹性，上 3 片叶开始发黄，穗下节间呈金黄色。茎、叶中营养物质继续向籽粒输送，这一时期长 5～7 d。到蜡熟末期，粒重达最大值，含水率由乳熟末期的 45%左右下降到 20%左右。麦粒呈品种固有的颜色，是收获适期。

3. 完熟期

植株枯黄变脆，穗茎易折断，麦粒变硬，含水率下降到 14%～16%，易脱落。在完熟期籽粒干重不再增加，以进一步完成形态和生理成熟为主。若不及时收获，由于雨水淋溶和呼吸消耗，籽粒干重会下降，同时还会发生穗发芽，机械落粒增加，品种变劣，从而造成损失。

在小麦籽粒形成与成熟过程中，籽粒干重与含水率变化各有一定的规律性。籽粒受精发育后，由于碳水化合物等有机物的输入和积累，籽粒重量不断增加，其增加速度呈“慢－快－慢”变化，整个过程呈 S 形曲线变化。具体地，籽粒形成期重量增加速度缓慢，输入籽粒中的有机物主要用于籽粒形态建成；乳熟期增加较快，籽粒形成以后，输送进来的物质主要用于贮存积累；蜡熟期植株开始衰亡，物质生产量开始下降，输送给籽粒的光合产物也减少，且由于籽粒贮藏物质积累已达到一定水平，库容积成为限制因素。

(三)小麦的光周期特征

光周期也是影响植物从营养生长向生殖生长转变的重要因素，依据对光周期的敏感程度，可将植物分为敏感型和不敏感型。对光周期敏感型植物而言，长日照条件可以促进开花，而不敏感型植物则可在长日和短日条件下正常开花。根据小麦对日长反应的不同，可分为长日敏感型、短日敏感型和不敏感型 3 个光周期反应型。根据小麦对光照和温度反应的不同，小麦品种明显地分为三大类群，即光敏感型品种、温敏感型品种和温光兼敏型品种。光敏感型品种对低温基本无反应，对长光照十分敏感，表现出长光与正积温效应。温敏感型品种对低温春化要求严格，在无低温春化时，长日照甚至会延缓其发育，表现出短光照可代替低温春化的现象。温光兼敏型品种对低温春化及长日照都敏感，具有温光共同互作效应。

(四)小麦的春化作用

小麦属典型的春化敏感作物，一般都在秋季播种萌发，经过一段营养生长后度过寒冬，第二年夏初开花结实，若冬小麦在春季播种，则只长茎、叶而不开花或开花大大延迟。春化发育是小麦一生中重要的发育阶段，由于品种间春化反应具有连续的质和量的变异特征，可将品种划分为强春性、春性、冬春性、冬性、强冬性、超强冬性 6 个类型。6 个类型之间的春化反应特征有明显的差异，高温条件下的苗穗期从春性的 33 d 到超强冬性的 170 d，春化作用变异系数从春性的 2%～4%到超强冬性的 40%左右。因此，小麦品种的春化发育特征是其对低温春化效应的反映，可为小麦的种植区划和品种的合理利用提供依据。

四、复习题

1. 简述小麦穗分化观察的时间与方法。
2. 小麦穗分化的进程包括哪几个时期？它们各有什么特征？
3. 小麦还有哪些生长发育特性？这些特性与穗分化进程有何关系？

实习二十三　农作物物候期观测技术

一、实习目的

物候期观察是指在一定的条件下，随一年中季节气候的变化，观察记载农作物的生长发育进程，为科研或生产上进行选择、配植、养护和管理提供技术参考。本实习将通过不同类型作物的实地观测，使学生初步掌握物候期观测的基本方法、主要内容和记载标准，了解物候期观测的历史与意义。

二、实习内容

(一)材料与设备

直尺、温度计、放大镜、记录本等。

(二)内容与步骤

1. 观测方法

(1)观测地点的选定　在进行物候观测前，首先应认真遴选观测点。选定地点后，尽量开展多年观测，不要轻易更换；所选的观测点，尽可能相对平坦、开阔，应该具有一定的代表性。选定观测地点以后，应该翔实登记地点名称、土壤性质、海拔高度、地形地貌等信息并存档。

(2)观测目标的选定　植物的选定，以自然环境下生长的植物为宜，盆栽及温网室内植物不适宜作观测对象。每种植物宜选 3～5 株作观测对象。所选植物不宜受到伤害或移植等，保持其正常生长发育。对于木本植物，选定后应做好标记，实行定株观测；对于一年生草本植物，应当在一定地点范围内选定若干株作观测目标。

(3)观测时间的安排　物候观测是常年进行的，观测年代越久，观测资料越珍贵。观测宜每天进行，如时间不允许，可以隔一天观测一次。在实际操作中，如没有隔一天观测的必要，可以结合实际适量减少观测次数，但必须保证观测记录的连续性和完整性。冬季植物停止生长时，可以酌情停止观测。观测时间最好在下午，因为在上午未出现的现象往往下午会出现，但有些植物是早上开花，下午就凋谢，则必须上午观测。

(4)观测与记录　对于木本植物和草本植物发育时期的观测，开花期分为始花期、盛花期和终花期；展叶期分为始期和盛期；落叶期分为始期和末期；果熟期分为果实脱落始期和果实脱落末期。

(5)注意事项

①在木本植物观测中，如果选取生长于不同地形(如山顶、山腰、山脚、阳坡、阴坡)的植株作为对象，应分别观测并记录各个发育时期的出现时间，不能把这些时间进行平均后记录。如果在同一观测点选择某一植物的若干株作观测对象，可以不必进行单株登记，只需把所有观测植株作总的估计并记录。

②超过一半以上的植株达到某一发育时期，就是到了某一发育时期。如选定某品种植株

的观测数目为5株，有3株见开花，则就是到了始花期。

③物候期观测应做到随看随记，不要事后凭记忆补记。记录时应科学地设计记录表格，表格内容应包括时间、地点、海拔、经度、纬度、植物名称、发育期、观测人员等内容。

2. 内容与标准

(1)棉花物候期观测　棉花为锦葵科棉属灌木状的植物，原产于亚热带。在热带地区栽培可越年生长，能长到6 m高。在我国的大部分地区只能作为一年生植物栽培，一般为1～2 m高。棉花整个生育期一般分为出苗期、苗期、蕾期、花铃期、吐絮期5个生育时期。记载标准如下。

出苗期：50%棉苗出土，两片子叶展开。

苗期：出苗期至50%棉株出现第一个幼蕾。

蕾期：现蕾期至50%植株开第一朵花。

花铃期：开花期至50%棉株出现第一个棉铃吐絮。

吐絮期：吐絮开始至收花结束。

此外，为管理需要，还可进行如下细分记录。

孕蕾期：棉株第一个花芽分化开始，一般在2～3片真叶时期。

盛蕾期：现蕾后10 d左右，单株蕾的日增长量多的时期。也有人提出在第四果枝开始现蕾时进入盛蕾期。

初花期：开始开花到盛花期以前所经历的时间，约半个月。与始花期不同，始花期是田间第一朵花开放的时间。

盛花期：开花10 d左右，单株开花日增长量多的时期。或第四果枝开始开花，即进入盛花期。

(2)玉米物候期观测　玉米为一年生禾本科玉蜀黍属的草本植物，在我国栽培一般分春播与夏播。玉米物候期的划分及其记载标准如下。

播种期：播种当天的日期。

出苗期：幼苗出土高度在2～3 cm的穴数达50%的日期。

拔节期：50%以上的植株基部开始伸长，节间长度达1 cm的日期。此时，叶龄指数为30%左右，解剖观察可见，雄穗生长锥开始伸长。

小喇叭口期：50%以上的植株雌穗进入伸长期，雄穗进入小花分化期的日期。此时，叶龄指数为46%左右。

大喇叭口期：50%以上的植株外形大致是棒三叶(果穗叶及其上、下两片叶)大部分伸出，但未全部展开，形似大喇叭口的日期。此时，叶龄指数为60%左右，解剖观察可见雌穗进入小花分化期、雄穗进入四分体期。

抽雄期：50%以上的植株雄穗顶端露出顶叶3～5 cm的日期。

散粉期：50%以上的植株雄穗开始散粉的日期。

吐丝期：50%以上的雌穗的花丝露出苞叶的日期。

乳熟期：50%以上的植株果穗中部籽粒干重迅速增加并基本建成，胚乳呈乳状，后至糊状。

蜡熟期：50%以上的植株果穗中部籽粒干重接近最大值，胚乳呈蜡状，用指甲可以划破。

成熟期：90%以上果穗的籽粒出现黑色层，乳线消失，并呈现出品种固有的颜色和光泽的日期。

(3)葡萄物候期观测　葡萄为葡萄科葡萄属的多年生木质藤本植物，花期在4—5月，果期在8—9月。葡萄物候期的划分及其记载标准如下。

伤流期：春天当根系分布土层的地温达7～10 ℃时，根系开始从土壤中吸收水分和无机物质。这时地上部如有碰伤或新剪口，便引起树液外流，称为伤流。伤流期从根系在土壤中吸收水分开始到展叶后为止。

萌芽期：从萌芽到开始展叶。在日平均气温达10 ℃以上时，根系吸收的营养物质进入芽的生长点，引起细胞分裂，花序原始体继续分化，使芽眼膨大和伸长。一般以50%的芽达到绒球期的日期作为葡萄的萌芽期。

新梢生长期：从展叶到新梢停止生长，一般为100～120 d。由于生产中常在开花前后进行摘心，新梢的生长就会暂时停止。因此，新梢生长期一般指从展叶到新梢摘心这一段时间，一般为30～50 d。

开花期：开花期可细分为始花期、盛花期和终花期。一般全园第一朵花开即为始花期，当花开到80%左右即可定为盛花期，盛花期后2～3 d进入终花期。始花期和盛花期是葡萄摘心和保果处理的关键时期，要注意加强观测和记载。

浆果生长期：从子房开始膨大到浆果开始着色。该期较长，一般可延续60～100 d，包括葡萄的浆果生长、种子形成、新梢加粗、花芽分化、副梢生长等时期。葡萄开花后，由卵细胞受精形成绿色的浆果。当幼果长至2～4 mm大小时，一部分因营养不足或授粉不良出现落果现象，该段时期可称为落果期。在浆果生长的同时，新梢加粗生长。当浆果长到接近品种固有的大小时趋于缓慢生长，此时新梢(含副梢)进入第二次生长高峰，应加强肥水管理和病虫害防治。

浆果成熟期：从果实开始变软到果实完全成熟。当有50%果实软化并进入转色期时，即可定为浆果成熟期。

落叶期：从浆果成熟至叶片黄化脱落时为止。浆果采收后，叶片光合作用仍在加速进行，制造的营养物质由消耗转为积累，被运往枝蔓和根部贮藏起来。这时花芽分化也在微弱进行，如果树体营养充足，使枝蔓充分成熟、花芽分化较好，可以提高越冬抗寒能力和下一年产量。

休眠期：从落叶到翌年树液开始流动为止。随着气温下降，叶片呈橙黄色，叶片脱落，此时进入正常生理休眠期。休眠期可减少或暂停物候观测记录直至气温回暖。

(4)苹果物候期观察　苹果是蔷薇科苹果属的多年生落叶乔木，花期在4—6月，果期在7—11月。苹果物候期的划分及其记载标准如下。

花芽膨大期：短果枝花芽开始膨大，鳞片开始变淡。

花芽开绽期：芽顶端鳞片松开，由芽顶端露出叶尖或苞片尖等。

显蕾期：花芽裂开处露出花蕾。

花芽鳞片脱落期：花芽鳞片脱落。

展叶期：花序下叶片开始展开。

花蕾分离期：花柄完全露出，花蕾彼此分离。

初花期：全树有5%的花开放。

盛花期：全树有25%的花开放为盛花始期，有50%的花开放为盛花中期，有75%的花开放为盛花末期。

谢花期：全树有5%的花的花瓣脱落为谢花始期，有95%以上的花的花瓣脱落为谢花终期。

落花期：未授粉、受精的花开始枯萎脱落至终止期。

生理落果期：落花后，已经开始发育的幼果中途萎蔫变黄脱落的时期。此期可分别记载落果开始和终止时期。

果实着色期：果实出现该品种固有色泽的时期。

果实成熟期：全树有75%的果实已具有该品种成熟特征的时期。

叶芽展叶期：叶芽新梢基部第一片叶展开，以中、短枝顶芽萌发的新梢为准。

新梢生长期：观察树冠外围延长新梢。自新梢第一个长节出现为春梢生长始期；至新梢生长转慢，节间变短或停止生长，为春梢生长终期。

叶片变色期：秋末正常生长的植株叶片变黄或变红的时期。

落叶期：秋末全树有50%的叶片正常脱落为落叶始期，有95%以上的叶片正常脱落为落叶终期。

三、相关知识

(一)物候期的定义及影响因素

1. 物候期的定义

“花木管时令，鸟鸣报农时。”这就是人们所说的物候。生物在进化过程中，由于长期适应周期性变化的环境，形成与之相适应的生态和生理机能有规律性变化的习性。人们可以通过观察其生命活动的动态变化来认识气候的变化，所以称为生物气候学时期，简称为物候期。

2. 物候期的影响因素

(1)纬度差异　在不同的纬度上，物候来临的迟早是不同的。例如，越往北桃花开得就越迟，候鸟来得也越晚。我国地处亚洲的东部，大陆性气候极显著。在不同地区，由于纬度不同，季节到来的早晚和延续的长短不同，作物种植和管理方式不同，形成各地特有的物候历。

(2)经度差异　经度的不同，是影响物候期的第二个因素。东西的差异，主要取决于气候的大陆性强弱不同。凡是大陆性强的地方，冬季严寒而夏季酷暑。反之，大陆性弱的地方，则冬季既不太冷，夏季也不太热。在同一纬度上，经度对我国的农业生产可能起很大作用。

(3)高下差异　影响物候期的第三个因素是高下的差异。植物的抽青和开花等在春夏两季越往高处越迟，但到了秋季，如乔木的落叶等现象则越往高处越早。这一现象在山地秋冬两季，尤其是这两季的早晨，极为显著。

(二)物候期观测的历史与意义

1. 物候期观测的历史

我国最早的物候记载，见于公元前1 000年以前的《诗经·豳风·七月》，其后的《夏小正》《吕氏春秋·十二纪》《淮南子·时则训》《札记·月令》等，则已经按月记载全年的物候历了。而《逸周书·时训解》更把全年分为72候，记有每候5 d的物候，成为更加完善的物候历，北魏时曾附属于历书。西汉著名的农学著作《汜胜之书》有以物候为指标来确定耕种时期的记载。至南宋，浙江金华(婺州)人吕祖谦在《庚子·辛丑日记》中记载了淳熙七年和八年(1180年和1181年)金华的物候，这是世界上最早的实际观测的物候记录。在明代李时珍的《本草纲目》

所记载的近 2 000 种药物中,有着极为丰富的植物物候资料。

现代物候学研究的奠基者是竺可桢,1934 年他组织建立了物候观测网,这成为中国现代物候观测的开端。在他的领导下,1962 年,又组织建立了全国性的物候观测网,进行系统的物候学研究。为了统一物候观测标准,1979 年出版了《中国物候观测方法》,并逐年汇编出版《中国动植物物候观测年报》。近年来,随着物候观测网的扩大,以及遥感技术和电子计算机等的应用,物候资料更加丰富,使物候学的研究在理论和应用方面都得到了更大的发展。

2. 物候期观测的意义

(1)作物栽培　农作物的区划是推广栽培作物品种、合理配置作物种类的先决条件。例如稻麦两熟区的推广界限问题,需要有周密的区划,才可以事半功倍,获得增产。物候观测资料对解决这类问题是很有参考价值的。

(2)引种驯化　可以利用物候资料来指导引种驯化。如果了解了某种植物原产地的物候条件,就可以把该植物引种到条件相同的其他地区。美国曾从我国引进一些经济作物,在移植之前,派人到我国搜集了移植品种的物候观测资料。这些资料对引种驯化的成功起到了关键作用。

(3)对付害虫　物候资料也可以帮助人们对付害虫。害虫的发生是有一定时期的,利用物候学知识使农作物的播种期提早或延迟若干天,往往能减轻或避免害虫的侵害,增加作物的产量。

(4)土地利用　我国山区面积大于平原面积,有很大面积的山区土地可供利用。但是很多山区的气候和土壤对于农业经营的适应性,还有待调查。系统开展山区物候观测,将有助于合理利用山区垂直分布带的土地资源。

(5)绿化　利用物候资料能预报农时,也能利用它来确定造林、移植树苗和采集树木种子的最适宜的日期。物候学的研究对绿化城市、乡村和营造防护林也有帮助。

(6)其他　物候观测资料对于养蜂、放牧、捕鱼、狩猎,以及对其他一切与生物界有关的各种经济建设都有实际意义。利用物候资料还可以判断地方性气候的特点。

四、复习题

1. 物候期观测有何意义?
2. 物候期观测的方法和标准是什么?
3. 试举一例,简述作物物候期观测的主要内容。

实习二十四　农作物的田间测产技术

一、实习目的

田间测产是作物收获期的一项重要工作，通过测产可以预测作物的产量，并了解增产或减产的原因，为制订下一年的生产计划提供依据。本实习中，学生将通过实地操作，学习水稻、小麦、玉米、大豆、油菜、棉花等主要农作物田间测产方法。

二、实习内容

（一）材料与用具

水稻、小麦、玉米、大豆、油菜和棉花收获期的代表性地块，尺子、电子天平、烘箱、纸袋、皮尺、钢卷尺、剪刀、水桶、数粒仪、量角器、计算器及特定面积的框架等。

（二）内容与步骤

1. 水稻田间测产

水稻单位面积上的产量是有效穗数（每穗实粒数 5 粒以上的穗子）、每穗实粒数和千粒重三者的乘积。对有效穗数、每穗实粒数和千粒重进行调查测定，即可求出理论产量。

在水稻黄熟期，选取有代表性的田块，用 3 点、5 点或 9 点取样法进行调查和计算。选点要有代表性，根据测定地块面积的大小来确定取样点数。测定地面积大要多取几点，面积小可少取几点。在生长整齐并有代表性的地段，如图 24.1，取 3 点（三角形取样）或取 5 点（对角线取样），面积大时可取 9 点（棋盘式取样）。

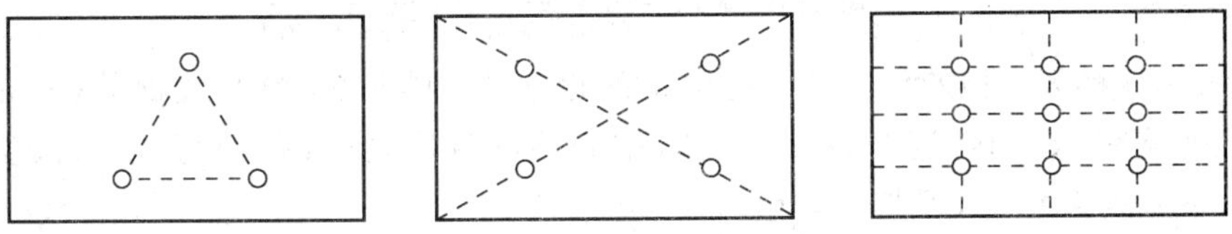

图 24.1　田间取样方法

（1）测定单位面积种植穴数　用皮尺测量每个样点 11 行的平均行距和 21 穴的平均穴距，测定平均行距、穴距，计算出每公顷的种植穴数。

$$每公顷穴数=\frac{10\ 000(m^2)}{行距(m)\times穴距(m)}$$

（2）测定单位面积有效穗数　在每个样点上连续取 20 穴，根据每穴有效穗数，计算平均每穴穗数，再根据单位面积种植穴数计算单位面积有效穗数。

$$每公顷穗数=每公顷穴数\times每穴平均穗数$$

(3)测定每穗实粒数　每个样点上取1～2穴(单穴平均穗数),调查每穗总粒数、实粒数,并计算结实率。

(4)测算千粒重　每个样点上的稻穗混合脱粒,烘干至含水量为15%左右,随机选取100粒称重,计算千粒重,重复3次,求平均值。

(5)理论产量的计算　公式如下:

$$每公顷产量(kg/hm^2)=每公顷穗数\times每穗实粒数\times千粒重(g)\times10^{-6}$$

2. 小麦田间测产

小麦单位面积产量是有效穗数、每穗粒数和千粒重三者的乘积。对有效穗数、每穗粒数进行调查测定,千粒重按品种常年值,即可求出理论产量。

在小麦成熟期,选取有代表性的田块和测产点(方法同水稻)进行调查和计算。

(1)有效穗调查　在样点中调查1 m^2 的穗数,每公顷穗数=1 m^2 的穗数×10^4;对于条播或点播小麦,可采用2 m双行计数有效穗数,每公顷穗数=1×10^4×2 m双行穗数/(平均行距×2行×2 m)。

(2)穗粒数调查　在样点中连续选择30穗,统计总粒数,计算平均穗粒数(粒/穗)。

(3)理论产量的计算　公式如下:

$$每公顷产量(kg/hm^2)=每公顷穗数\times每穗粒数\times千粒重(g)\times10^{-6}$$

3. 玉米田间测产

玉米单位面积产量是穗数、每穗粒数和百粒重三者的乘积。对穗数、每穗粒数进行调查测定,百粒重按品种常年值,即可求出理论产量。

在玉米成熟期,选取有代表性的田块和测产点(方法同水稻)进行调查和计算。

(1)测定株、行距,计算单位面积株数　每点测量11个行距,求出平均行距。每点测量21棵株距,求出平均株距。单位面积株数计算公式如下:

$$每公顷株数=\frac{10\ 000(m^2)}{行距(m)\times株距(m)}$$

(2)测单株穗数、穗粒数　在测定株距的地段上,调查50棵有效穗数(不足10粒的穗不算),算出平均单株穗数;连续取20个穗,中间不间隔取,数其每穗行数、行粒数,算出每穗粒数,将20个果穗数相加,求其平均值。

(3)计算理论产量　公式如下:

$$每公顷产量(kg/hm^2)=每公顷株数\times单株穗数\times穗粒数\times百粒重(g)\times10^{-5}$$

4. 大豆田间测产

大豆单位面积产量是株数、单株荚数、每荚粒数和百粒重(常年百粒重)四者的乘积,对株数、单株荚数、每荚粒数进行调查测定,百粒重按品种常年值,即可求出理论产量。

在大豆黄熟期或完熟期,选取有代表性的田块和测产点(方法同水稻)进行调查和计算。

(1)测定株距和行距　在所取样点内,每点测11行的总宽度,求出平均行距;每点取2行各量出5 m长,数株数,求出平均株距。单位面积株数计算公式同玉米。

(2)单株荚数及每荚粒数　每个取样点,在最接近平均株数的行内连续取出有代表性的植株10株,调查每株有效荚数(指一株上除瘪荚以外的荚数)和每荚实粒数,计算出单株平均有效荚数及平均荚粒数。在调查每株有效荚数时，先分别调查单株荚数，再取平均值，每荚实粒数以单株粒数除以单株有效荚数计。

(3)计算理论产量　公式如下：

每公顷产量(kg/hm^2)＝每公顷株数×单株有效荚数×每荚实粒数×百粒重(g)×10^{-5}

5. *油菜田间测产*

油菜单位面积产量是株数、单株角果数、每果粒数和千粒重四者的乘积，对株数、单株角果数、每果粒数进行调查测定，千粒重按品种常年值，即可求出理论产量。

在油菜成熟期，选取有代表性的田块和测产点(方法同水稻)进行调查和计算。

(1)测量行距和株距　量 2 m 厢宽，数其行数，求其平均行距；量 2 m 行长，数其中株数，求其平均株距，再求几个点的平均行距、株距，然后计算单位面积的株数。每公顷株数计算公式同玉米。

(2)单株角果数、每果粒数　每个样点取有代表性的样株 20 株，分单株考察，求其平均每株的有效角果数、每果粒数。

(3)计算理论产量　公式如下：

每公顷产量(kg/hm^2)＝每公顷株数×单株角果数×每果粒数×千粒重(g)×10^{-6}

6. *棉花田间测产*

棉花单位面积产量是株数、单株棉铃数、单铃重、衣分四者的乘积。对株数、单株棉铃数、单铃重进行调查测定，衣分按品种常年值，即可求出理论产量。

在棉花成熟期，选取有代表性的田块和测产点(方法同水稻)进行调查和计算。

(1)测定株距和行距　在所取样点内，每点测 11 行的总宽度，求出平均行距；每点选取 1 行的 21 株，测量株距，求出平均株距。单位面积株数计算公式同玉米。

(2)测定单株棉铃数、单铃重　每个样点连续取有代表性的样株 20 株，分单株考察，求其平均每株的棉铃数。采正常吐絮铃 100 个，晒干后称重，计算单铃平均重。

(3)计算理论产量　公式如下：

每公顷产量(kg/hm^2)＝每公顷株数×单株棉铃数×单铃重(g)×衣分(%)×10^{-3}

三、相关知识

(一)各种作物收获期的确定

适时收获是保证作物高产、优质的重要环节，对提高收获效率和保证收获产品的贮藏、运输质量也有良好的作用。

1. *农作物*

当大田农作物达到适宜收获期时，在外观上，如色泽、形状等方面会表现出一定的特征，因此，可根据农作物的表面特征判断收获适期。

(1)种子和果实类农作物的收获期　禾谷类、豆类、花生、油菜、棉花、蓖麻等农作物其生理成熟期即为产品成熟期。禾谷类作物穗部在植株上部，成熟度基本一致，可在蜡熟末至完熟期收获。棉花、油菜等由于棉铃或角果部位不同，成熟度不一致。棉花在吐絮时收获，油菜以全田 70%～80%植株黄熟，角果呈黄绿色，分枝上部尚有部分角果呈绿色时为收获适期。花生、食用豆以荚果饱满，中部及下部叶片枯落，上部叶片和茎秆转黄为收获时期。

(2)块根、块茎类农作物的收获期　甘薯、马铃薯、甜菜等的收获物为营养器官，地上部茎叶无显著成熟标志，一般以地上部茎叶停止生长并逐渐变黄，地下部贮藏器官基本停止膨大，干物重达最大时为收获适期。同时，还应结合产品用途和气候条件而定。如甘薯在温度较高条件下收获，不易安全贮藏；春播马铃薯在高温时收获，芽眼易老化，晚疫病易蔓延。此外，低于此类农作物的临界温度也会降低品质和贮藏性。

(3)茎叶类农作物的收获期　甘蔗、麻类、烟草、青饲料等作物，收获产品均为营养器官，其收获适期是以工艺成熟期为指标的。甘蔗应在叶色变黄，下位叶脱落，仅梢头部有少许绿叶，茎中蔗糖含量较高，还原糖含量最低，蔗汁最纯，品质最佳时为收获适期，同时须结合糖厂开榨时间，按品种特性分期收获。烟草叶片由下向上逐渐成熟，当叶片由深绿变为黄绿，厚叶起黄斑，叶面绒毛脱落，有光泽，茎叶角度加大，叶尖下垂，背面呈黄白色，主脉乳白、发亮变脆时，可依次采收。麻类作物的中部叶片变黄，下部叶片脱落，纤维产量高，品质好，易于剥制时，即为工艺成熟期。三叶草、苜蓿、紫云英等青饲料作物，最适收获期在开花初期至开花盛期，须兼顾产量与适口性、营养价值等特性。

2. 园艺作物

园艺作物采收成熟度的确定因植物种类、品种、季节和环境条件不同及距离市场远近和消费者的特殊要求而异，但原则上应为：园艺作物产品到达消费者手中时保持良好的商品外观、固有的风味和营养品质；保证产品无毒、无害，具有足够长的货架期。采收成熟度确定可依据的指标如下。

(1)表皮颜色　果实成熟前果皮中含有大量的叶绿素，多为绿色，随着果实的成熟，叶绿素逐渐分解，各种底色便呈现出来。如番茄成熟果皮中含有番茄红素、胡萝卜素及叶黄素，表现出红色、粉色或黄色，若要长距离运输或贮藏，应在绿熟阶段即果顶显示奶油色时采收；就地上市应在果顶粉红色时采收；进行加工的应在完全着色即全红果时采收。适宜依据表皮颜色判断成熟度的果蔬类还有番木瓜、杧果、苹果、樱桃、杏、柑橘、香蕉和桃等。果实表面颜色的变化可以用目测或相关仪器进行测量。

(2)外形与大小　园艺作物的果实必须发育到一定形状才能成熟，不同种类、品种的水果和蔬菜都具有固定的形状特点。如香蕉未成熟时果实的横切面呈多角形，充分成熟时果实饱满、浑圆，横切面为圆形；西瓜成熟时蒂部向内凹陷等。部分园艺作物收获器官的大小随着成熟度的增加而发生明显变化，如大白菜。

(3)芳香味　许多果实在成熟过程中会合成一些挥发性物质，这些物质往往成为其成熟与否的重要标志。如番石榴果实在成熟过程中会散发出浓郁的芳香。

(4)果实开裂程度　西非荔枝果的果实在树体上充分成熟时果皮会开裂，露出黏着在假种皮上的黑色种子。

(5)叶片变化　对果实和蔬菜均适用，如老姜、芋头的最佳采收时间是地上部开始枯黄后；洋葱的鳞茎适宜采收期是叶片弯曲、下垂至鳞茎表面时；瓜类的适宜采收期是瓜梗着生节位的叶片枯死时。

(6)脱落　部分园艺作物产品的果实在成熟时果柄处会产生离层，果实极易脱落，故应及时采收，防止大量落果，而且提前采收还可以保证果实适宜的货架期。仁果类和核果类果实以及部分瓜类都有类似现象，柿子完全成熟时蒂果分离。

(7)硬度　果实的硬度又称为坚实度,可衡量果肉抗压力的强弱。抗压力越强,果实硬度越大,反之,果实硬度越小。果实硬度可凭经验判断,或用硬度计测定。适时采收的产品才能够耐储运。如辽宁的国光苹果采收时,硬度一般为 84.46 N/cm^2;烟台的青香蕉苹果采收时,硬度一般为 124.47 N/cm^2。对于某些叶菜类蔬菜,常采用坚实度来表示其发育状况。甘蓝的叶球和花椰菜的花球都在充实坚硬、致密紧实时采收,这样品质好、耐储性强。

(8)汁液含量　园艺作物产品随着成熟度的提高,果实中原来不能溶解的原果胶逐渐分解成为可溶解的果胶或果胶酸,果实的硬度随之变小,达到一定成熟度后,果实变得柔软多汁。因而,果实汁液含量可以作为果实成熟的标志之一,如柑橘类中柠檬果实汁液含量达到 25% 时即为成熟,其他如中国柑橘为 33%,美国柑橘为 35%,柚子为 35%,克莱门氏小柑橘为 40%。

(9)生长期　通常园艺作物产品从开花到成熟的时间相对稳定,时间长短与产品种类、品种和栽培条件有关。如香蕉果实的生长期一般为 105 d 左右,红毛丹(台湾)的生长期一般为 90～120 d,元帅系列苹果(山东)的生长期为 145 d 左右,国光苹果(山东)的生长期为 160 d 左右。在国外,应用比较普遍的是西瓜,早熟品种从雌花开放到果实生理成熟为 28～32 d,中熟品种为 32～35 d,晚熟品种为 35 d 以上。

(10)主要化学物质含量　园艺作物产品在成熟过程中,组织器官内化学物质的含量会发生变化。如加拿大规定鳄梨采收后其油含量不得低于其果实除去果皮和种子重量的 8%,猕猴桃、瓜类和鲜食葡萄的可溶性固形物含量分别达 8%、10% 和 12%～20%,以及伏令夏橙和枣在糖分累积最高时采收为宜。芋头等产品以淀粉含量较高时采收为好,产量高、营养丰富、耐贮藏;青豌豆、甜玉米、豌豆、豆薯和菜豆等以食用其幼嫩组织为主的蔬菜,以糖含量多、淀粉含量少时采收的风味品质好,相反的则纤维含量多、组织粗硬、品质差;我国四川采收甜橙时糖酸比为 10∶1 左右,在美国以 8∶1 作为最低采收成熟度标准;苹果和梨以糖酸比为 30∶1 时采收风味品质最好。

(二)农产品的收获方法

1. 刈割法

(1)人工采收　玉米、水稻、小麦、大豆、谷子、高粱、燕麦、食用豆等禾谷类和豆类作物,可用镰刀收割后再进行人工或机械脱粒。

(2)机械采收　在机械化程度较高的地区,可结合不同谷物的生产特征,酌情采取分段、联合或两段式机械收获法。

①分段收获法。是采用多种相对独立的机械(收割机、运输车、脱粒机、扬场机等),将作物切割后在田间铺放或捆束,在田间或运至晒场用脱粒机脱粒,最后清选、包装、储藏。该方法使用的机械结构简单、技术成熟、机型较多、造价较低,且保养维护方便,易于推广。但整个收获过程尚需大量人力配合,劳动生产效率较低,作业周期长,收获损失较大。

②联合收获法。一次完成收割、脱粒、分离茎叶、清选谷粒、装袋或随车卸粮各项工作。该方法省工、省时,劳动强度低,生产效率高,作业周期短,利于抢农时,且作业质量佳,清选效果好,收获损失小。但联合收割机结构复杂、造价较高,每年使用时间短、利用率低,收获成本高,且对田块面积与农机管理、使用水平要求高。

③两段式机械收获法。先用割晒机将谷物割倒并成条铺放,经过 3～5 d 田间晾晒风干,

然后用装有拾禾器的联合收割机进行捡拾、脱粒、分离和清选作业。该方法充分利用了谷物后熟作用，可有效提升谷物产量和品质，且清洁率较高；还可在缓解收获期机械作业压力的同时，明显减轻晒场负担。

2. 摘取法

(1)人工采收　棉花、食荚菜豆、黄瓜等成熟期比较长，不同部位棉铃、荚果、假果成熟时间差异较大，为防止产量损失和品质下降，应尽可能做到随熟随收。仁果类、核果类作物果实的果梗与果枝间易产生离层，适采期只要用手掌将果实向上一托即可自然脱落，采摘时要注意防止折断果梗或果柄脱落，不带果柄的果实不仅果品等级下降，而且不耐贮藏。柑橘类果实可用特制的圆头形专用采果剪进行采收。果柄与果枝结合较牢固的种类如葡萄等，可用采果剪采收。板栗、核桃等干果，可用竹木杆由内向外顺枝打落，然后捡拾；采摘时应按先下后上、由外向内的顺序进行，避免碰落果实，并减少人为机械损伤。石刁柏、甘蓝、大白菜、芹菜、西瓜和甜瓜等，采摘时可辅以刀割或剪刀剪收，其中石刁柏采收时应在早晨进行；甘蓝、大白菜收割时留2～3片叶作为衬垫；芹菜采收时注意叶柄与基部相连；瓜类采收通常在清早进行，采收时可保留一段瓜柄以保护果实。

(2)机械采收　机械化采摘作业同样具有节约劳动力，可以自动分级、包装，提高采收效率，降低生产成本的特点，但易出现农产品品质、成熟度不一致，果实耐贮性较差的情况。果实类可用强风压或强力振动机械，迫使果实由离层脱落，一般在树下铺满柔软的帆布篷和传送带承接果实，并将果实送到分级包装机内。使用机械采收樱桃、葡萄和苹果，与人工相比，成本可分别下降66%、51%和43%。制罐头和制酱用番茄、豌豆、甜玉米、马铃薯、辣椒均可采用机械采收，但要求品种的成熟度一致。棉花、番茄、柑橘、山楂、樱桃、板栗等作物在机械采收前，可应用化学处理等辅助手段，如喷施脱叶剂或脱落剂(如乙烯利、脱落酸)等，促进落叶或落果，提升机械化收获作业质量和商品品质。

3. 挖取法

(1)人工采收　主要用于甘薯、甜菜、马铃薯、胡萝卜、萝卜、山药、芋头、大蒜、洋葱等根茎类农产品的收获。马铃薯采收时，应在挖掘前将枝叶割去，在挖后堆晾块茎，以降低块茎中的水分含量；山药的块根较细长，采收时应避免折断；甘蔗收获要求快锄低砍，不留宿根蔗的可整株挖起，为了提高原料质量，一般要求蔗头不带泥、茎节不带叶鞘。

(2)机械采收　大面积栽培时可用犁翻出块根或块茎，或采用薯类挖掘器进行机械收获。如在甜菜收获期，可使用甜菜割叶机，先将甜菜叶片打碎，并对青头平切一刀，然后用甜菜块根挖掘机起收，成趟放置块根，及时装车销售；或采用全自动甜菜收获机一次性完成削顶、起收、分离杂质、承载、装卸作业。

四、复习题

1. 如何对水稻、小麦、玉米、大豆、棉花、油菜等作物进行测产？
2. 如何确定各种作物的收获期？
3. 农产品的收获方法有哪些？

实习二十五　主要农作物的室内考种

一、实习目的

室内考种是作物栽培与育种工作的一项重要内容，其准确与否直接关系到相关试验的成败。本实习将使学生了解主要农作物室内考种的基本项目和标准，掌握基本的室内考种技术。

二、实习内容

（一）材料与用具

小麦、水稻、玉米、大豆、棉花成熟期的植株，电子天平、自动数粒仪、游标卡尺、刀片、小型轧花机、梳子、黑绒板等。

（二）内容与步骤

1. 小麦室内考种项目及记载标准

(1)株高　分蘖节至主茎顶端(不计芒)的长度，单位 cm。

(2)单株穗数　每个单株的成穗总数。

(3)主穗穗长　主茎穗自最下部小穗(含退化的)至穗顶部(不计芒)的长度，单位 cm。

(4)主穗总小穗数、不孕小穗数、结实小穗数　这 3 项的相互关系是：总小穗数＝结实小穗数＋不孕小穗数。因此，一般考察其中 2 项，另 1 项由其他 2 项的平均数相加(减)得到。每小穗中只要有 1 粒种子，即为结实小穗。小穗中各小花均未结实为不孕小穗，不孕小穗一般在穗的基部或顶部。

(5)主穗粒数　主茎穗的结实籽粒数。

(6)主穗粒重　主茎穗籽粒质量，单位 g。

(7)单株粒数　每个单株的结实籽粒总数。

(8)单株粒重　单株的籽粒质量，单位 g。

(9)千粒重　从考种的样本籽粒中随机数 2 组 500 粒并分别称重。2 份质量的差值除以 2 份质量的平均值不超过 3％的，将 2 份质量相加即为千粒重。超过的再数第 3 份，将 2 份质量相近的相加即为千粒重。或直接由单株粒数和粒重换算。

(10)粒色　一般根据种皮颜色分红、白两种。此外，还有少数因果皮沉积紫色素的紫粒材料或糊粉层沉积蓝色素的蓝粒材料。

(11)籽粒饱满度　根据腹沟深浅和籽粒皱缩程度分饱满、中等和不饱满 3 级。

(12)粒质　用刀片将籽粒横切开，根据截面角质部分占的比例，分为以下 3 级。

角质：角质部分大于 70％。

半角质：角质部分占 30％～70％。

粉质：角质部分小于 30％。

2. 水稻室内考种项目及记载标准

(1)株高　基部至主穗主轴顶端(不计芒)的高度,单位 cm。

(2)主穗长度　主穗穗颈节至主轴顶端(不计芒)的长度,单位 cm。

(3)有效分蘖数　主穗以外的结实穗数(每穗结实大于 10 粒)。

(4)一级枝梗数　主穗一级枝梗数。

(5)二级枝梗数　主穗一级枝梗上着生的枝梗数。

(6)穗形　按枝梗长短、多少分为紧穗型和散穗型;按着粒密度分稀(每 10 cm 穗长 54 粒以下)、密(每 10 cm 穗长 78 粒以上)和中间型 3 种;按穗长分长(25 cm 以上)、中(20～25 cm)、短(20 cm 以下)3 级。

(7)单株总颖花数　全株结实颖花和不实颖花的总和。

(8)单株粒数　全株结实的颖花数。

(9)单株结实率　全株结实颖花数/全株总颖花数×100%。

(10)单株粒重　全株实收粒重(不含空、瘪粒)。

(11)粒形　根据糙米长宽比分为细、中、粗、圆 4 类,其标准分别为大于等于 3.1、2.1～3.0、1.1～2.0、小于 1.1。

(12)米色　分白、红、紫等色。

(13)米质　分粉质、半角质、角质 3 类。米粒腹部横断面的腹白或心白超过一半以上的为粉质;一半以下的为半角质;无或很少腹白、心白的为角质。

(14)千粒重　水稻千粒重的确定方法同小麦室内考种。

3. 玉米室内考种项目及记载标准

(1)果穗长度　果穗基部至穗顶端(包括秃尖)的长度,单位 cm。

(2)穗粗　风干果穗中部的直径,用游标卡尺测量,单位 mm。

(3)秃尖长　风干果穗顶部无籽粒部分的长度,单位 cm。

(4)穗行数　果穗中部籽粒行数。

(5)行粒数　果穗相对两行籽粒的平均数。

(6)穗粒数　每穗平均粒数。

(7)百粒重　随机数取风干籽粒 300 粒,称重,然后换算成百粒重,重复 2 次,取其平均值,单位 g。

(8)出籽率　风干籽粒重与风干果穗重的比值的百分率。

(9)穗形　一般有圆柱形和圆锥形两类,可以根据果穗长短再分长圆柱形、短圆柱形、长圆锥形、短圆锥形等。

(10)粒型　分马齿型、硬粒型、半马齿型、粉质型、糯质型、爆裂型等类型。

马齿型:籽粒的旁侧为角质胚乳,中央和顶部为粉质胚乳,表面光滑,顶部凹陷似马齿。

硬粒型:整个籽粒为角质胚乳所包围,粉质胚乳集中在中央部分,籽粒透明坚硬,顶部无凹陷。

半马齿型:介于马齿型和硬粒型之间的中间类型,顶部仅有轻度凹陷。

粉质型:胚乳几乎整个是粉质的,质地松软,无光泽。

糯质型:籽粒周围为角质胚乳,中央为粉质胚乳,角质胚乳不透明。籽粒坚硬平滑,无光泽。淀粉几乎全部由支链淀粉组成。

爆裂型:籽粒细小坚硬,角质,表面有光泽。

(11)粒色　分白、黄、红、紫等颜色。

(12)穗轴色　分红、白两种颜色。

4. 大豆室内考种项目及记载标准

(1)株高　子叶痕到主茎顶端生长点的高度,单位 cm。

(2)结荚高度　子叶痕到最低结荚部位的距离,单位 cm。

(3)分枝数　主茎有效分枝数。

(4)单株荚数　全株有效荚数。

(5)单株粒数　全株所结豆粒数。

(6)百粒重　100 粒种子的质量,重复 2 次,单位 g。

(7)完全粒率　完熟的、饱满均整的、未遭病虫害和种皮无褐斑的完整粒占未经粒选种子的百分比。可取未经粒选的种子 200 g,从中选出完整粒称重后计算。

(8)种皮色　分黄、青、褐、黑及双色。

(9)粒形　分球形、近球形、椭圆形、长扁圆形、长圆形。

(10)种皮光泽　分强光、有光、微光、无光。

(11)脐色　分黄、淡褐、褐、深褐、黑色。

(12)脐的形状　分椭圆形、倒卵形、长方形、圆形、肾形。

(13)子叶色　分青、黄色。

(14)籽粒大小　百粒重 12 g 以下为小粒,12～20 g 为中粒,20 g 以上为大粒。

5. 棉花室内考种项目及记载标准

(1)株高　在第一次收花前,测量地面(或子叶节)至顶端距离(cm)。

(2)铃形　分圆形、卵圆形、圆锥形等。

(3)铃室数　从铃的横切面数出室数。

(4)开铃情况　分倒翻、敞开、紧抱。

(5)单株铃数　调查 20～50 株单株现存铃数,取平均值。

(6)铃重　在每株平均吐絮 2～3 铃时,采收 20～50 铃,风干称重(g),取平均值。

(7)衣分　皮棉占籽棉的百分比即为衣分。随机取霜前籽棉 200～500 g,轧出皮棉称重,求皮棉重占籽棉重的百分率。重复 2～3 次,取平均值。

(8)衣指与籽指　100 粒籽棉上产生的皮棉的绝对质量即为衣指(g),100 粒棉籽的质量为籽指(g)。用小型轧花机轧取 100 粒籽棉上的纤维,称其质量,即为衣指;相应的棉籽质量即为籽指。测定 2～3 次,取其平均值。测定衣指和籽指的目的,是避免因单纯地追求高衣分,而选留小而成熟度不高的种子。

(9)短绒有无及籽色　有光籽、短毛籽、灰毛籽、绿籽、白籽、端毛籽等。

(10)纤维长度　棉纤维长度一般用分梳法测量,其步骤如下:

①取样。随机取棉瓣 20～50 瓣,在每瓣中取中间 1 粒棉籽。

②梳棉。以棉籽的脊为中线,将纤维左右分开,用左手拇指、食指持种子并用力捏住纤维基部,右手用小梳子自棉籽基部轻轻梳理一侧的纤维,直至梳直为止,然后再梳另一侧。注意

不要将纤维梳断或梳落。然后用两手食指与拇指轻轻拉住纤维两端，呈"蝶状"紧贴到黑绒板上。如纤维尚有皱缩，可用小毛刷轻轻刷理平直。

③测定长度。在两端多数纤维的尖端处用小钢尺与种子缝线平行分别压一条切痕，压痕深度以不见黑绒板为度。然后用钢尺测定两条切痕间的长度，除以 2，即为籽棉纤维长度，以毫米(mm)为单位。

三、相关知识

(一)作物产量构成因素分析理论

1. 产量构成因素分析法

作物产量构成的数量分析，是把产量分解为单位面积株数、每株穗数、每穗粒数和每粒重量几个构成因素，这样就把产量还原为若干简单的性状，在对各产量因素的形成过程、关键时期、调控方式进行研究时就比较简单易行。如水稻产量可分解为：产量＝穗数×每穗颖花数×结实率×粒重。虽然多个产量构成因素很难同步增长，往往彼此之间存在着负相关关系，但某一个或两个可能成为主导性或限制性因素。产量因素在其形成过程中具有自动调节现象，这种调节主要反映在对群体产量的补偿效应上。

2. 产量构成因素的调控

作物产量各构成因素对产量形成的影响程度不同，生产中应突出主导因素的作用，并结合其他因素使它们相互协调，最大限度地发挥品种的增产潜力。例如，依据主导因素，将禾谷类作物高产品种或高产途径区分为多穗型(以增穗为主)、大穗型(以增穗粒数或穗粒重为主)、穗粒兼顾型(穗数与穗粒重并重)。在产量构成因素中，穗数是对产量补偿能力最强的因素。但当单位面积穗数达到一定数量时，其增产效应便达临界值，若想进一步增产须转为重视穗粒重的提高。

3. 产量构成因素分析法存在的问题

产量构成因素分析只是产量形成结果的表观数量分析，根据这一理论方法，提高产量在于提高各因素的形成数量。但这些因素之间存在明显的负相关关系，这一方法由于没有与产量形成的基础(光合作用、物质生产)联系起来而不能解释因素间负相关的本质。许多实践仅仅改变了因子间的数量比例，难以达到增产目的。

(二)生长与物质生产分析理论

1. 生长与物质生产分析法

生长与物质生产分析，是把作物的生长过程看作干物质的增长过程，以干物质的积累量来衡量作物产量。其方法是：每隔一定时间对植株取样，测定干物质量和叶面积，以此来分析生长速率。生长与物质生产分析法提出了相对生长率、作物生长率、净同化率、叶面积指数、叶面积比率等一系列概念，应用这些概念指标来分析生长。其主要观点是：作物产量取决于作物生长率，作物生长率是叶面积指数和净同化率的乘积。该方法从产量物质来源的角度提出以下产量分析框架：籽粒产量＝花前贮藏物转运到籽粒中的量＋花后平均生长速率×籽粒生长持续期。换言之，籽粒产量＝花前贮藏物积累量×花前贮藏物向籽粒转运率＋花后干物质积累量。

2. 作物高产的途径

根据生长与物质生产分析法，获得高产的途径有：①扩大叶面积；②改善株型；③延长光合持续时期；④提高净同化率；⑤综合改善光合性能。在不同生产水平下，适用的高产途径是不同的。在生产水平较低的条件下，扩大群体叶面积是增产的主导途径；当叶面积达到一定水平时，进一步增产应改善株型，改善群体结构，使群体适宜叶面积提高。然后，在此适宜群体基础上，继续增产的途径应是重视延长叶面积功能期，维持后期叶片光合高效持续时间，并努力提高光合速率。

3. 生长与物质生产分析法存在的问题

生长与物质生产分析法将产量与光合作用、物质积累联系起来，揭示了产量形成的本质。但生长与物质生产分析法偏重于产量形成的物质来源，而没有重视产品器官本身在产量物质分配中的主导作用。该方法只注重对作物本身行为的分析，没有将环境变量加入分析式中；主要考虑地上部行为，有忽视地下部行为的倾向，强调了叶片而未重视根系；理论上虽然考虑了光能利用，却没有考虑肥水资源的利用问题。因此，该方法的应用存在一定的局限性。

(三)源库关系分析理论

1. 源和库的概念

从结构方面看，“源”通常指生产和输出同化物的器官或组织，产量源主要包括进行光合作用的叶与非叶绿色器官，进行矿物质吸收和氨基酸、激素等物质的合成及运转的根系，以及具有暂时贮藏功能并最终输出同化物的茎(鞘)；“库”则被定义为接受和贮藏同化物的器官或组织，产量库主要指产品器官，例如禾谷类作物籽粒、薯类作物块根或块茎等。从功能方面看，产量源指作物生产物质向产品库供给的能力，而产量库指产品器官贮藏同化物的能力。同化物从“源”到“库”的运输过程常被称为“流”。

2. 源和库的关系

源库理论主要分析产量是受源限制还是受库限制，并提出源库协调的途径、机理与技术。从源与库的关系看，源是产量库形成和充实的物质基础，库对源具有明显的反馈作用，但两者并非独立存在的，而是相互依存和互作的。叶片是同化物的主要来源，但其他器官，包括储存器官本身的光合也是非常重要的，因此库也可能是源。同时，所有的源器官在它们成为同化物的输出者之前都是库。任何生长或储存器官都是同化物库，它们有很多不同的种类，以不同的机制参与同化物的竞争。在某一个生育阶段，光合产物的供应往往决定库器官的潜在大小，而生长或贮藏库对同化产物的需求也可以调节光合速率，从而调节源。

3. 源库关系分析存在的问题

由于源库系统之间是相互联系和互作的，要严格区分源库何者是限制因子是困难的，也是不科学的。现行源库关系分析在实际应用中大多集中在开花后的籽粒生长期，而源库系统结构却主要是在中期形成的。源库分析也只是作物自身内在物质行为动态的分析，且主要考虑的是光合同化物的源库关系，也未与资源环境状态变量相结合，特别是未能与肥水资源利用效率相联系。在水肥资源限制条件下，源、库皆可能成为限制因子，此时提高产量的关键是提高水肥资源利用效率。因此，产量的分析不能仅仅着眼于作物自身，还应着眼于资源投入与转化等因素。

四、复习题

1. 如何进行作物收获后的室内考种？
2. 不同作物室内考种的考察项目有何不同？造成这种差异的原因是什么？
3. 作物的产量分析主要有哪些理论？这些理论各有什么优缺点？

实习二十六　稻米部分品质性状的鉴定

一、实习目的

水稻的生产量和消费量一直居粮食作物之首，随着生活水平的不断改善，人们对稻米品质的要求越来越高。本实习将介绍稻米的主要品质性状及其鉴定方法，并通过对稻米碾磨品质、外观品质鉴定的实际操作，增强学生对粮食作物品质性状的理解与认识。

二、实习内容

(一)材料准备

(1)稻谷在收获晒干后须存放3个月以上，待理化性质稳定后，方可进行分析。

(2)加工的稻谷须扬净稻草、瘪粒，并除去沙石、泥块、铁屑等混杂物。稻谷品种纯度不得低于99.0%。

(3)待测样品须置于干燥通风处或有空调的实验室内1周左右，使样品的水分含量为13%±1%，含水量的测定根据GB/T 3543.6—1995进行。

(二)碾磨品质的测定

1. 出糙率的测定

(1)仪器设备　实验室用谷物脱壳机。

(2)测定方法　具体如下。

①根据待测样品谷粒的厚度，调节脱壳机滚轮(或辊子)的间距(一般在0.50～1.00 mm)，使样品经两次处理后基本上脱壳完全。

②机器空转数圈，以清除机内残留的稻谷和米粒。

③称取130.0 g稻谷，倒入进样漏斗中，打开电源开关，调节进样闸口，使样品均匀进入机内脱壳。

④经两次脱壳后，拣出样品中残留的谷粒并称其糙米和谷粒的质量，精确到0.1 g。

⑤按下列公式计算出糙率：

$$出糙率=\frac{糙米质量(g)}{试样谷质量(g)-未脱壳谷质量(g)}\times100\%$$

⑥重复测定一次，求出两次出糙率的平均值。前后两次测定结果的相对相差不应大于1.0%。

2. 精米率的测定

(1)仪器设备　JMJ-100型精米机或其他同类型号的实验室精米机。

(2)测定方法　具体如下。

①称取100 g糙米，精确到0.1 g，放入精米机的碾米室内。

②调节碾米室盖的压力至适宜值，再调节定时器的碾米时间，使碾米精度达国家标准三等米的水平。

③碾磨后的米样经手工除去糠块，再用1.5 mm直径的筛子除去胚片和糠屑。

④待米样冷却至室温后，称精米质量，精确到0.1 g。

⑤按下列公式计算精米率：

$$精米率=\frac{精米质量(g)}{糙米质量(g)}\times 出糙率$$

⑥重复测定一次，求出精米率平均值。两次测定结果的相对相差应小于1.0%。

3. 整精米率的测定

(1)仪器设备　整米分离机或具不同圆孔直径的筛子一套。

(2)测定方法　具体如下。

①精米样品的制备。精米样品制备的方法基本上同精米率的测定，但要求碾米的精度为糙米去糠率的10%±0.5%。

②整精米样品的分离。借助于整米分离机或筛子，自以上精米样品中人工分离出整精米（整精米系指肉眼观察无破损的完整精米粒），称重，精确至0.1 g。

③按下列公式计算整精米率：

$$整精米率=\frac{整精米质量(g)}{糙米质量(g)}\times 出糙率$$

④重复测定一次，求出整精米率平均值。两次测定结果相对相差应不超过2.0%。

(三)外观品质的测定

1. 长宽比的测定

(1)仪器设备　谷物轮廓仪、照相放大机或微粒子计。

(2)测定方法　具体如下。

①从整精米样品中随机取出整精米10粒，在谷物轮廓仪上读出米粒的长度和宽度，以毫米为单位，读数精确至0.1 mm。精米的长度系指整精米两端间的最大距离，宽度系指米粒最宽处的距离。

②求出长度和宽度的平均值，按下列公式计算其长宽比：

$$长宽比=\frac{米粒平均长度(mm)}{米粒平均宽度(mm)}$$

③重复测定一次，求出长宽比的平均值。两次测定结果的差值不应大于0.1。

2. 垩白度的测定

(1)仪器设备　聚光灯、黑色背景的玻璃板。

(2)测定方法　具体如下。

①从整精米样品中随机取出整精米100粒，置于玻璃板上，在聚光灯下观察，拣出有垩白（包括心白、腹白、背白）的米粒，按下列公式求出垩白米的百分率。重复一次，取两次测定结果的平均值即为垩白粒率。

$$垩白粒率=\frac{垩白米粒数}{总粒数}\times 100\%$$

②随机取垩白米 10 粒，在聚光灯下平放，逐粒目测垩白面积占整个籽粒面积的百分数，求出垩白面积的平均值。重复一次，两次测定结果的平均值即为垩白大小。

③垩白度是指整精米样品中垩白的面积占样品总面积的百分比。垩白度按下列公式计算：

$$垩白度=垩白粒率\times 垩白大小$$

3. 透明度的测定

(1)仪器设备　DWY-A 型数字式稻米透明度测定仪。

(2)测定方法　具体如下。

①接通电源，按下测定钮，调节仪器的内参标准透明度为 1.00。

②把整精米样品尽可能均匀地装入样品杯，在透明度仪上测出其透明度。

③重复测定一次，两次测定结果的差值不应大于 0.02。

三、相关知识

稻米品质是指稻谷在生产和加工过程中表现出来的各种特性，主要包括碾磨品质、外观品质、蒸煮品质、营养品质等。

(一)碾磨品质

稻米的碾磨品质是指稻谷在砻谷出糙、碾去糙米表面的果皮、糊粉层和胚，并筛去碎米等加工过程中所表现出的特性，主要包括出糙率、精米率和整精米率等主要指标，其中整精米率对商品稻米的价格影响很大。此外，还有加工精度、光泽度、硬度、容重、碎米率、杂质含量、不完善粒等指标。

1. 出糙率

稻谷出糙率是指净稻谷试样脱壳后的糙米质量(其中不完善粒质量折半计算)占试样质量的百分率。稻谷出糙率直接反映稻谷的工艺品质。出糙率高的稻谷，籽粒成熟、饱满，极少受病虫害的影响，加工出米率高，食用品质也较好。所以稻谷出糙率是稻谷品质优劣的重要指标，也是稻谷定等的基础项目。

2. 精米率

精米率是指糙米经过碾磨除去米皮及胚后所得到的精米质量占稻谷质量的百分率。精米率的制约因素有糠层的厚度、胚的大小与脱落难易、米的易碎性以及纵沟深度等。

3. 整精米率

整精米是指净稻谷经实验砻谷机脱壳成糙米，糙米经实验碾米机碾磨成加工精度为国家标准(GB/T 1354—2018)三级大米(背沟有皮，粒面皮层残留不超过 1/5 的占 80%以上)时，长度达到完整米粒平均长度 3/4 及以上的米粒。整精米率是指整精米质量占净稻谷试样质量的百分率。

稻谷的整精米率是反映稻米食用品质、加工品质和商品价值的重要指标，与出糙率重在反映数量相比，它兼顾了数量和质量两方面的要求。通常，垩白度较大，其整精米率就低；稻谷收获后脱水不均匀，使稻谷的裂纹粒增加，在出糙及碾磨过程中均易破碎，其整精米率就低。稻米角质率高，整精米率也高，相应的米饭品质较好。

4. 加工精度

加工精度指稻米籽粒表面除去糠皮的程度，或者说稻米碾制的精白程度。在一定范围内，加工精度越高，稻米饭食味越好，但稻米营养成分损失越大。

(二)外观品质

稻米的外观品质主要包含垩白粒率、垩白大小、垩白度、透明度、精米粒长与粒形（长宽比）等指标，还有颜色、光泽、硬度、米粒裂纹度等指标。对水稻的外观品质来讲，除了粒形外，主要评价颜色，即种皮色素，可分为黑色、紫色、红色、棕色、褐色、绿色等。一般要求色稻外观颜色均匀且有光泽，颜色越深越好。

1. 垩白

垩白是指米粒胚乳中的白色不透明部分。根据垩白发生部位的不同，米粒可分为腹白粒、心白粒、乳白粒、基白粒和背白粒等。垩白是由稻米胚乳中淀粉和蛋白质颗粒填塞疏松和充气引起的。糯米为乳白色是由于胚乳简单淀粉粒之间有许多微孔，复合淀粉之间有空隙，晒干后整个胚乳不透明呈白色。因此，对糯米的外观品质评价不用垩白粒率及垩白大小等指标作为标准。具有垩白的稻米，透明度低，在精碾时易碎，蒸煮后饭粒产生较多裂纹，米饭蓬松中空，垩白部分越大对食味品质的影响越严重。垩白粒率是指有垩白的米粒占整个米样粒数的百分率。垩白大小是指垩白面积占该粒米面积的百分率。垩白度是指垩白米的垩白面积总和占试样米粒面积总和的百分率。通常，垩白粒率越高，垩白面积越大，垩白度就越大，稻米的食味品质就越差。

2. 透明度

透明度是指精米在电光透视下的晶亮程度，表示稻米籽粒的透光特性。稻米空白部分不透明，糯米及不完全米中的乳白米及死米不透明，而优质稻米呈透明或半透明状。

3. 粒形

稻米的外观性状通常包括稻谷和米粒的外观性状。稻谷的外观性状指谷粒长与宽、谷粒形状、谷粒重量（千粒重）。米粒的外观性状主要包括米粒的长与宽、粒形（长宽比）、米粒重等。

谷粒基部到顶端的距离为粒长，腹背之间的距离为粒宽，两侧之间的距离为粒厚。粒度常用粒长、粒宽及粒厚的变化范围或平均值来表示。粒形通常以整精米的长宽比表示，大于3.0者为细长形，小于2.0者为粗短形，2.0～3.0之间为椭圆形或中形或中长形。

4. 硬度

稻米的硬度是指稻米籽粒结构未被破坏前所能承受的最大压力。硬度大小影响稻米整精米率的高低。

5. 光泽

米粒表面的油色与光泽是优质米的重要外观品质。油色与光泽的好坏与稻米的脂肪含量有关，一般高脂肪含量的大米表现为油润、透明、有光泽。米粒的光泽有黄油色、白油色之分，一般白油色大米较受消费者欢迎。

6. 裂纹

米粒裂纹是指在米粒中心附近有一处至多处裂痕，是由水稻子房宽度急剧增大时，中央部分的细胞宽度增长近乎停止而引起的。在高度干燥或急剧干燥时，或成熟期间遇高温易产生裂纹，加工裂纹的稻米时精米率及整精米率会降低。

（三）蒸煮品质

蒸煮与食味品质是指稻米在蒸煮与食用过程中所表现的各种理化和感官特性，具体指膨胀性、吸水性、饭粒的松散柔软性、完整性、干湿、香气、口味、硬度和色泽等。其物理化学指标主要有直链淀粉含量、糊化温度、胶稠度、香味和米粒延伸性等。

1. 直链淀粉含量

直链淀粉含量是指精米中直链淀粉的百分率。稻米的食用及蒸煮品质，包括黏性、硬度、蒸煮时吸水量、蒸煮时间、米饭体积等，在很大程度上取决于稻米中直链淀粉与支链淀粉的含量变化以及支链淀粉分子量的大小。高直链淀粉稻米的直链淀粉含量为25%以上，蒸煮时干燥、蓬松、无光泽，但冷却后易变硬，柔软性和黏性都差，食味不好。低直链淀粉稻米的直链淀粉含量通常为8%～20%，直链淀粉的分子量也相对较低，米饭的柔软性和黏性都好，食味也好，冷饭重蒸仍如新鲜饭一样，但过热易散裂。中直链淀粉稻米的直链淀粉含量在20%～25%之间，其胀饭性和食味品质也居于上述二者之间。

2. 糊化温度

糊化温度是指稻米淀粉粒在水悬浮液中经加热后开始吸收大量水分，90%～95%的淀粉粒发生不可逆转的迅速膨胀，并显著增加黏度时的温度。糊化温度一般在55～79 ℃之间，可分为高（大于74 ℃）、中（70～74 ℃）与低（小于70 ℃）3级。糊化温度能反映出淀粉粒和胚乳的硬度和致密程度。糊化温度直接影响煮饭时的吸水率、膨胀容积和伸长程度。高糊化温度的稻米，蒸煮时需较高的温度，要添加较多的水分和花费较长的蒸煮时间；低糊化温度的稻米，蒸煮时所需的温度低，需添加的水分较少，容易煮烂。

3. 胶稠度

胶稠度是指稻米淀粉经稀碱加热糊化而成的米胶经冷却后在水平的试管中延伸的长度。它表示的是稻米淀粉胶体的流体特性，其值反映了米胶冷却后延展性的大小。胶稠度一般按米胶冷却后在水平板上流滴的长度来分级衡量，通常分硬（米胶长度小于40 mm）、中（米胶长度介于41～60 mm之间）和软（米胶长度大于61 mm）三种类型。胶稠度衡量的是冷饭再回热后的特性，即回到原来的柔软度的能力。

胶稠度是影响米饭特性的主要因子。胶稠度的软硬与米饭的软硬程度基本对应。一般情况下，中、低直链淀粉含量的品种具有软胶稠度，而高直链淀粉含量的品种则具备软、中等和硬胶稠度。软胶稠度的米饭湿润而有光泽，品尝起来软滑，冷却后仍保持柔软可口，较受消费者欢迎；硬胶稠度的米饭干燥易裂，冷却后变硬，食味不佳。

4. 香味

香稻品种根据香味类型可分为爆米花香型、紫罗兰香型、山核桃香型、茉莉花香型、莴苣香型等。多数香稻品种的香味与其叶片与穗上籽粒香味存在着对应关系。香味物质主要存在于糙米表皮内，胚乳内较少。

香稻的香味物质主要是挥发性有机化合物，其主要成分之一是2-乙酰-1-吡咯啉，也可能是米中微量含硫氨基酸在煮饭时分解形成的含硫化合物，它们可能是甲基硫醇、二甲基硫醚、二甲基二硫醚、硫化氢和N-丁基硫醇等。这些物质在常温条件下一般很易分解而难以准确测定。目前，已鉴定出100多种易挥发的米饭香味的化合物。

5. 米粒延伸性

米粒延伸性为稻米蒸煮后米粒长度的延伸程度，用蒸煮后米饭长度与蒸煮前米粒长度的比值（延伸率）来表示，它是蒸煮品质中一个较次要的性状。米粒延伸性与低糊化温度有关，糊化温度高的品种米粒延伸性差。因此，不同类型的品种蒸煮时米粒的延伸率不同，其顺序为粳大于籼、糯大于黏。

（四）营养品质

稻米的营养品质主要指稻米中的营养成分，包括蛋白质、氨基酸、脂类、维生素、矿物质、纤维素和碳水化合物等，其中蛋白质和氨基酸含量、脂类含量等是衡量稻米营养品质的主要指标。此外还包括其他有药用价值的成分。在含水量为14％的稻米中，淀粉占76.7％～78.4％，蛋白质占6.3％～7.1％，粗脂肪占0.3％～0.5％，灰分占0.5％左右。

1. 蛋白质

稻米中的含氮化合物有蛋白态氮和非蛋白态氮两类，前者指蛋白质，后者指游离氨基酸、酰胺、含氮的碱等物质。稻米中的全氮量就是指蛋白态氮和非蛋白态氮的总和，但因非蛋白态氮的含量甚微，对全氮量的影响甚小，且分离、检测时操作复杂，故一般以粗蛋白质来代表稻米中的全氮量。

稻米的蛋白质是谷类作物中的优质蛋白质，氨基酸的配比合理，最易为人所消化吸收，达99.7％。G. 诺顿分析大米蛋白中水溶性清蛋白约占蛋白质总量的5％，盐溶性球蛋白约占10％，碱溶性谷蛋白的含量高于80％，醇溶性谷蛋白的含量则低于5％，并且这种含量比例，品种之间的差异较小。

一般精米含蛋白质6％～8％，糙米含蛋白质8％～10％，米糠则可达13％～16％。蛋白质分布为：糠层占14％左右，米粞占3％左右，精米占83％左右。稻米蛋白质含量随水稻的类型、品种、加工精度、贮藏期等变化而发生变化。一般而言，稻米蛋白质含量随加工精度提高和贮藏时间延长而减少。同一品种，蛋白质含量可以因生长发育的条件不同而异，比如可以因种植地不同而异，甚至在同一田块内可以因不同植株或同一植株谷穗上谷粒生长的位置不同而异。

2. 氨基酸

稻米中氨基酸的含量与组成是评价稻米营养品质的重要指标。在谷类作物中，赖氨酸被称为是第一限制性必需氨基酸，苏氨酸是第二限制性必需氨基酸，其次是蛋氨酸及色氨酸。作物蛋白品质的优劣很大程度上取决于这四种氨基酸的含量。与其他作物相比，稻米蛋白具有较高的赖氨酸和蛋氨酸含量，约含20种氨基酸，其组成比较平衡，因此被公认为优质食用蛋白。

一般情况下，食味好的稻米中，谷氨酸、天冬氨酸、精氨酸等游离氨基酸的含量都较高，而脯氨酸含量较低。另外，特种稻米中的微量含硫氨基酸在蒸煮时可分解形成甲基硫醇、二甲基硫醇、二甲基二硫醇、硫化氢和N-丁基硫醇等含硫化合物。这些物质能散发不同的气味，有的气味能增加食欲，有的令人厌恶。

3. 脂类

稻米的脂类包括脂肪和类脂，稻米的脂肪含量较低，脂类含量随着碾制精度的提高而降低，糙米中脂类含量为1%～4%，精米中脂类含量为0.2%～2%。我国培育的稻米中脂类含量较高，精米中为0.94%～1.2%。脂类在稻米籽粒中分布不均匀，51%分布在米胚部分，32%在表层，仅17%在胚乳层；且在胚乳层中，脂类分布也不均匀，主要分布在胚乳层的外周部，越往内部核心，淀粉晶体越致密，脂类含量越低。从脂肪酸的组成上讲，以油酸、亚油酸和棕榈酸最为丰富，分别占糙米脂肪酸总量的39%、36%和22%，其他脂肪酸的含量较少。稻米的脂类含量受水稻品种、生长环境、加工精度等因素的影响。

4. 维生素

维生素是一类天然的有机化合物，是维持人体正常生理生化功能不可缺少的营养素。稻米中维生素主要为水溶性B族维生素，也有少量维生素A、维生素D和维生素C，维生素主要分布在糊粉层和胚中。糙米精碾成精白米后维生素会大量丧失。

5. 矿物质

矿物质是人体保持均衡饮食的必需成分，对于维持人体正常的代谢功能具有重要的作用。糙米品种众多，矿物质来源丰富，如铝、钙、氯、铁、镁、锰、磷、钾、硅、钠、锌等。一般来说以磷含量最多，磷主要以有机物的形式存在，植酸是水稻贮藏磷酸的最重要物质。糙米中钾的含量稍次于磷，其次是硅、镁的含量。矿物质主要存在于稻壳、胚及皮层中，胚乳中含量极少。稻米碾磨过程会同时除去皮层和胚，精米所含的矿质元素含量约为28%。

6. 其他功能性成分

膳食纤维由于其特殊的生理功能，被称为“第七营养素”。黑米、红米等特种米多以全米的形式直接食用和加工，其膳食纤维含量十分丰富。黑米、红米等色米包括种皮、果皮和胚芽，其种皮（糠）纤维含量为25%～40%，其中包括可溶性纤维素和不溶性纤维素两部分。纤维素是构成细胞壁的主要物质，它主要分布在稻壳和糙米的皮层中，胚乳中含量较少。其分布是：皮层中占62%，胚乳中占27%，米粞中占7%，胚中仅占4%。

糙米糠层中包含许多对人体健康有益的酚类物质，常见的主要有酚酸（对香豆酸、咖啡酸、阿魏酸、香草酸和丁香酸等）、黄酮（黄酮醇、黄酮类、儿茶素、花青素等）等。如黑米中含有水溶性花青素和强心苷成分，红米中含有黄酮类化合物及生物碱、植物甾醇等药用成分。强心苷临床主要用于治疗充血性心力衰竭等病症，它还能减慢心率，对心脏病的治疗有一定疗效。黄酮类化合物能维持血管的正常渗透压，降低血管的脆性，防止血管破裂和止血。

四、复习题

1. 稻米的碾磨品质主要有哪些？如何进行鉴定？
2. 垩白指的是什么？如何进行垩白粒率和垩白度测定？
3. 稻米的蒸煮品质与哪些指标密切相关？
4. 稻米的营养成分包含哪些？主要分布在哪里？

实习二十七　农田小气候观测技术

一、实习目的

农田小气候与农业生产密切相关，在提高作物产量和改善农产品品质中发挥着重要作用。本实习将使学生了解小气候观测地段的选择及确定观测高度、深度和观测时间的一般原则，掌握利用常见仪器进行小气候观测的方法。

二、实习内容

(一)仪器与设备

通风干湿表、ZDS-10 型照度计、曲管地温表、轻便风向风速表等。

(二)内容与步骤

1. 通风干湿表

(1)观测原理　通风干湿表的作用原理与百叶箱干湿表基本相同，它由防辐射装置和通风装置构成，干球、湿球温度表感应部分分别在双层辐射防护管内，金属防护管表面镀镍，可将照射到球部的太阳光及其他物体的辐射热反射出去。防护管借三通管和两支温度表之间的中心圆管与风扇相通构成通风装置。工作时用插在通风器上的特制的钥匙上发条，以开动风扇，在通风器的边缘有缝隙，使得从防护管口引入的空气经过缝隙排到外面去。就这样，风扇在温度表感应部分周围造成了恒定速度的气流(2.5 m/s)，以促进感应部分与空气之间的热交换，减少辐射误差。此外，在温度表的两侧各有一金属护板，仪器还附有贮水皮囊、防风罩及挂钩等。

(2)仪器安装　具体如下。

①面对通风干湿表，将右侧球部护管拧下，并用脱脂纱布将球部裹好，再拧上护管。

②将仪器挂在小气候观测架的横杆上，注意使仪器垂直并使球部中心位于设定的观测高度上。

③通风干湿表悬挂好以后，必须经过一定时间(夏季至少 15 min，冬季至少 30 min)以后，才能开始观测。

④如果进行温度梯度观测，即设置多个观测高度，应避免下位仪器出气口与上位仪器进气口过近。通常两仪器感应球部的距离要大于 50 cm。

⑤如果观测高度较低(50 cm 以下)，可将通风干湿表水平悬挂放置。即在仪器的"颈部"(通风管道与风扇部分的交界处)和护管部分系上线绳，挂在挂钩上，把仪器调到水平。注意进气口方向要与太阳或其他热辐射来向相反。

(3)观测方法　观测前先将仪器挂在测杆上，用玻璃滴管湿润温度表的纱布，然后上好风扇发条，规定的观测时间一到，就可读数。

(4)注意事项　包括如下 5 点。

①把玻璃滴管中的水挤压到距玻璃水管口 1 cm 处，用弹簧夹夹住皮管，然后将加水管铅

直插入湿球的内护管，使湿球浸入水管中，稍微停留，不能让水溢出而弄湿防护管。注意仪器必须保持铅直。湿球纱布湿润后，把机动通风干湿表风扇发条上好，注意不要上得过紧(10 圈左右)，然后给电动通风干湿表插上电源。

②观测时观测者应站在下风向，以避免身体的热量影响感应部分；读数时，先干球后湿球，其他读数方法与百叶箱内的读数相同。读数要准确、迅速。

③每一个高度，要读取 3 次记录，在读完第一次记录后约 30 s 即应连续读取第二、第三次记录。当读完一个高度的 3 次记录后，必须加上一次发条(3～4 转)，以保证仪器正常通风。此外在连续读数时，应注意湿球的湿润情况，及时加水。湿球结冰时，进行融冰观测。

④当风速大于 4 m/s 时，观测前安装仪器就应将防风罩套在风扇迎风面的缝隙处。在没有通风干湿表的条件下，可以做一个有不同梯度的挡罩，将干湿球温度表平放在挡罩臂上(感应部分在挡罩的两片木制圆盘下方)，使得感应部分不受阳光照射。但由于挡罩四周风速不能控制，以这种干湿球温度所查算出的空气湿度不够准确。若用遥测多点温度计，观测更为方便。

⑤将观测记录进行器差订正，然后使用湿度查算表进行湿度值的查算或输入计算机计算。

2. ZDS-10 型照度计

(1)观测原理　测量太阳光照度的仪器为照度计，它是利用光电效应原理制成的。它由感应元件和测量仪表两部分组成：感应元件是光电池，即硒或硅(硅光电池稳定性更好)；测量仪表是指示电流表。当有一定光照度照射到光电池上时，便产生一定的电流，其大小与照射到该光电池上的光照度大小成正比，故可以根据产生电流的大小来确定光照度的大小。一般已将电流值换算成照度值，直接刻在电流表读数盘上，单位是勒克斯(lx)。

(2)使用步骤　分为以下 7 步。

①对照实物熟悉 ZDS-10 型照度计的构造。

②将接收插头插入仪表输入插口(INPUT)，接收器置于被测点。

③将电源开关拨向“开(ON)”位置。

④打开接收器的感光面，放在待测位置上，则仪表读数会根据当前光源的强弱自动换挡测量光照度。

⑤在读数时需注意，显示屏上显示的数值后面有个箭头，当箭头指在$\times 10^{-1}$挡位时，应将显示屏上的读数乘以 0.1，才是被测点的光照度值。同理，当箭头指在$\times 10^{0}$、$\times 10^{1}$、$\times 10^{2}$时，分别将显示屏上的读数乘以 1、10、100 后，才是被测点的光照度值。

⑥若测量场合的照度多变，为了便于读数，可将读数保持开关拨向“HODE(保持)”一端，便可使显示屏上的读数保持不变，待读数结束后再将该开关拨向“RESET(复位)”一端，即可进行下一次测量。

⑦仪器使用完毕，应将电源开关拨向“OFF(关)”位置，以防电池空耗。

3. 曲管地温表

(1)观测原理　曲管地温表是测定浅层不同深度土壤温度的温度表。管部长而弯曲，球部感应部分埋入土壤一定深度。球部附近的管子弯曲成 135°，玻璃套管下部(自球部到温标的起点)用石棉灰充填，再用棉花填塞，用火漆固定，以防套管内空气对流。一套有 4 支，安装时按 5、10、15、20 cm 深度顺序由东向西排列。

（2）安装方法　先在待测场地南侧翻耕、平整出地段面积约为 0.5 m×1.0 m（南北宽 0.5 m、东西长 1.0 m）的裸地，要求地表保持疏松、平整、无草，并与观测场整个地面相平，高出或低于观测场都缺乏代表性。在该地段中央的东西线上，挖一段东西向长约 40 cm 的沟；表身露出地面的沟壁（称南壁）呈东西向，长约 40 cm，沟壁往下向北倾斜，与沟沿成 45°坡；沟的北壁呈垂直面，北沿距南沿宽约 20 cm；沟底为阶梯形，由东至西逐渐加深，每阶距地面垂直深度分别约为 5、10、15、20 cm，长约 10 cm。沟坡与沟底的土层要压紧；沟挖好后，用尺沿沟的南壁量出各地温表的水平位置，彼此相距 10 cm；在北壁自东向西量出 5、10、15、20 cm 地温表所需深度，且在该深度处作一水平洞穴，洞的大小要比温度表球部稍大；按各深度把温度表放入沟内，并使球部嵌入北壁小洞，表身与地面成 45°交角，保持曲管底部与地面呈水平接连；放好后，再检查一遍深度和角度是否正确，然后小心填土。填土时应将原来挖出的土弄碎，并将草根、砖块等拾出；沟内填满土后，表面与整个地段相平。为了避免观测时践踏土壤，应在地面温度表北面约 40 cm 处，沿东西方向设置一块长约 100 cm、宽约 30 cm 的栅条状踏板，供观测时用。

4. 轻便风向风速表

（1）观测原理　风向风速表是测量风向和一分钟内平均风速的仪器，适用于农田流动观测，也可作为定时观测风向风速的仪器。它由风向部分（包括风向标、风向指针、方位盘和制动小套管）、风速部分（包括十字护架、风杯和风速表主机体）和手柄 3 个部分组成。

风向部分：风向标是风向部分的感应元件。指示风向的方位盘，是一磁罗盘，当制动小套管打开后，罗盘按地磁子午线的方向稳定下来，风向杯的转动，使风向指针在磁罗盘上指示出当时风向。

风速部分：风杯是风速表的感应元件，它的转速与风速有一个固定的关系。当按下风速按钮后，风速表上红色计时指针开始工作，同时，由于风杯与风速表主机相连接，风杯的转动带动风速表主机内的齿轮开始工作，使风速指针也一起旋转。风速越大，风杯转动越快，风速指针偏转的角度越大。一分钟后，计时装置停止计时，风速指针也立即停止转动。再经 10 s 后计时指针回到零位。风速指针所在刻度位置即为指示风速。

（2）观测方法　观测时，人应保持直立（若是手持仪器，要使仪器高出头部），风速表刻度盘与当时风向平行。观测者应站在仪器的下风方，将方位盘的制动小套管向下拉，并向右转一角度。启动方位盘，使其能自由转动，按地磁子午线的方向固定下来，注视风向指针约 2 min，记录其最多的风向，就是所要观测的风向。测风速可与测风向同时进行。在测风向时，待风杯旋转约 0.5 min，按下风速按钮，待 1 min 后指针自动停止转动，即可从刻度盘上读出风速示值（m/s），用此值从风速检定曲线圈中查出实际风速（取一位小数），即为所测的平均风速。观测完毕，随手将方位盘的制动小套管向左转一小角度，让小套管弹回上方，固定好方位盘。

（3）注意事项　包括以下 4 项。

①仪器应避免碰撞和振动，切勿用手触摸风杯。

②非观测时间不要随便按动风速按钮，在计时装置运转过程中也不得再按该按钮。

③不得随意松动风杯与风速表主机连接处，旋上及旋下手柄时，一手握住手柄，另一手握住风速表刻度盘部位。

④不得随意用口吹动风杯，以延长仪器寿命。

三、相关知识

(一)农田小气候的影响因素

农田小气候是指农田贴地气层、土层与作物群体之间的物理过程和生物过程相互作用所形成的小范围气候环境，常以农田贴地气层中的辐射、空气温度和湿度、风、二氧化碳以及土壤温度和湿度等农业气象要素的量值表示。影响农田小气候的因素主要有以下3个方面。

1. 物理因素

物理因素主要指农田辐射输送和湍流交换，此二者是农田小气候发生变化的基本原因。参与农田辐射输送的有太阳辐射和大气辐射的各种辐射形式，农田湍流交换是热力和动力共同作用的结果。一般在晴天的白昼，热力因素起主导作用，而在夜间和冷季有大风的阴天，则动力因素的作用占首位。不同的湍流结构，可形成作物层中温度、湿度、二氧化碳等分布的特殊性。此外，湍流交换对农田微粒如花粉、孢子和污染物质等的输送也有重要影响。

2. 生物学因素

生物学因素主要指作物叶片空间散布的形式，它的变化对作物群体结构中太阳光和辐射的透入量、空气温度和湿度等农业气象要素的铅直分布有很大影响。错综复杂的农田小气候常通过农田中不同作物群体结构内辐射、温度、湿度、风和二氧化碳等农业气象要素的变化反映其主要特征，生物因素对以上不同农业气象要素的影响也表现出不同的特点。

(1)太阳光和辐射　太阳光进入农田作物层中，受到茎叶层层削弱，有些被吸收，有些被反射，部分则从茎叶空隙直达地面。作物茎叶对太阳光能进行多次反射和吸收，透射的强度与作物本身的生育状况和群体结构有关。晴天农田各个高度上太阳辐射的日变化基本一致，均为早晚弱而中午强；但是量值在各个高度上却存在差异，高度越高光照强度越大，反之则越小。

(2)温度　农田作物层中的空气温度主要取决于作物群体结构内不同茎叶层透入太阳辐射和湍流交换强弱的对比关系。在作物群体密度大的情况下，由于作物群体内辐射被削弱，作物层内白天的空气温度与裸地比较相对较低，夜间则相对较高。生长发育的初期，作物茎矮叶小，植株覆盖面积小且分布稀疏，白天和夜间空气温度的铅直分布几乎与裸地一样，即白天呈温度由地面向上递减的日射型分布，夜间呈温度随高度增加而相应上升的辐射型分布。

(3)湿度　农田中的空气湿度状况主要取决于农田蒸散(土壤蒸发和植物蒸腾之和)和大气湿度两个因素。农田作物层内土壤蒸发和植物蒸腾的水汽，往往因为株间湍流交换的减弱而不易散逸，故与裸地比较农田中的空气湿度一般相对较高。水田中湿度铅直分布相对比较简单，不论白天和夜间，绝对湿度都随高度增加而降低；而相对湿度白天和绝对湿度的分布一致，夜间则相反。

(4)风　农田中的风速与作物群体结构的植株密度关系很大。由于植株阻挡，摩擦作用使农田中的风速相对较小。从风速的水平分布看，风速由农田边行向农田中部不断减弱，最初减弱很快，以后减慢，到达一定距离后不再变化。从铅直方向看，风速在作物层中茎叶稠密部位受到较大削弱；顶部和下部茎叶稀少，风速较大；离边行较远的作物层下部风速较小。

(5)二氧化碳　农田二氧化碳的状况取决于农田湍流交换强度、大气中二氧化碳含量和土壤释放二氧化碳的量等三方面因素。作物层内二氧化碳浓度在叶面积密度最大层次附近为最低。在白天，农田二氧化碳由作物层上部向下和由地面向上输送。

3. 农田技术措施因素

(1)耕作效应　耕作措施包括翻耕、镇压和垄作等，主要通过改变土壤表面和根分布层的土壤状况使土壤热特性和水文特性发生变化，影响土壤热量和水分交换，从而调节土壤温度和湿度。

(2)种植方式效应　种植方式包括种植行向和密度、间作套种等。不同的种植方式主要通过不同的作物群体结构改变农田辐射输送和湍流交换，从而产生不同的小气候效应。

(3)灌溉效应　灌溉后地面反射率降低，太阳辐射收入增多，土壤表面蒸发耗热剧烈，从而使贴地气层和土层中的温度梯度和湍流交换减弱。同时，土壤水分的增加，使土壤的热容量和导热率增大，而土壤热通量显著减小，温度的日较差也随之变小。因而，在白天和温暖季节灌溉，可产生降温作用；而在夜间和寒冷季节，则可产生增温效应。

(二)农田小气候观测的一般原则与要点

1. 一般原则

农田小气候观测必须根据研究的目的和对象来制订观测方案，以便用较少的人力、物力取得最好的效果。第一，应该抓住作物生育的关键期和影响作物正常生育的主要气象要素进行观测。第二，要合理选择测点。为了使测点具有代表性，要求所选测点具有自身的小气候独立性，使其不受附近不同下垫面的影响。为了保证测点的比较性，应在农田外设一对照点，以便进行对比。第三，在观测农田小气候的同时，必须进行物候观测。第四，尽量不破坏植被的自然状况，这就要求在仪器的选择、安装和设点等方面都有周密的考虑。

2. 观测要点

(1)确定观测项目　影响农作物生长发育的主要气象因子有温度、湿度、光照和风等。人们对温度和湿度的观测比较重视，但光照、风速的观测往往被忽略。随着现代农业技术和产量水平的不断提高，以及对光能利用与作物产量关系的深入研究，人们逐步认识到产量形成不仅与温度、湿度条件有关，而且与农田中的光照条件和风速密切相关。因此，在当前的农田小气候观测项目中必须考虑到它们。

(2)选择测点　农田中的测点可分为基本测点和辅助测点。基本测点要求能反映该农田的小气候特点，因此应尽量设在田块中央，其观测项目应较完备。辅助测点是为弥补基本测点资料不足而设的，它可以是流动的，也可以是固定的。流动观测可采取往返一次取其平均的办法，但往返时间应尽量缩短，且在气象要素变化的转折时间不宜作流动观测。这种方法在人力、仪器较少时可以使用。至于对照点的选择，则主要从观测方便考虑，可在农田附近设置。

(3)确定观测高度　通常根据作物的生长状况、气象要素特点和研究目的而定。

①空气温度和湿度观测。一般取 20 cm、2/3 株高和 150 cm 三个高度。20 cm 高度处的观测数据能代表贴地层的情况，而且该处通风干湿表的辐射误差与通风误差能相互抵消。2/3 株高处为作物主要器官所在部位，气象要素在此高度上变化较大。150 cm 高度的观测是为了与气象站资料进行对比而设的，它还可以帮助分析近地气层株间气象要素的铅直分布。对高秆作物，可适当增加一些高度。在苗期，仪器可安在离地面 5～10 cm 的高度上。

②土壤温度观测。一般取 0、5、10、15、20 cm 五个深度。农田有水时，水温观测可取水面和水-泥交界面两个部位。泥温观测深度与土温一样，在生长盛期可增加 40 cm 一个深度。

③光照观测。光照观测层次应比空气温度、湿度观测的层次密，可等距离分若干层次(每

层相距10～20 cm，上、下往返一次取其平均），至少也应观测作物基部、2/3株高和植株顶上方三个高度。对植被比较稠密的作物，如小麦、水稻、谷子等而言，选择植株顶高度是为了与自然光照进行比较，即为了计算透光率。在植被群体稀疏、叶面积水平分布很不均匀的作物（如玉米、高粱）中，为减少人为影响，须在每个高度水平面上观测数次并取其平均值。

④风速观测。高度设置与光照观测一样，但不必往返观测。为消除风速的阵性所引起的误差，最好用几个风速表同时观测，或用两个仪器分别在农田内、外进行同步观测。

⑤反射率观测。作物总反射率的观测高度以离植被顶部1 m以上为宜，当然作物内各层反射率的测定不受上述条件限制。

总之，观测高度的设置是为了揭示气象要素的铅直分布和各层的日变化规律，因而在实际工作中应视作物状况、试验目的而定。另外，在套种间作带宽设计中，要测定作物的通风、透光边际效应，可在行间同一高度上按水平距离布置测点，观测光照、风速从边行到里行的变化。

(4)确定观测时间　根据试验目的、作物生长情况、天气条件、气象要素变化特点等因素来确定。由于小气候差异在有限范围内相对稳定，农田小气候观测无须像气象台站那样逐日观测，一般只要选各种天气型（如晴、阴天）各观测若干天就行了。每天观测的次数和时间可参照以下原则确定：观测记录要能反映气象要素的日变化并能取得平均值和极值。对温度、湿度、风的常规观测，尽量与气象台站观测时间一致，再作若干天的昼夜观测（如每隔2～3 h一次）。夜间，气象要素变化平缓，可适当减少观测次数。光照、总辐射、反射率的观测则在日间正点（地方时，包括正午和日出、日落时刻）进行，夜间只观测辐射平衡。风速的观测，除以上所述定时观测外，原则上只要有较大的风速即可进行，因为大风时风速较稳定，能较好地揭示农田中风速的分布规律。

四、复习题

1. 农田小气候观测主要有哪些项目？在观测过程中各要注意什么问题？
2. 农田小气候的影响因素有哪些？
3. 农田小气候观测的一般原则有哪些？

参考文献

[1] 曹慧娟. 植物学. 2 版. 北京：中国林业出版社. 1992.

[2] 陈海新. 新编农田杂草防除技术. 北京：中国水利水电出版社，2000.

[3] 陈静雯，张丽. 植物化感作用的机理及应用前景. 生物学通报，2008，43（11）：13-15.

[4] 迟春明，卜东升，张翠丽. 土壤学实验与实习指导. 成都：西南交通大学出版社，2016.

[5] 丁为民. 农业机械学. 2 版. 北京：中国农业出版社，2011.

[6] 董利虎，李凤日. 东北林区主要树种及林分类型生物量模型. 北京：科学出版社，2017.

[7] 范双喜，李光晨. 园艺植物栽培学. 2 版. 北京：中国农业大学出版社，2007.

[8] 范双喜，张玉星. 园艺植物栽培学实验指导. 2 版. 北京：中国农业大学出版社，2011.

[9] 高丁石. 农作物病虫害防治技术. 北京：中国农业出版社，2017.

[10] 姜佰文，戴建军. 土壤肥料学实验. 北京：北京大学出版社，2013.

[11] 孔垂华，胡飞. 植物化感（相生相克）作用及其应用. 北京：中国农业出版社，2001.

[12] 孔垂华，胡飞，王朋. 植物化感（相生相克）作用. 北京：高等教育出版社，2016.

[13] 李存东. 农学概论. 北京：科学出版社，2018.

[14] 连宾，王进军，陆玲. 植物与微生物的化感作用. 南京师大学报（自然科学版），2007，30（1）：88-95.

[15] 林娟，殷全玉，杨丙钊，等. 植物化感作用研究进展. 中国农学通报，2007，23（1）：68-72.

[16] 龙兴桂. 现代中国果树栽培（落叶果树卷）. 北京：中国林业出版社，2000.

[17] 骆世明. 农业生态学实习指导. 北京：中国农业出版社，2010.

[18] 强胜. 杂草学. 2 版. 北京：中国农业出版社，2011.

[19] 秦文，吴卫国，翟爱华. 农产品贮藏与加工学. 北京：中国计量出版社，2007.

[20] 邵思全. 玉米播前准备与播种技术. 种子世界，2012（6）：32-33.

[21] 沈觉成，高家表，陈万隆. 农田小气候观测方法. 北京：农业出版社，1980.

[22] 宋碧. 作物栽培学与耕作学实验指导. 贵阳：贵州大学出版社，2020.

[23] 苏建亚，张立钦. 药用植物保护学. 北京：中国林业出版社，2011.

[24] 孙丰军. 北京林业大学实验林场植物图谱. 北京：经济管理出版社，2019.

[25] 孙其宝，阮俊平. 现代果树修剪关键技术. 北京：中国三峡出版社，2006.

[26] 王建花，陈婷，林文雄. 植物化感作用类型及其在农业中的应用. 中国生态农业学报，2013，21（10）：1173-1183.

[27] 文卿琳. 农学毕业生产实习指导. 北京：水利水电出版社，2011.

[28] 席蓉，郝建锋. 植物化感作用及其生态学意义. 安徽农业科学，2011，39（14）：8196-8198，8218.

[29] 肖君泽，李益峰. 农作物生产技术（南方本）. 2 版. 北京：高等教育出版社，2016.

[30] 杨田甜，杜海荣，陈刚，等. 植物化感作用的研究现状及其在农业生产中的应用. 浙江农业学报，2012，24（2）：343-348.
[31] 尹燕枰，董学会. 种子学实验技术. 北京：中国农业出版社，2008.
[32] 于立河，李佐同，郑桂萍. 作物栽培学. 北京：中国农业出版社，2011.
[33] 于振文，李雁鸣. 作物栽培学实验指导. 北京：中国农业出版社，2019.
[34] 张丁玲，刘淑明. 农林气象学实验实习指导. 北京：气象出版社，2019.
[35] 张海清. 现代作物学实践指导. 长沙：湖南科技出版社，2019.
[36] 张俊英，许永利，李富平，等. 植物化感作用研究进展. 安徽农业科学，2007，35（21）：6357-6358，6409.
[37] 张绍玲. 园艺学总论. 北京：中国农业大学出版社，2021.
[38] 张文英. 农学实验与实习指导. 北京：中国农业出版社，2011.
[39] 张义通. 果树栽培技术. 北京：北京大学出版社，2007.
[40] 张玉龙. 农田水利学. 3 版. 北京：中国农业出版社，2013.
[41] 张志翔，张钢民，赵良成，等. 中国北方常见树木快速识. 北京：中国林业出版社，2014.
[42] 章镇. 园艺学各论（南方本）. 北京：中国农业大学出版社，2004.
[43] 赵丽芹，张子德. 园艺产品贮藏加工学. 2 版. 北京：轻工业出版社，2009.